Die Satzungsstrenge im Aktienrecht

Europäische Hochschulschriften
Publications Universitaires Européennes
European University Studies

Reihe II
Rechtswissenschaft

Série II Series II
Droit
Law

Bd./Vol. 4583

PETER LANG
Frankfurt am Main · Berlin · Bern · Bruxelles · New York · Oxford · Wien

Claudia Pleßke

Die Satzungsstrenge im Aktienrecht

Mehr Gestaltungsfreiheit für die kapitalmarktferne Aktiengesellschaft

PETER LANG
Internationaler Verlag der Wissenschaften

Bibliografische Information der Deutschen Nationalbibliothek
Die Deutsche Nationalbibliothek verzeichnet diese Publikation in der Deutschen Nationalbibliografie; detaillierte bibliografische Daten sind im Internet über <http://www.d-nb.de> abrufbar.

Zugl.: Heidelberg, Univ., Diss., 2006

D 16
ISSN 0531-7312
ISBN 978-3-631-56380-9

www.peterlang.de

Für Michael

Vorwort

Im Aktienrecht gilt das Prinzip der Satzungsstrenge. Dieser Grundsatz, der seinen gesetzlichen Niederschlag in § 23 Abs. 5 AktG findet, bedeutet die programmatische Absage an das Prinzip der Vertragsfreiheit und erweist sich vor allem bei mittelständischen Unternehmen mit kleinem Aktionärskreis, bei dem die Gesellschafter oder Mehrheitsgesellschafter ihre unternehmerische Führung behalten wollen als besonders einschneidend. Vorrangiges Ziel dieser Arbeit ist es, die Legitimation dieser Satzungsstrenge zu untersuchen und einen Lösungsansatz zu entwickeln, der der deutschen Aktiengesellschaft im Wettbewerb mit anderen nationalen Rechtsformen aber auch im Wettbewerb mit konkurrierenden europäischen Rechtsformen eine größere Attraktivität verleiht.

Die vorliegende Arbeit wurde im Wintersemester 2006/2007 von der Juristischen Fakultät der Ruprecht-Karls-Universität Heidelberg als Dissertation angenommen.

Mein aufrichtiger Dank gilt zunächst meinem Doktorvater Herrn *Prof. Dr. Dr. h.c. mult. Peter Hommelhoff* für seine Betreuung der Arbeit und seine wertvollen Hinweise und Anregungen. Herrn *Prof. Dr. Dr. h.c. Peter-Christian Müller-Graff* bin ich dankbar für die Erstattung des Zweitgutachtens. Danken möchte ich weiterhin Herrn Privatdozenten *Dr. Carl-Heinz-Witt*, der mir durch Rat und Anregungen wichtige Hilfestellungen gegeben hat.

Am meisten liegt mir jedoch daran, mich bei meiner Familie zu bedanken. An erster Stelle bei meinem Vater, der leider schon vor Beginn meines Studiums gestorben ist, aber den wesentlichen Anstoß dazu gab, dass ich Jura studiert habe – eine Wahl, die ich bis heute nicht bereut habe. Auch war er beruflich wie persönlich immer Vorbild für mich. Meiner Mutter, die mich immer unterstützt und mir Ausbildung und Promotion ermöglicht hat, möchte ich ebenfalls ganz besonders danken.

Mein herzlicher Dank gilt nicht zuletzt meinem Mann *Michael*, der – durch Geduld und Ungeduld zugleich – das Entstehen und den Abschluss der Arbeit maßgeblich gefördert und mich immer unterstützt hat. Dem kleinen *Tim* dankt die Mama für die vielen schönen Stunden der Ablenkung und dafür, dass sie sich darauf verlassen konnte, von ihm stets pünktlich geweckt zu werden.

Heidelberg, im März 2007 Claudia Pleßke

Inhaltsübersicht

Inhaltsverzeichnis

Einleitung

1. Problemaufriss

Im Vergleich zu anderen Rechtsformen wird die AG in Deutschland nur sehr selten als Organisationsrechtsform gewählt.

Während mit der Größe des Unternehmens die Wahrscheinlichkeit zunimmt, dass dieses als AG organisiert ist, wird von mittelständischen Unternehmen die GmbH oder die GmbH & Co KG als Rechtsform immer noch bevorzugt.

Dabei stehen der Aktiengesellschaft gerade für diese Unternehmen sehr entscheidende Vorteile zur Seite: Gemeinsam mit der KGaA ist die AG die einzige Rechtsform, die es ermöglicht, Eigenkapital an der Börse nachzufragen. Eine Öffnung der AG würde langfristig die Eigenkapitalausstattung deutscher Unternehmen positiv beeinflussen.

Der Kapitalmarktzugang ist indes nicht der einzige Vorteil der AG. Die professionelle Führungsstruktur ist auch für solche Unternehmen interessant, die einen Gang an die Börse nicht oder noch nicht beabsichtigen. Durch die Führungsstruktur der AG können beispielsweise negative Auswirkungen von Konflikten im Gesellschafterkreis auf die Unternehmensentwicklung weitgehend vermieden werden - eine sehr hilfreiche Folge nach einem Generationswechsel und womöglich unterschiedlich ausgeprägtem Interesse und Engagement für das Unternehmen bei den einzelnen Nachfolgern.

Darüber hinaus darf nicht unterschätzt werden, dass die Rechtsform der AG in Deutschland sehr anerkannt ist. Die Firmierung eines Unternehmens als Aktiengesellschaft strahlt eine gewisse Größe und Seriosität aus.

Angesichts dieser Vorteile mag es verwundern, dass im Vergleich zur GmbH so wenige Unternehmen in der Rechtsform der AG organisiert sind.

Der Grund für die geringe Akzeptanz der AG liegt darin, dass das Aktienrecht weitgehend zwingend ist und wenig Raum für privatautonome Gestaltungen lässt.

Anders als bei den Personengesellschaften und der GmbH, deren Rechtsvorschriften weitgehend dispositiv sind, schreibt § 23 Abs. 5 AktG für das Aktienrecht vor, dass die Satzung von den Vorschriften des Gesetzes nur abweichen darf, wenn es ausdrücklich zugelassen ist. Darüber hinaus sind ergänzende Regelungen unzulässig, wenn der jeweilige Sachverhalt bereits durch das Gesetz abschließend geregelt ist. Hieran hat sich – trotz gewisser Erleichterungen –

auch durch das Gesetz für kleine Aktiengesellschaften und zur Deregulierung des Aktienrechts[1] im Grundsatz wenig geändert.

Konsequenz dieser als Satzungsstrenge bezeichneten Regelung ist es, dass das Aktienrecht in Deutschland sehr rigide ist und kaum Möglichkeiten bestehen, die Satzung an die Bedürfnisse des Unternehmens anzupassen. Diese Tatsache wirkt umso schwerer, als das vom Gesetzgeber vorgezeichnete Leitbild von der AG als Großunternehmensträger und Kapitalsammelstelle von einem großen Aktionärskreis ausgeht, und das zwingende Gesetzesrecht gerade auf diese Unternehmen von erheblicher Größe zugeschnitten ist. Das Leitbild des Gesetzgebers und die tatsächliche Struktur der Aktiengesellschaften sieht indes oft anders aus. Tatsächlich entsprechen weniger als 20 % der als Aktiengesellschaft geführten Unternehmen diesem Leitbild. Die restlichen Unternehmen nehmen den Kapitalmarkt nicht in Anspruch, es handelt sich vielfach um mittelständische Unternehmen mit kleinem Aktionärskreis - häufig Familienunternehmen.

Als besonders einschneidend erweist sich bei diesen Unternehmen die fehlende Gestaltungsfreiheit, wenn es darum geht, dass bei einem kleinen Aktionärskreis die Gesellschafter oder der Mehrheitsgesellschafter ihre unternehmerische Führung behalten wollen.

Die Satzungsstrenge und die damit einhergehende Unflexibilität schrecken bei sorgfältiger Abwägung gerade mittelständische Unternehmen von einer Umwandlung in die AG ab. Daraus mag sich auch der Umstand erklären, dass die AG in der deutschen Unternehmenslandschaft im Vergleich zur GmbH nur sehr selten vertreten ist. Auch das schon erwähnte „Gesetz für kleine Aktiengesellschaften und zur Deregulierung des Aktienrechts" verändert im Grundsatz nichts. Die Satzungsstrenge als solche bleibt unberührt. Lediglich in einigen Punkten wurden Erleichterungen für so genannte kleine Aktiengesellschaften geschaffen.

Durch die Einräumung von mehr Gestaltungsfreiheit würde die AG als Rechtsform an Attraktivität für den Mittelstand, auf dessen Bedürfnisse die AG nach ihrem gesetzgeberischen Leitbild des AktG 1965 nicht zugeschnitten ist, gewinnen.

Die Öffnung der AG auch für mittelständische Unternehmen ermöglicht diesen eine professionelle Führungsstruktur und gibt ihnen damit ein Mittel an die Hand, Situationen wie eine Unternehmensnachfolge oder das Wachstum eines Unternehmens zu meistern.

---

[1] Gesetz vom 02.08.1994, BGBl 1994 I, 1961.

Ein einmal in der Rechtsform der AG organisiertes Unternehmen muss bei einem späteren Börsengang allenfalls seine Satzung ändern und kann damit flexibel auf einen bei der Rechtsformwahl noch nicht absehbaren, aber in Zukunft möglicherweise auftretenden Kapitalbedarf reagieren.

Die Krisenanfälligkeit eines Unternehmens wird damit reduziert, das Problem der geringen Eigenkapitalausstattung deutscher Unternehmen jedenfalls positiv beeinflusst. Der Grund für die Satzungsstrenge liegt in der Verwirklichung von Anlegerschutz. Der Aktionär soll sich auf einen bei allen Gesellschaften vergleichbaren Charakter der Mitgliedschaft verlassen können, und gleichzeitig soll das öffentliche Interesse an der Funktionsfähigkeit und Transparenz des Kapitalmarktes geschützt werden.

Neben den geschilderten nationalen Erwägungen gewinnt die Steigerung der Attraktivität der Aktiengesellschaft zunehmend Bedeutung auf europäischer Ebene. Der Europäische Gerichtshof hat mit seinen Entscheidungen *Centros*[2], *Überseeing*[3] und *Inspire Art*[4] einen Gezeitenwechsel im deutschen und europäischen Gesellschaftskollisionrecht ausgelöst und in Abweichung von der Sitztheorie der deutschen Rechtsprechung den Mitgliedsstaaten die Anerkennung von Gesellschaften nach dem Recht ihres Gründungsstaates aufgegeben. Dies führt dazu, dass der deutschen Aktiengesellschaft nicht nur der Wettbewerb zu anderen nationalen Rechtsformen, sondern auch der Wettbewerb zu anderen europäischen Rechtsformen eröffnet ist. Für die GmbH werden derzeit Reformen diskutiert, die insbesondere die Richtung verfolgen, die Attraktivität der deutschen GmbH gegenüber konkurrierenden ausländischen Rechtsformen zu steigern.[5]

Auch die deutsche Aktiengesellschaft muss sich diesem Wettbewerb stellen. Bei ihr gilt dies in besonderem Maße, nachdem den Mitgliedern der Europäischen Gemeinschaft seit Oktober 2004 eine neue – gemeinsame - Kapitalgesellschaft zur Verfügung steht: die Europäische Aktiengesellschaft – auch Societas Europea oder kurz SE genannt. Entgegen der gewählten Bezeichnung gibt es nicht eine Europäische Aktiengesellschaft, sondern so viele unterschiedliche Europäische Aktiengesellschaften wie es Mitgliedsstaaten gibt. Dies beruht darauf, dass die SE-Verordnung vieles nicht selbst regelt, nur weniges den nationalen Gesetzgebern zur Umsetzung überlässt und ansonsten in großem Umfang auf das allgemeine nationale Aktienrecht verweist. Das von ihr selbst Geregelte oder zur

---

[2] EuGH, Urt. v. 09.03.1999 – Rs C-212/97, Slg. 1999, I-01459.
[3] EuGH. Urt. v. 05.11.2002 – Rs C-208/00, GewArch 2003, 28.
[4] EuGH v. 30.09.2003 – Rs. C-167/01, GewArch 2003, 472.
[5] Referentenentwurf (RefE) eines Gesetzes zur Modernisierung des GmbH-Rechts und zur Bekämpfung von Missbräuchen (MoMiG), Stand 29.05.2006, abrufbar unter: www.bmj.de (>Gesetzesentwürfe > Handels- und Wirtschaftsrecht).

Umsetzung vorgegebenen unterwirft die Verordnung einer rigorosen Satzungsstrenge. In Deutschland trifft die neue Gesellschaftsform sodann auf ein Aktienrecht, in dem die Satzungsstrenge des § 23 Abs. 5 AktG jegliche Flexibilität nahezu ausschließt. Der Schaffung einer attraktiven und flexiblen deutschen SE muss daher zunächst die Schaffung einer attraktiven und flexiblen deutschen AG vorausgehen.

Durch die Satzungsstrenge und die mit ihr einhergehenden Beschränkungen ist die deutsche Aktiengesellschaft dem europäischen Wettbewerb nicht gewachsen.

Vor dem Hintergrund der skizzenhaft dargestellten Lage stellt sich zunächst die Frage, ob die Satzungsstrenge des § 23 Abs. 5 AktG in der Pauschalität, mit der sie nahezu das gesamte Aktienrecht für zwingend erklärt, überhaupt berechtigt ist oder ob nicht mit einer weniger einschneidenden Regelung die mit der Satzungsstrenge verfolgten Ziele ebenfalls erreicht werden könnten.

Satzungsstrenge als Ausfluss des Anlegerschutzes an diese Erkenntnis, die im Einzelnen überprüft werden soll, schließt sich die weitere rechtspolitische Frage an, ob die Satzungsstrenge, die für die große, dem Leitbild des Gesetzgebers entsprechende Publikums-AG durchaus zum Schutze der Anleger ihre Legitimation haben mag, auch dort erforderlich ist, wo ein Gang an die Börse nicht oder noch nicht geplant ist. Dies gilt umso mehr vor dem Hintergrund, dass der Unterscheidung zwischen börsennotierter Gesellschaft und nicht börsennotierter Gesellschaft im deutschen Aktienrecht schon seit geraumer Zeit große Bedeutung zukommt.[6]

Im Weiteren wird untersucht, ob es nicht sinnvoll wäre, zwischen den Aktionären und ihrem jeweiligen Schutzbedürfnis zu differenzieren.

Bei einem kleinen Aktionärskreis, wie er bei nicht börsennotierten Aktiengesellschaften, womöglich Familiengesellschaften häufig vorliegt, tritt das Bedürfnis nach einer gleichen Ausgestaltung der Mitgliedschaft wie in allen AGs meist hinter andere Interessen - etwa an der Sicherung der Unternehmensführung oder an größerer Einflussnahmen über die Hauptversammlung - zurück. Während dem Kleinaktionär in einer Publikumsgesellschaft erspart werden soll, sich selbst Informationen über die konkrete Ausgestaltung seiner Mitgliedschaft in der AG zu besorgen, hat der Aktionär einer insgesamt kleineren Anzahl an Anlegern andere Möglichkeiten zur Informationsbeschaffung, und es spricht nichts dagegen, ihm auch die Verantwortung hierfür zu überlassen.

---

[6] *Habersack*, ZIP 2006, 445, 448.

Die zu untersuchende Frage ist daher, inwieweit der zwingende Charakter aktienrechtlicher Vorschriften in einer nicht börsennotierten AG entbehrlich sein könnte.

Hierbei muss auch berücksichtigt werden, dass der zwingende Charakter nicht nur aus Anlegerschutzgesichtspunkten, sondern auch aus Gründen des Gläubiger- und Minderheitenschutzes und nicht zuletzt aus rechtspolitischen Erwägungen gerechtfertigt sein kann.

Eine Unterscheidung zwischen börsennotierter AG nach dem bisherigen Vorbild und einer nicht börsennotierter AG mit etwas mehr Raum für Gestaltungen, wirft gleichzeitig die Frage nach ihrer gesetzestechnischen Verwirklichung auf. Die Entscheidung dieser Frage muss sich an den Bedürfnissen mittelständischer Unternehmen orientieren, für die die AG geöffnet werden soll.

Eine weitere Komplizierung des Aktienrechts sollte dabei unbedingt vermieden werden, damit man nicht später feststellen muss, dass die AG zwar theoretisch für mittelständische Unternehmen geeignet ist, aber eben diesen Unternehmen das erforderliche Beraterpotential fehlt.

Will man zugleich die Attraktivität der deutschen AG – und mittelbar auch der deutschen SE – im Wettbewerb mit vergleichbaren europäischen Rechtsformen stärken, so sollte auch vor diesem Hintergrund auf eine einfache Handhabung geachtet werden.

Ein weiterer Fragenkreis drängt sich in diesem Zusammenhang auf: Das Recht der börsennotierten AG wird nicht mehr nur allein vom Gesellschaftsrecht bestimmt, sondern zunehmend auch vom Kapitalmarktrecht. Das Kapitalmarktrecht hat in den letzten Jahren durch mehrere Kodifikationen an Bedeutung gewonnen. Zu nennen sind insbesondere das Wertpapierhandelsgesetz, sowie die Novellierung des Börsengesetzes durch das Zweite, Dritte und Vierte Finanzmarktförderungsgesetz sowie das Transparenz- und Publizitätsgesetz, die jeweils auch Anlegerschutz verwirklichen. Durch eine Untersuchung des Aktienrechts daraufhin, welche Regeln zwingend aktienrechtlich geregelt werden müssen, wird das AktG um zahlreiche Vorschriften erleichtert, die nur aus der Kapitalmarktberührung ihre Legitimation erfahren und daher auch kapitalmarktrechtlich geregelt werden könnten.

Durch die zunehmende Bedeutung des Kapitalmarktrechts wird die interessante Frage aufgeworfen, inwieweit Gesellschaftsrecht (Aktienrecht) und Kapitalmarktrecht sich gegenseitig beeinflussen können, und insbesondere wie die Tatsache, dass sich das Kapitalmarktrecht zu einer eigenständigen Rechtsmaterie entwickelt hat, für die Deregulierung des Aktienrechts genutzt werden kann.

Rechtsvergleichend soll das Schweizer Recht mit in die Untersuchungen einbezogen werden. Das Schweizerische Aktienrecht weist ein hohes Maß an Ge-staltungsfreiheit auf. Dies - verbunden mit den aktienrechtlichen Führungsstrukturen - ist vermutlich der Grund für das hohe Ansehen und die starke Verbreitung der AG in der Schweiz.

Gleichzeitig ist das Anlegerschutzniveau mit dem deutschen vergleichbar. Anlegerschutz wird im Schweizer Recht vornehmlich durch Kapitalmarktrecht realisiert. Andererseits ist das Aktienrecht von einem anderen Vorverständnis geprägt. Anders als in Deutschland ist die AG keine typische Rechtsform nur für börsennotierte Großunternehmen und nicht einmal nur für mittelständische Unternehmen, sondern in der Schweiz firmieren häufig Kleinstunternehmen wie Handwerksbetriebe, Tankstellen etc. in der Rechtsform der AG. Mit Blick auf die Gemeinsamkeiten, aber auch auf die Unterschiede sollen die Regelungen des Schweizerischen Rechts als Anregung und Hilfestellung bei der Beantwortung der aufgeworfenen Fragen berücksichtigt werden.

2. Ziel der Untersuchung

Ziel der vorliegenden Arbeit ist es, die Satzungsstrenge und die mit ihr einhergehende Beschränkung der Gestaltungsfreiheit im Hinblick auf ihre Legitimation und auf mögliche Alternativen zu untersuchen. Von zentraler Bedeutung ist es in diesem Zusammenhang, Möglichkeiten einer Ausrichtung der Aktiengesellschaft auf mittelständische Unternehmen aufzuzeigen, um eben diesen Unternehmen den Zugang zu dieser Rechtsform zu erleichtern.

Bedeutung gewinnt die Ausrichtung der Aktiengesellschaft auf den Mittelstand, wenn man sich die gesamtwirtschaftliche Stellung des Mittelstandes[7] vor Augen führt: Zu mittelständischen Unternehmen zählen ca. 99,7 % aller Unternehmen, sie beschäftigen 69,7 % aller Erwerbstätigen, schaffen 83 % der Ausbildungsplätze und tätigen 42,2 % der steuerpflichtigen Umsätze[8] - man bezeichnet den Mittelstand daher mit Fug und Recht als Rückgrat der deutschen Wirtschaft.

Gleichzeitig gilt es mit Blick auf die EuGH-Rechtssprechung und den zunehmenden Wettbewerb der Gesellschaftsrechtsformen die Attraktivität der Aktiengesellschaft gegenüber konkurrierenden ausländischen Rechtsformen zu steigern.

---

[7] Entsprechend der Mittelstandsdefinition des IfM Bonn, wonach hierzu Unternehmen mit weniger als 500 Beschäftigten oder weniger als 50 Millionen Umsatz pro Jahr zählen; vgl.: *Gunterberg/Wolter*, Unternehmensgrößenstatistik, 2003, S. 14

[8] *Gunterberg/Wolter*, Unternehmensgrößenstatistik, 2003, S. 14. Das Zahlenmaterial – ausgewertet in 2003 – bezieht sich auf das Jahr 2000.

Es soll die Frage beantwortet werden, ob die Satzungsstrenge bzw. nicht sie, sondern die Vorschriften, die sie als zwingend besiegeln, notwendige Bestandteile des für alle Gesellschaften gleichermaßen geltenden Aktienrechts sind oder ob es nicht ausreicht, wenn sie als kapitalmarktrechtliche Regelungen nur als Voraussetzungen für eine Börsenzulassung Anwendung finden.

In diesem Zusammenhang soll in einem Rechtsvergleich das Schweizerische Recht daraufhin untersucht werden, ob es hilfreiche Anregungen für eine mögliche Entwicklung des deutschen Aktienrechts bieten kann.

Zweifellos bleibt eine Verlagerung bislang zwingender aktienrechtlicher Regelungen in das Kapitalmarktrecht nicht ohne Auswirkungen auf das System der Kapitalgesellschaften, das von der flexiblen und staatsfernen GmbH und der starren, satzungsstrengen AG als großer Publikumsgesellschaft getragen ist.

Mit der nicht börsennotierten AG, die sich sowohl von der bisherigen GmbH als auch von der bisherigen AG deutlich unterscheidet, soll eine Rechtsform, die an die Bedürfnisse mittelständischer Unternehmen angepasst werden kann, angeregt werden. Einerseits soll sie wesentlich flexibler sein als die bisherige AG und es insbesondere ermöglichen, dass die Gesellschafter sich ihre unternehmerische Führung sichern können. Andererseits soll sie eine professionelle Führungsstruktur zur Verfügung stellen, um mittelständischen Unternehmen im Wachstumsprozess oder bei einem bevorstehenden Generationenwechsel eine Rechtsform an die Hand zu geben, die ihren Anforderungen gerecht wird.

Daraus ergibt sich auch, dass die so verstandene AG keineswegs der Einheitskapitalgesellschaft nach angloamerikanischem Recht den Weg ebnet und damit auch nicht in Konkurrenz zu der GmbH, die auch in der Führungsstruktur flexibel gestaltbar ist, tritt.

Eine Rechtsform an den Bedürfnissen mittelständischer Unternehmen auszurichten heißt auch, auf eine einfache Handhabbarkeit zu achten und den erforderliche Beratungsaufwand so klein wie möglich zu halten. Aus dieser Vorgabe folgt, dass der Weg zur Rechtsform für nicht börsennotierte Unternehmen nicht in der Weise gegangen werden sollte, dass in das bisherige Aktiengesetz eine Reihe von Ausnahmen eingefügt werden, die zu einer weiteren Komplizierung des Aktienrechts führen und statt die Ressentiments gegen die Umwandlung in eine AG abzubauen diese vielmehr weiter bestärken. Es sollte daher der umgekehrte Weg gegangen werden, nicht die Publikums-AG als gesetzliche Basis, sondern die (echte) „kleine" Aktiengesellschaft.

Gleichzeitig muss der Übergang von der kleinen, börsenfernen Aktiengesellschaft zur börsennotierten Aktiengesellschaft ohne formwechselnde Umwandlung, sondern allenfalls durch eine Anpassung der Satzung erfolgen können, um so die Hemmschwelle, den Kapitalmarkt in Anspruch zu nehmen, möglichst niedrig zu halten. Um dies zu berücksichtigen, sollte die so verstandene kleine oder kapitalmarktferne Aktiengesellschaft nicht als eigenständige Rechtsform ausgestaltet werden, sondern als Grundform der AG, die erst bei Kapitalmarktinanspruchnahme weitere, strengere Reglungen zu beachten hat.

In dieser Arbeit soll die Legitimation der Satzungsstrenge untersucht werden. Ebenso sind die jüngeren Entwicklungen zur Europäischen Aktiengesellschaft (SE) sowie deren Umsetzung in nationales Recht zu beleuchten, um Anregungen für das deutsche Aktienrecht in einen Lösungsvorschlag mit einzubeziehen sowie zusätzlichen Handlungsbedarf aufzuzeigen. Davon ausgehend sollen die gesetzlichen Anforderungen an eine börsennotierte und an eine nicht börsennotierte AG voneinander abgegrenzt werden, damit auf dieser Basis ein Reformvorschlag vorgestellt werden kann.

Die Grundform der Aktiengesellschaft sollte die börsenferne AG darstellen, die mit einem Mindestmaß an gesetzlichen Regelungen eine flexible Handhabung ermöglicht. Darüber hinausgehende Regelungen sollten erst bei Inanspruchnahme des Kapitalmarktes Anwendung finden. Abweichend vom bisherigen Leitbild der Aktiengesellschaft stellt die Börsengesellschaft die Ausnahme dar. Dieses Regel-Ausnahme Verhältnis sollte in einem neuen Aktiengesetz dadurch zum Ausdruck kommen, dass ein schlankes Aktiengesetz durch einen besonderen Teil für börsennotierte Gesellschaften ergänzt wird. Die so verstandene „kleine" Aktiengesellschaft ist im Grundsatz flexibel und muss erst bei einer Kapitalmarktinanspruchnahme weitere Regelungen beachten.

Dabei dürfen Reformansätze im Aktienrecht nicht aus den Augen verlieren, dass das hohe Ansehen der AG, ihre geringe Konkursanfälligkeit und ihre geringe „Babysterblichkeit" entscheidend mit ihren gesetzlichen Anforderungen zusammenhängt. Die Zulassung von Abweichungen von dem Gewaltenteilungssystem der AG - ein ausgeklügeltes System der Machtbalance zwischen Vorstand, Aufsichtsrat und Hauptversammlung - müssen sich daran orientieren.

Die Untersuchung gliedert sich in in drei Teile. In einem ersten Teil (§§ 1-4) erfolgt eine Bestandsaufnahme zur Satzungsstrenge sowie eine Einordnung in das deutsche Aktienrecht. Eine Darstellung der Bedeutung der Gestaltungsfreiheit, die Systematik der Satzungsstrenge im Aktienrecht und historische Bezüge finden ebenso Berücksichtigung wie die Legitimation der Satzungsstrenge, ihre Bedeutung für die Rechtsformwahl sowie die bisherigen Ansätze für die Lösung der Satzungsstrenge.

In einem zweiten Teil (§ 5) folgt ein Blick auf das Schweizerische Recht. In einem dritten Teil (§§ 6-9) wird anhand der in den vorangegangenen Kapiteln erarbeiteten Ergebnisse ein Lösungsvorschlag aufgezeigt.

1. Teil: Die Satzungsstrenge: Bestandsaufnahme und Einordnung in das Aktienrecht

§ 1 Die Satzungsstrenge des § 23 Abs. 5 AktG als Beschränkung der Gestaltungsfreiheit im Gesellschaftsrecht

Tätigkeit und Organisation jedes Unternehmens werden wesentlich durch die gesetzlichen Vorschriften und die Satzung bzw. den Gesellschaftsvertrag geprägt.[9]

Gesetzliche Normen im Bereich des Gesellschaftsrechts können - wie allgemein im Privatrecht - zwingender oder dispositiver Natur sein.[10]

Das Zusammenspiel von Gesetz und Satzung wird bei jeder Rechtsform entscheidend davon bestimmt, inwieweit die jeweiligen Bestimmungen zwingend oder dispositiv und damit abdingbar sind. Je mehr zwingende Normen zu beachten sind, desto weniger Gestaltungsfreiheit besteht für die Gesellschafter, umso größer ist aber auch der Einfluss des Gesetzes. Je weniger zwingende Normen existieren, desto größer ist die Gestaltungsfreiheit und umso mehr kann der Gesellschaftsvertrag auf die Bedürfnisse des Unternehmens zugeschnitten werden.

Überall dort, wo gesetzliche Regeln dispositiv sind oder das Gesetz eine bestimmte Frage nicht oder nicht abschließend regelt[11], besteht Raum für eine privatautonome Gestaltung der gesellschaftsrechtlichen Rechtsverhältnisse durch die Gesellschafter. Bestimmungen des Gesetzesrechtes dürfen im Vertrag oder in der Satzung abbedungen und durch abweichende Gestaltungen ersetzt oder ergänzt werden.

Hat der Gesetzgeber hingegen durch zwingende Vorschriften eine abschließende Regelung getroffen, sind den Gesellschaftern in diesem Bereich privatautonome Gestaltungen verwehrt.

---

[9] Der Begriff der „Satzung" wird in der Regel bei Körperschaften verwendet (vgl. aber: §§ 2, 3 GmbHG, § 2 AktG), während man bei personengebundenen Verträgen von „Gesellschaftsverträgen" spricht. Funktionsunterschiede zwischen Satzung und Gesellschaftsvertrag verneint zutreffend *K. Schmidt*, Gesellschaftsrecht, § 5 I.2.; ebenso *Wiedemann*, Gesellschaftsrecht I, § 3 II.1.; eine Unterscheidung zwischen „Vertragsgesellschaften" und „Satzungsgesellschaften" trifft *Reuter*, Privatrechtliche Schranken der Perpetuierung von Unternehmen, 1973; S. 62.

[10] *K. Schmidt*, Gesellschaftsrecht, § 5 III.1.

[11] Hierbei kann auch im „Schweigen" des Gesetzes eine abschließende gesetzliche Regelung liegen. Dazu: *Gessler*, in FS für M. Luther 1976, S. 69, 74.

Das Verhältnis zwingender und dispositiver Normen zueinander ist bei den einzelnen Rechtsformen unterschiedlich.

Bei OHG, KG und GmbH normieren die in den §§ 109, 163 HGB sowie § 45 GmbHG geregelten Öffnungsklauseln den grundsätzlichen Vorrang der vertraglichen vor den gesetzlichen Regelungen und bestätigen damit, dass die gesetzlichen Vorschriften im Gesellschaftsrecht grundsätzlich dispositiv sind.[12] Die bei diesen Rechtsformen eröffnete Satzungsautonomie gepaart mit der geringen Regelungsdichte der für diese Rechtsformen einschlägigen Normen erlaubt es den Gesellschaftern, das Gefüge ihres Zusammenschlusses ihren gemeinsamen Vorstellungen und Interessen entsprechend auszugestalten.[13]

Während sich der Gesetzgeber bei den Personengesellschaften und der GmbH für weitgehende Privat- bzw. Satzungsautonomie entschieden hat, verhält es sich bei der Aktiengesellschaft anders.

§ 23 Abs. 5 AktG entscheidet die Frage des Verhältnisses von Gesetz und Satzung zugunsten des Gesetzes, indem alle Vorschriften des Aktiengesetzes grundsätzlich für zwingend erklärt werden.[14] Wegen dieses weitgehend zwingenden Charakters und angesichts der hohen Regelungsdichte des Aktiengesetzes bleibt im Aktienrecht wenig Raum für Gestaltungen durch die Satzungsgeber - es herrscht das Prinzip der Satzungsstrenge.

A. Der Grundsatz der Gestaltungsfreiheit im Gesellschaftsrecht

Bevor auf die Sondersituation der AG eingegangen wird, soll zunächst die Regel, nämlich die grundsätzliche Gestaltungsfreiheit im Gesellschaftsrecht – insbesondere bei den Personengesellschaften und der GmbH -, von der § 23 Abs. 5 AktG für die AG eine Ausnahme statuiert, dargestellt werden.

---

[12] *May*, Die Sicherung des Familieneinflusses auf die Führung der börsengehandelten Aktiengesellschaft, S. 15f.

[13] Dazu *Kübler*, SZW 1995, S. 223, 225, der die Organisationsautonomie als Charakteristikum des Gesellschaftsrechts begreift.

[14] Ausnahmen bestehen gem. § 23 Abs. 5 AktG nur, sofern eine Abweichung ausdrücklich zugelassen oder mangels einer abschließenden Regelung Raum für eine vertragliche Gesetzesergänzung gelassen wurde.

I. Satzung bzw. Gesellschaftsvertrag als Mittel der Gestaltungsfreiheit

1. Gestaltungsfreiheit durch Satzungsautonomie

Die Gestaltungsfreiheit als Teil der Privatautonomie ermöglicht es den Gründern einer Gesellschaft, das Organisationsstatut flexibel und problemgenau an die Bedürfnisse des Unternehmens und seines Gesellschafterkreises anzupassen. Je mehr Gestaltungsfreiheit eine Rechtsform eröffnet, desto unterschiedlicher kann die rechtstatsächliche Ausgestaltung des in dieser Rechtsform firmierenden Unternehmens sein, umso unterschiedlicher können aber auch die mit einer Rechtsform verfolgten Zwecke sein.[15]

Wichtigstes Mittel zur Ausübung der gesellschaftsrechtlichen Gestaltungsfreiheit ist der Gesellschaftsvertrag bzw. die Satzung. Die Satzung ist das Gestaltungsmittel, mit dem die Gesellschafter die für die jeweilige Rechtsform geltenden gesetzlichen Regelungen insbesondere im Hinblick auf das Innenverhältnis ersetzen oder ergänzen können.

Inwieweit die Gesellschafter dieses Gestaltungsmittel einsetzen dürfen, um das Organisationsstatut der Gesellschaft an die Bedürfnisse des Unternehmens anzupassen, hängt von dem Umfang der ihnen eingeräumten Satzungsautonomie oder umgekehrt davon ab, inwieweit der Gesetzgeber durch die Normierung zwingender Regeln die Verantwortung für die Organisation einer Rechtsform selbst übernommen und damit der grundsätzlichen Privatautonomie Grenzen gesetzt hat.

Zwar kann Organisationsautonomie auch anders - etwa durch Einzelentscheidungen der Organe oder durch schuldrechtliche Nebenabreden - ausgeübt werden, aber beiden Gestaltungsmitteln kommt nicht annähernd die Bedeutung der Satzung bzw. des Gesellschaftsvertrages zu.

Die Satzung ist in der gesellschaftsrechtlichen Normenhierarchie zwar nach dem (zwingenden) Gesetz, aber vor den Einzelentscheidungen der Organe und vor den lediglich schuldrechtlich wirkenden Nebenabsprachen einzuordnen. Im Übrigen bindet die Satzung nicht nur gegenwärtige, sondern auch künftige Gesellschafter. Spätere Satzungsänderungen, die in Sonderrechte einzelner Gesellschafter eingreifen, die zu einer Ungleichbehandlung der Gesellschafter führen oder eine Rechtsposition einzelner Gesellschafter verschlechtern, bedürfen in

---

[15] *Hommelhoff* spricht im Zusammenhang mit der Gestaltungsfreiheit im GmbH-Recht von durch die Gestaltungsfreiheit bedingter „Zweckoffenheit", vgl.: *Hommelhoff*, in: Lutter/Wiedemann(Hrsg.), Gestaltungsfreiheit im Gesellschaftsrecht, S. 36, 38.

der Regel der Zustimmung des Betroffenen. Der Satzung kommt in ihrer Wirkungsweise eine vergleichbare Bindungswirkung wie Rechtsnormen zu.[16]

2. Begriff der Satzung bzw. des Gesellschaftsvertrages

Eine Satzung bzw. ein Gesellschaftsvertrag - deren Begriffe im Rahmen dieser Untersuchung entsprechend § 2 AktG synonym verwendet werden[17] - kann definiert werden als Gebilde von Rechtsnormen, welches als Verfassung von Verbänden funktioniert und ihren Geltungsgrund unmittelbar in der Privatautonomie hat.[18]

Diese Umschreibung weist darauf hin, dass der Satzung die Bedeutung einer Verfassung im Sinne einer Grundordnung zukommt. Im Hinblick auf Inhalt, Funktion, Bedeutung und Entwicklung der Satzung ist auch die sprachliche Anlehnung an die Staatsverfassung gerechtfertigt.[19] Die Satzung bestimmt Ziel und Organisation der Körperschaft sowie die Rechtsstellung der einzelnen Mitglieder der Körperschaft- sie ist Organisationsrecht.

Dieses Organisationsrecht kann - soweit es von den gesetzlichen Regelungen abweicht - mit Wirkung für die gegenwärtigen und künftigen Gesellschafter allein durch die Satzung begründet werden. Sonstige gesellschaftsrechtliche Vereinbarungen, wie etwa Nebenabsprachen, beeinflussen die Grundordnung der Gesellschaft nicht, sondern begründen allenfalls schuldrechtliche Verpflichtungen zwischen den sich verpflichtenden Gesellschaftern.

Die Hauptaufgabe der Satzung besteht - freilich in den Grenzen der der jeweiligen Rechtsform eingeräumten Privatautonomie - darin, die für die gewählte Rechtsform geltenden rechtlichen Rahmenbedingungen so zu ergänzen oder abzuändern, dass ein für das einzelne Unternehmen passendes Organisationsstatut entsteht.

---

[16] Die Rechtsnatur der Satzung ist stark umstritten: nach der sog. modifizierten Normtheorie, der hier gefolgt wird, wird zwischen der rechtsgeschäftlichen Satzungserrichtung einerseits und der durch diese Satzung andererseits geschaffenen Verbandsverfassung unterschieden. Während die Satzungserrichtung als Rechtsgeschäft eingeordnet wird, ist die durch die Satzung geschaffene Verbandsverfassung rechtsnormähnlich. Dazu: RGZ 165, 140,143; BGHZ 21, 370, 373; BGHZ 47, 172, 179; BGHZ 96, 245. Anders: *v. Gierke*, Deutsches Privatrecht I, S. 486; *ders.*, Genossenschaftstheorie, S. 164 als Vertreter der sog. Normtheorie sowie die Vertreter der Vertragstheorie: *Flume*, Juristische Person, § 9 I; *Wiedemann*, Gesellschaftsrecht I, § 3 II. 1.b.aa.; *Nitschke*, Die körperschaftlich strukturierte Personengesellschaft, S. 160ff., 163ff., 171; *Lutter*, AcP 180 (1980), 95, 97; *Müller-Erzbach*, Das private Recht der Mitgliedschaft, S. 147ff., 181ff; *Soergel/Hadding*, § 25 Rz. 17; *Hadding*, FS für Fischer 1979, S. 165ff.

[17] *K. Schmidt* § 5 I, 2.

[18] *Hüppi*, Die Methode zur Auslegung von Statuten, S.1.

[19] Vgl.: *Wiedemann*, Gesellschaftsrecht I, § 3 II. 1.a.

Neben den obligatorischen Satzungsbestandteilen (§ 23 Abs. 2 AktG) gehören hierzu derzeitige wie künftige Gesellschafter bindende Regeln im Verhältnis zur Gesellschaft sowie der Gesellschafter untereinander. Daraus ergibt sich folgendes: Nicht jede Vereinbarung gesellschaftsrechtlicher Art und noch nicht einmal solche Vereinbarungen, die zwar formell in der Satzungsurkunde niedergelegt sind, aber materiell kein Organisationsrecht regeln, sind als Satzungsregeln zu verstehen.

„Echte" oder „korporative" Satzungsbestimmungen[20] sind daher nur solche, die materiell tatsächlich Organisationsrecht normieren. Hierzu zählen etwa die zwingenden Satzungsbestimmungen gemäß § 23 Abs. 3 und 4 AktG oder die Ausgestaltung der mitgliedschaftlichen Einlagepflicht. „Unechte" oder „nichtkorporative" Satzungsbestimmungen sind solche, die mit der Mitgliedschaft weder verbunden sind, noch verbunden sein können.[21] Die Abgrenzung von „unechten" oder „nichtkorporativen" Satzungsbestandteilen, die zwar in die Satzungsurkunde Eingang gefunden haben, jedoch kein Organisationsrecht regeln oder nach dem Willen der Gesellschafter nicht regeln sollen, gestaltet sich im Einzelfall schwierig.[22] Um den hier interessierenden Regelungsbereich der Satzungsautonomie zu erfassen, ist diese Abgrenzung nicht erforderlich, da es nicht darauf ankommt, ob eine echte oder unechte Satzungsbestimmung vorliegt, sondern darauf, ob die jeweilige Regelung zur Disposition durch die Gesellschafter steht.

Zwischen den genannten Kategorien liegt eine dritte, die sog. „indifferenten Satzungsbestimmungen". Neben den echten oder unechten Satzungsbestimmungen gibt es solche, die sowohl zur einen, als auch zur anderen Kategorie gehören können. Für solche indifferenten Bestimmungen, bei denen von Fall zu Fall gefragt werden muss, ob die Regelung Teil des Organisationsvertrages oder nur äußerlich mit der Satzungsurkunde verbunden ist, ist ein Gestaltungswahlrecht der Gründer, ob ein korporativer Satzungsbestandteil oder eine rein schuldrechtliche Vereinbarung gewollt ist, allgemein anerkannt und damit ein Gestaltungsspielraum eröffnet.[23]

---

[20] Die Terminologie ist uneinheitlich: teilweise wird von „echten", im Gegensatz zu „unechten", teilweise von „materiellen", im Gegensatz zu „formellen", teilweise von „korporativen" im Gegensatz zu „nichtkorporativen" Satzungsbestandteilen gesprochen; vgl. *K.Schmidt*: Gesellschaftsrecht, § 5 I. 1. d; *Priester*: DB 1979, 681.

[21] Vgl. *K.Schmidt*, Gesellschaftsrecht, § 5 I. 1. d; *Priester*, DB 1979, 681.

[22] Vgl.: *Priester*, DB 1979, 681.

[23] BGHZ 38,155; *K.Schmidt*, Gesellschaftsrecht, § 5 I.1.d).

II. Gestaltungsfreiheit als allgemeines gesellschaftsrechtliches Prinzip

1. Der Grundsatz der Privatautonomie im Gesellschaftsrecht

Der Umfang der Gestaltungsfreiheit und damit der Satzungsautonomie hängt entscheidend davon ab, ob die für eine bestimmte Rechtsform maßgeblichen Vorschriften überwiegend dispositiv oder überwiegend zwingend sind.

Gesellschaftsrecht ist grundsätzlich dispositiv, d.h. Gestaltungsfreiheit ist die Regel, ihre Beschränkung die Ausnahme.[24]

Dies folgt zunächst aus der Erklärung der Gesellschaft aus dem Vertrag.[25] Für Verträge geht das Privatrecht in Deutschland von dem Grundsatz der Privatautonomie aus, nach dem jeder - im Rahmen der Gesetze - das Recht hat, bestimmte Lebensverhältnisse eigenverantwortlich zu gestalten. Der Grundsatz der Privatautonomie beruht auf dem Gedanken, dass bei einem ausgehandelten Vertrag ein Ausgleich der berührten Interessen bewirkt wird und dem Vertrag eine Richtigkeitsgewähr[26] dafür zukommt, dass in ihm die widerstreitenden Interessen durch gegenseitiges Nachgeben zu einem gerechten Ausgleich geführt haben.

Diese Vertragsfreiheit, die im allgemeinen Privatrecht durch Art. 2 Abs. 1 GG die Selbstbestimmung des Einzelnen im Rechtsleben gewährleistet,[27] hat im Gesellschaftsrecht eine zusätzliche, speziellere verfassungsrechtliche Grundlage, nämlich das Grundrecht der Vereinigungsfreiheit in Art. 9 Abs. 1 GG[28].

Art. 9 Abs. 1 GG schützt das Recht aller Deutschen, Vereine und Gesellschaften zu bilden. Gegenstand dieser Vereinigungs- oder Koalitionsfreiheit ist jedoch nicht nur die Bildung einer Gesellschaft, sondern auch die Ausgestaltung der inneren Organisation und die Änderung derselben im Sinne einer Satzungsautonomie.[29]

2. Inhalt der Gestaltungsfreiheit

Gestaltungsfreiheit im Gesellschaftsrecht im Sinne einer Organisations- oder Satzungsautonomie bedeutet die Möglichkeit, das Gesellschafter-Innenverhältnis, d.h. das Verhältnis der Gesellschafter untereinander, sowie das Verhältnis der Gesellschafter zur Gesellschaft autonom zu regeln und damit das Organisa-

---

[24] *Kübler*, in: SZW 1995, S. 223, 226.
[25] *K. Schmidt*, § 5 I. 1. a).
[26] *Schmidt-Rimpler*, AcP 147, 130.
[27] BVerfGE 12, 347; 70, 123.
[28] *K. Schmidt*, § 1 II. 1. b).
[29] *Wiedemann*, Gesellschaftsrecht I, § 12 I. 3.

tionsstatut flexibel und problemgenau an die Bedürfnisse des Unternehmens und der einzelnen Gesellschafter anzupassen.

Die Satzungsautonomie bezieht sich sowohl auf die Autonomie bei der Satzungserrichtung im Rahmen der Gründung der Gesellschaft, als auch auf die spätere Änderung der Satzung. „Herren“[30] des Gesellschaftsvertrages bzw. der Satzung sind die Gesellschafter. Das korporative Schicksal eines Verbandes darf nicht in die Hände anderer gelegt werden, die Satzungsautonomie ist notwendiger Bestandteil der Selbstbestimmung des Verbandes, der Verbandssouveränität.[31]

Um die Bedeutung dieser, bisher lediglich mit Satzungs- oder Organisationsautonomie bezeichneten Gestaltungsfreiheit im Gesellschaftsrecht zu erfassen, muss die Frage geklärt werden, welche Bereiche die grundsätzlich eröffnete Privatautonomie überhaupt erfasst.

Felder der Gestaltungsfreiheit im Gesellschaftsrecht sind vornehmlich die Regelung der Geschäftsführung und der Vertretung, die Kontrolle der Geschäftsführung, die Ausgestaltung der Rechtsstellung der Gesellschafter, die Gegen-stände und die Art und Weise der Beschlussfassung der Gesellschafter sowie deren Stimmrecht, die Vermögensrechte, insbesondere die Ermittlung und die Verteilung von Gewinnen und Verlusten sowie Entnahmen, die Beiträge der Gesellschafter, die Schutzvorschriften gegen Überfremdung, die Sicherung des Führungseinflusses der Gesellschafter, die Regelungen über Austritt, Kündigung oder Tod eines Gesellschafters einschließlich Abfindung, individuelle Regelungen zwischen Anteilsinhabern und Geschäftsführung sowie sonstige Regelungen über das Verhältnis der Gesellschafter untereinander und zur Gesellschaft.

Es muss jedoch bereits an dieser Stelle festgehalten werden, dass die genannten Regelungsmaterien nicht vollumfänglich der Satzungsautonomie unterworfen werden können. Kein Gesellschafter würde beispielsweise im Gegenzug zu der von ihm sicherlich gewünschten Haftungsbeschränkung Gläubigerschutzregeln - etwa Vorschriften über Kapitalerbringung und Kapitalerhaltung - vorsehen. Mehrheitsgesellschafter könnten Regelungen zu Lasten eines Minderheitsgesellschafters statuieren; bei Publikumsgesellschaften bestünde zudem die Gefahr, dass die Initiatoren das Unwissen und die fehlenden Möglichkeiten der Informationsbeschaffung von Kleinanlegern ausnutzen, um selbst den größten Profit zu erreichen. Selbst bei Unternehmen mit vielen Arbeitnehmern würden die Gesellschafter keine Beteiligung der Mitarbeiter an unternehmerischen Entscheidungen vorsehen.

---

[30] So die Bezeichnung von *K. Schmidt*, Gesellschaftsrecht, § 5 I Nr. 3.

[31] *Wiedemann*, in FS für Schilling, S. 111ff.

Bereits an diesen wenigen Beispielen zeigt sich ein Ausschnitt der Interessen und vor allem der Interessengegensätze, die der Gesetzgeber bei der Entscheidung über die Frage, zwingende, dispositive oder gar keine Normen zu erlassen, zu beachten hat.[32] Ziel kann daher keine umfassende, sondern nur eine größere Satzungsautonomie sein.

3. Grenzen der Gestaltungsfreiheit

a.) Die Verantwortung des Gesetzgebers – Notwendigkeit und Grenzen zwingender Vorschriften

Umfassende Privat- oder Satzungsautonomieautonomie, die die Verantwortung für das Funktionieren einer Rechtsform weitgehend in die Hände der Gesellschafter legt, birgt Risiken, die sich im Gesellschaftsrecht vornehmlich zu Lasten der Minderheit, der Gläubiger, der Anleger oder der Arbeitnehmer auswirken können.

Selbst wenn man dem Postulat der Privatautonomie im Gesellschaftsrecht eine überragende Stellung einräumen will, darf nicht verkannt werden, dass in einigen Bereichen der Gesetzgeber gefordert ist, durch die Normierung zwingender Vorschriften einem Missbrauch der Gestaltungsfreiheit entgegenzuwirken. Dies gilt namentlich in Bereichen des Anlegerschutzes, des Minderheitenschutzes, des Gläubigerschutzes sowie des Arbeitnehmerschutzes.[33] Darüber hinaus kann sich eine Berechtigung zwingender Normen auch dann ergeben, wenn mit einer bestimmten Rechtsform bestimmte wirtschafts- oder sozialpolitische Anliegen verwirklicht werden sollen.[34]

Privatautonomie wird daher nicht uneingeschränkt gewährt, sondern durch sogenannte immanente Schranken begrenzt. Dies hat zur Folge, dass Gestaltungsfreiheit nur soweit besteht, als nicht zwingendes Recht, gesetzliche Verbote (§ 134 BGB) oder die guten Sitten (§ 138 BGB) entgegenstehen.[35]

Im Grundsatz gilt folgendes: Überall dort, wo gesetzliche Regelungen dispositiv sind oder der Gesetzgeber eine bestimmte Frage nicht geregelt hat, besteht bis zur Grenze der §§ 134, 138 BGB Raum für privatautonome Gestaltungen durch die Gesellschafter. Bestimmungen des Gesetzesrechts dürfen abbedungen oder durch abweichende Gestaltungen ersetzt werden. Lücken dürfen geschlossen werden.

---

[32] Zu den Funktionen des zwingenden Rechts, vgl.: *Kübler*, Gesellschaftsrecht, § 20 I 2.

[33] Vgl. herzu: *Wiedemann*, in: *Lutter/Wiedemann*, Gestaltungsfreiheit im Gesellschaftsrecht, S.5ff. (7ff).

[34] Zum Aktienrecht: s.u. unter § 2.

[35] S.u. unter § 1 A. III. 2; vgl. auch: *Schultze-von Lasaulx*, in: ZGenW XXI (1971), 325.

Hat der Gesetzgeber jedoch durch zwingende Vorschriften eine bestimmte Angelegenheit geregelt, so sind in diesem Bereich den Gesellschaftern privatautonome Gestaltungen verwehrt. Privatautonomie als Freiheit, seine eigenen Lebensverhältnisse frei zu regeln, findet seine Grenze dort, wo Interessen von nicht am Vertrag beteiligten Dritten berührt sind,[36] namentlich Interessen der Deliktsgläubiger[37] und der Allgemeinheit.[38]

Aber auch in den Fällen, in denen der Kontakt zur Gesellschaft auf privatautonomer Entscheidung beruht, beispielsweise bei Minderheitsgesellschaftern,[39] Vertragsgläubigern, Arbeitnehmern, sonstigen Geschäftspartnern oder Anlegern, kann einerseits zum Schutz dieser individuellen Interessen, andererseits aus gesamtwirtschaftlichen Interessen[40] eine Beschränkung der Privatautonomie durch zwingende Regeln - und damit durch eine gewisse Standardisierung des Rechtsverkehrs - geboten sein.

Gestaltungsfreiheit und Satzungsautonomie ist daher immer im Spannungsfeld zu Gläubigerschutz, Arbeitnehmerschutz, Minderheitenschutz, Anlegerschutz sowie wirtschafts- und sozialpolitischen Zielen zu sehen.

Die Rechtsfrage „Gestaltungsfreiheit im Gesellschaftsrecht" ist von Interessengegensätzen gekennzeichnet, die sich gegenseitig beeinflussen und beschränken.

---

[36] *Kübler* spricht in diesem Zusammenhang von externen wirtschafts- und sozialpolitischen Zielen, die der Gesetzgeber mit der Ausdifferenzierung der Organisationsstruktur von Unternehmen und Verbänden verfolgt; vgl.: *Kübler*, Gesellschaftsrecht, § 20 I. 1. a).

[37] D.h. der Schutz derjenigen Gläubiger, die keine Möglichkeit haben, darüber zu entscheiden, ob eine Forderung gegen die Gesellschaft entstehen soll und die ihre Entscheidung nicht davon abhängig machen können, ob durch Gesellschaftsvertrag oder Satzung ausreichender Gläubigerschutz gewährleistet wird (Beispiel: das Opfer eines Unfalls, für den die Gesellschaft nach §§ 823ff. i.V.m. § 30 BGB haftet).

[38] Bspw. verfolgt das Publizitätsgesetz, das größere Unternehmen zur Rechnungslegung und Publizität verpflichtet, das Ziel, die Allgemeinheit über die wirtschaftliche Lage der erfassten Unternehmen zu unterrichten, um auf diese Weise eine Basis für wirtschaftspolitische Entscheidungen zu haben; vgl.: *Kübler*, Gesellschaftsrecht § 18 II.2. f).

[39] Zum Stand des Minderheitenschutzes, vgl.: *K. Schmidt*, Gesellschaftsrecht, § 16 III.; zum (lediglich fragmentarischen) Minderheitenschutz bei der GmbH, vgl.: *Hommelhoff*, in: Lutter/Wiedemann, Gestaltungsfreiheit im Gesellschaftsrecht, S. 36, 50.

[40] Insbesondere ist in diesem Zusammenhang der Funktionenschutz des Kapitalmarktes (dazu auch unten § 2) sowie des Geschäftsverkehrs zu nennen.

Dieses Spannungsfeld hat der Gesetzgeber teilweise rechtsformübergreifend,[41] teilweise durch vergleichbare Regelungen[42] in den einzelnen Rechtsform, meist jedoch durch unterschiedliche Regelungen für die einzelnen Rechtsformen gelöst.[43] Anzumerken ist in diesem Zusammenhang jedoch, dass man keineswegs davon sprechen kann, dass in allen Bereichen des Gesellschaftsrechts bereits Lösungen gefunden wurden, die den geschilderten Interessengegensätzen in ausreichendem Maße Rechnung tragen.[44] Der große Erfindungsreichtum der Kautelarjurisprudenz, sich wandelnde Bedürfnisse der Praxis und auch die stärkere Europäisierung haben zur Folge, dass die Ausgangsfrage „Gestaltungsfreiheit im Gesellschaftsrecht" immer wieder neu zu stellen und zu beantworten ist.

Es stellt sich jedoch die Frage, inwieweit Beschränkungen der Gestaltungsfreiheit durch zwingendes Gesetzesrecht mit Art. 9 Abs. 1 GG vereinbar sind. Hierbei ist zunächst der Schutzbereich zu ermitteln: Art. 9 Abs.1 GG schützt lediglich die Gründung und Existenz von Verbänden sowie die Schaffung eines geeigneten Organisationsrahmens, nicht jedoch bestimmte Strukturformen oder Tätigkeitsfelder.[45]

Der Gesetzgeber kann daher durch einfachgesetzliche Normen die Gründung, Organisation und Tätigkeit der Verbände im einzelnen ausgestalten und dabei alles regeln, was zum Schutz des einzelnen Mitglieds, des Rechts- und Ge-

---

[41] Bspw. ist die Vertretung von Arbeitnehmern im Aufsichtsrat ab 500 Arbeitnehmern bei AG und GmbH seit dem Gesetz für kleine Aktiengesellschaften und zur Deregulierung des Aktienrechts v. 02.08.1994, BGBl 1994 I, 1961, für diese Rechtsformen im BetrVG 1952, dort §§ 76,77 geregelt.

[42] Bspw. enthalten OHG und KG sowie GmbH und AG Regelungen über die nach außen unbeschränkbare Vertretungsmacht: für die OHG: § 126 Abs. 2 HGB; für die KG: § 161 Abs. 2 i.V. m. § 126 Abs. 2 HGB; für die GmbH: § 37 Abs. 2 S. 1 GmbHG; für die AG: § 82 Abs. 1 AktG.

[43] So macht beispielsweise die unbeschränkte Haftung einer natürlichen Person bei OHG und KG - von der GmbH & Co KG einmal abgesehen - manche Gläubigerschutzvorschriften entbehrlich, die bei den haftungsbeschränkten Rechtsformen demgegenüber unentbehrlich sind.

[44] Vor allem der Individual- und Minderheitenschutz ist beispielsweise im GmbH-Recht nur fragmentarisch ausgestaltet, vgl.: *Hommelhoff*, in Roth (Hrsg.), Das System der Kapitalgesellschaften im Umbruch, S. 26, 39; *ders.* in Lutter/Wiedemann: Gestaltungsfreiheit im Gesellschaftsrecht, S. 36, 48; zur Problementwicklung vgl.: *Zöllner*, ZGR 1988, 392, 416; *Hommelhoff*, FS für Rowedder, S. 171. Minderheiten und Individualschutz wird vornehmlich von Rechtsprechung und Lehre aus der Treuepflicht der Gesellschafter hergeleitet; vgl. aus der Rechtsprechung: BGHZ 65, 15 (*ITT*), BGHZ 103, 184 (*Linotype*); BGHZ 129, 136 (*Girmes*), hierzu die Besprechung von *Flume*, in: ZIP 1995, S. 161; aus der Literatur: *Raiser*, in: ZHR 151 (1987), 422; *K.Schmidt*, Gesellschaftsrecht, § 20, IV. 3; *Wiedemann*, Gesellschaftsrecht I, S. 431 ; *Lutter*, AcP 1980, 84, 102.

[45] Vgl.: *Maunz/Dürig* Art. 9 GG; durch Art. 9 Abs. 1 GG wird die Freiheit garantiert, eine Gesellschaft zu gründen, ihr beizutreten oder fernzubleiben, BVerfGE 10,89.

schäftsverkehrs und der Arbeitnehmer notwendig erscheint, ohne dabei den Schutzbereich des Art. 9 Abs. 1 GG zu verletzen.

Dennoch haben im Hinblick auf die grundsätzlich bestehende Privatautonomie zwingende Normen jedenfalls aus rechtspolitischer Hinsicht nur dann ihre Berechtigung, wenn sie eine der genannten Schutzinteressen verwirklichen und wenn ein solcher Schutz tatsächlich erforderlich ist.

b.) Numerus clausus der Rechtsformen

Auf den ersten Blick könnte Art. 9 Abs. 1 GG dahin missverstanden werden, dass nach Art der schuldrechtlichen Vertragsfreiheit auch eine gesellschaftsrechtliche Organisationsfreiheit in dem Sinne besteht, dass jeder Bürger - im Rahmen der Gesetze - eine beliebige Vereinigung gründen und ein passendes Statut einführen darf. Die Möglichkeit zur Bildung solcher „Gesellschaften sui generis“[46] stellt die Rechtsordnung nicht zur Verfügung, es herrscht vielmehr ein numerus clausus der gesellschaftsrechtlichen Rechtsformen.[47] Damit ist das Prinzip der Vertragsfreiheit nicht etwa außer Kraft gesetzt, es funktioniert nur anders als beispielsweise im Schuldrecht, wo das Gesetz einige Vertragstypen zur Verfügung stellt, diese aber keineswegs abschließend sind und durch atypische Vertragsgestaltungen ergänzt werden dürfen und sollen.

Im Gesellschaftsrecht herrscht Rechtsformzwang. Jeder Verband muss eine der gesetzlich vorgegebenen Rechtsformen haben. Dies beruht zum einen auf dem Gedanken des Verkehrschutzes, zum anderen auf dem Gedanken der Rechtssicherheit, da Gesellschaften in einer mit Schuldverträgen nicht vergleichbaren Weise auf die Sphäre der Mitglieder und auf die Außenwelt - insbesondere Gläubiger und Arbeitnehmer - einwirken können.[48]

Dem Rechtsverkehr darf kein Phantasiegebilde gegenübergestellt werden, sondern es besteht lediglich die Wahl zwischen vorgegebenen Rechtsformen, deren Organisation und Haftungsverfassung vom objektiven Recht geordnet ist.[49]

Diese Rechtsformbeschränkung wird in der Rechtspraxis dadurch teilweise aufgehoben, dass die meisten Rechtsformen - abgesehen von der Aktiengesellschaft

---

[46] In sprachlicher Anwendung an die nach §§ 311, 241 BGB zulässigen *„Verträge sui generis“*.

[47] *K. Schmidt*, § 5 II. 1. a).

[48] *K. Schmidt*, § 5 II. 1. a); ebenso: *Wiedemann*, Gesellschaftsrecht I ,§ 1 III. 1. a).

[49] Vornehmlich aufgrund des Kundenschutzes im Bereich von Massengeschäften am Kapitalmarkt besteht für bestimmte Geschäftssparten Rechtsformzwang: Versicherungen dürfen nach § 7 Abs. 1 VAG nur in der Rechtsform der AG oder der VVaG organisiert sein, Kapitalanlagegesellschaften nach § 1 Abs. 3 KAGG nur als AG und GmbH, Bausparkassen nach § 2 Abs. 1 BauspG allein in der Rechtsform der AG.

und der Genossenschaft - ein beträchtliches Maß an Satzungsautonomie aufweisen, so dass in den meisten Fällen durch atypische Gestaltungen oder sogar Grundtypenvermischungen[50] eine Anpassung an die Bedürfnisse des einzelnen Unternehmens möglich ist. Diese Gestaltungsfreiheit ermöglicht in ihren Grenzen eine Abkehr vom gesetzgeberischen Leitbild.

c.) Typengesetzlichkeit

Eng mit der Frage der Beschränkung der Gestaltungsfreiheit hängt auch das Problem der Typengesetzlichkeit im Gesellschaftsrecht zusammen.

Wie bereits dargestellt, lässt die Rechtsordnung bei den meisten Rechtsformen durch weitgehende Satzungsautonomie atypische, vom Leitbild der jeweiligen Rechtsform abweichende Gestaltungen zu. Hiervon hat die kautelarjuristische Praxis in einem beträchtlichen Umfang Gebrauch gemacht.[51]

Zentrale Fragen, die im Zusammenhang mit der Typusgesetzlichkeit gestellt werden, sind vor allem, inwieweit atypische Gestaltungen auch bei weitgehend dispositivem Gesetzesrecht unzulässig sein können und darüber hinaus, ob bei atypischen Gestaltungen eine typusgerechte Rechtsanwendung stattzufinden hat.[52] Von einer atypischen Gestaltung spricht man, wenn eine bestimmte Gesellschaft durch Gesellschaftsvertrag bzw. Satzung eine solche Ausgestaltung erhält, dass sie von dem gesetzlichem Regeltypus der gewählten Rechtsform - dem gesetzgeberischen Leitbild - abweicht. Der Sache nach geht es um die Frage, ob auch dann, wenn gesetzliche Regelungen dispositiv sind, diesem dispositiven Recht eine solche Ordnung- oder Leitbildfunktion[53] zukommen kann, dass sie bestimmten Gestaltungen entgegensteht oder ob die gewählte Rechtsform bis an die Grenze zwingenden Rechts beliebigen Variationen unterworfen werden darf. Diese Frage wurde vor allem in den siebziger Jahren heftig diskutiert.

So hat *Immenga*[54] den Gedanken entwickelt, dass die Wirtschaftsordnung dem Gesellschaftsrecht verbindliche Grundentscheidungen vorgibt, die der Gestaltungsfreiheit Grenzen setzen.[55]

---

[50] Beispiele für Grundtypenvermischungen sind vor allem die GmbH & Co KG oder die vom BGH für zulässig erachtete GmbH & Co KGaA, vgl.: BGHZ 134, 392.

[51] Einen Überblick über die Einsatzmöglichkeiten der GmbH geben beispielsweise: *Lutter/Hommelhoff*, GmbHG-Kommentar, § 1 Rz. 6; *Hueck*, in Baumbach/Hueck, GmbHG-Kommentar, § 1 Rz. 7-16; *Hachenburg/Ulmer*, Großkommentar 2005, § 1 Rz. 12-26.

[52] *K. Schmidt*, § 5 II. 4. c).

[53] *K. Schmidt* zieht in § 5 III. 1. c) unter Hinweis auf BGHZ 41, 151, 154; BGHZ 54, 106, 110 sowie BGHZ 60, 377, 380 eine Parallele zum Recht der Allgemeinen Geschäftsbedingungen, in dessen Rahmen eine solche Ordnungs- oder Leitbildfunktion anerkannt ist.

[54] *Immenga*, Die personalistische Kapitalgesellschaft, S. 478.

Reuter[56] vertieft diesen wirtschaftsverfassungsrechtlichen Ansatz und sieht den Raum für Vertragsfreiheit nur dort, wo ausschließlich das Verhältnis der Vertragsbeteiligten geregelt wird.[57] Das durch die Satzung „perpetuierte Unternehmen" bedürfe hingegen einer Rechtskontrolle, die erheblich über die der §§ 134, 138 BGB hinausgeht. Durch diesen Ansatz wird die Gestaltungsfreiheit sehr stark beschnitten.

Beiden Ansichten ist entgegenzuhalten, dass in den Fällen, in denen geltendes (dispositives) Recht zum ordnungspolitischen Steuerungsinstrument gemacht wird, bewiesen werden muss, dass die zugrunde gelegten Ordnungsziele auch rechtliche Verbindlichkeit verdienen.[58] Ein solcher Beweis wurde nicht erbracht und kann vermutlich auch nicht erbracht werden.

Teichmann ging in seiner Habilitationsschrift[59] von einem anderen Ansatz aus: Ausgehend von der Feststellung, dass Rechtsinstitute einen Prozess der Institutionalisierung durchlaufen, der ihnen eine verbindliche Gestalt verleiht, wird durch die so gefundene Gestalt die Gestaltungsfreiheit eingrenzt.[60] Dieser Prozess der Institutionalisierung wird vornehmlich durch die Gesetzgebung, aber auch durch die Rechtsanwendung vollzogen.[61]

Mehr Raum für Vertragsfreiheit lässt *Westermann*[62], der in seiner Untersuchung der gesellschaftsrechtlichen Typologie keine durchgehende Gesetzmäßigkeit entdeckt und daher keinen eigenen umfassenden rechtspolitischen Ansatz vertritt, sondern einzelne typologische Merkmale vergleicht und zuordnet.

Ganz in diesem Sinne verlief auch die Untersuchung von *Nitschke*[63], der gewisse Atypizitäten, wie etwa die GmbH & Co KG oder die „atypisch" stille Gesellschaft, bereits als typisch im Sinne von häufig bezeichnet.[64] Die Frage nach der Grenze der Vertragsfreiheit beantwortet er nicht generell, sondern verlangt eine

---

[55] Bspw. sieht er die persönliche Haftung bei personalistisch strukturierten Gesellschaften als eine solche Grundentscheidung an. Zwar akzeptiert er noch die Haftungsbschränkung der personenbezogenen GmbH (*Immenga*, a.a.O.S. 126), sieht jedoch bestimmte Grenzen der Gestaltungsfreiheit, deren Überschreitung zu einem Wegfall der Haftungsbeschränkung führen kann (*Immenga* a.a.O. S. 425).

[56] *Reuter*, Privatrechtliche Schranken der Perpetuierung von Unternehmen.

[57] *Reuter*, a.a.O. S. 53.

[58] *K. Schmidt* zieht in § 5 III. 2. c).

[59] vgl.: *Teichmann*, Gestaltungsfreiheit in Gesellschaftsverträgen.

[60] vgl.: *Teichmann*, a.a.O. S. 53.

[61] vgl.: *Teichmann*, a.a.O. S. 48, 250.

[62] vgl.: *H.P. Westermann*, Vertragsfreiheit und Typengesetzlichkeit im Recht der Personengesellschaften.

[63] vgl.: *Nitschke*, Die körperschaftlich strukturierte Personengesellschaft.

[64] vgl.: *Nitschke*, a.a.O. S. 8.

genaue Einzelfallprüfung im Sinne einer sog. Punkt-für-Punkt Analyse von Normen und Interessen.

Die an dieser Stelle nur verkürzt dargestellte Typenzwangdiskussion gilt inzwischen als überholt.[65] Die Entwicklung neuer und die Abwandlung bestehender Gesellschaftsrechtsformen wird mit dogmatischen Ansätzen kaum noch verhindert; diese stellen auch keine immanente Grenze für deren Veränderbarkeit auf.[66]

Da das Wertesystem des Privatrechts, wie sich gezeigt hat, stark vom Grundsatz der Privatautonomie beherrscht wird, gestattet es - im Rahmen des dispositiven Rechts - atypische Gestaltungsformen. Die Rechtsordnung stellt bestimmte Rechtsformen zur Verfügung und legt bestimmte Voraussetzungen zwingend fest; eine darüber und über die Grenzen der §§ 134, 138 BGB hinausgehende typologische oder wirtschaftsverfassungsrechtliche Beschränkung der Gestaltungsfreiheit kann nicht anerkannt werden.

Es lässt sich daher bereits an dieser Stelle festhalten, dass eine Beschränkung der Gestaltungsfreiheit der Aktiengesellschaft sich nicht etwa daraus ergeben kann, dass das bisherige Aktiengesetz vom Leitbild der AG als Großunternehmensträger und Kapitalsammelbecken ausgeht.

III. Gestaltungsfreiheit als Aufgabe

Ein Blick auf die Gestaltungsfreiheit im Gesellschaftsrecht darf bei allen Vorteilen nicht übersehen, dass mit der Einräumung von Gestaltungsfreiheit die Verantwortung für den geeigneten Organisationsrahmen vom Gesetzgeber auf die Satzungsgeber übergeht.

Besonders schwer wiegt diese Verantwortung, wenn durch die Ausgestaltung der Satzung eine Abkehr vom Leitbild der gewählten Rechtsform erfolgt.

Wenn beispielsweise die nach dem gesetzgeberischen Leitbild kapitalistisch ausgestaltete GmbH - wie häufig in der Praxis - eine personalistische Struktur erhalten soll, so bedarf es einer ganz exakten Überprüfung, welche (dispositiven) Vorschriften abgeändert werden müssen, damit die für die Gesellschaft maßgeblichen Vorschriften dieser Ausrichtung entsprechen. *Hommelhoff* erläuterte diese mit der Ausübung der Gestaltungsfreiheit verbundene Folgeaufgabe anhand des Gesellschafter-Geschäftsführers:[67]

---

[65] vgl.: *Graf*, Die Kapitalgesellschaft & Co KG auf Aktien 1993, S. 153, 158.
[66] Vgl.: *Claussen*, ZHR 153 (1989), 216, 219.
[67] *Hommelhoff*, in: Lutter/Wiedemann, Gestaltungsfreiheit im Gesellschaftsrecht, S. 36, 54.

Während bei Personengesellschaften das Prinzip der „Selbstorganschaft“ gilt und mit der Gesellschafterstellung als persönlich haftender Gesellschafter einer Personengesellschaft kraft (dispositiven) Rechtes die Geschäftsführung verbunden ist, ohne dass hiezu eine Bestellung notwendig wäre,[68] verhält es sich bei der GmbH anders: Nach § 38 Abs. 1 GmbHG ist die Bestellung jedes Geschäftsführers - auch des Gesellschafter-Geschäftsführers - zu jeder Zeit widerruflich.[69] Etwas anderes gilt nur, wenn das Recht auf die Geschäftsführung als mitgliedschaftliches Sonderrecht im Gesellschaftsvertrag statuiert ist.[70] Besteht ein solches Sonderrecht, ist die Abberufung nur noch aus wichtigem Grund oder mit Zustimmung des Gesellschafters selbst möglich.

Häufig wird durch fehlerhafte Beratung eine entsprechende Statuierung eines solchen mitgliedschaftlichen Sonderrechtes vergessen, was dazu führen kann, dass langjährige Gesellschafter-Geschäftsführer mit einer einfachen Mehrheit der Gesellschafterversammlung abberufen werden können, ohne hiergegen geschützt zu sein.[71]

Machen Satzungsgeber von der ihnen eingeräumten Gestaltungsmöglichkeit Gebrauch, bietet diese ihnen nicht nur die Chance, ihr Organisationsstatut flexibel ihren Bedürfnissen anzupassen. Sie stellt ihnen vor allem dann, wenn von dem gesetzgeberischen Leitbild abgewichen wird, auch die Aufgabe, in der Satzung eine Anpassung an die gewünschte Ausgestaltung bzw. das gewünschte konkrete Leitbild vorzunehmen, da die ansonsten eingreifenden dispositiven Gesetzesvorschriften oftmals keinen interessengerechten Ausgleich mehr schaffen.

IV. Gestaltungsfreiheit im Recht der Personengesellschaften und im GmbH-Recht

Nach §§ 109, 163 HGB, 45 GmbHG ist es für OHG, KG sowie GmbH grundsätzlich vorgesehen, durch vertragliche Vereinbarungen die gesetzlichen Bestimmungen über die interne Gesellschaftsorganisation abzuändern. Diese

[68] Man spricht insoweit vom „geborenen“ Geschäftsführer, im Gegensatz zum „gekorenen“ bei GmbH und AG.

[69] Vgl. nur *Lutter/Hommelhoff*, § 38 Rz. 1f.

[70] Dies ist die einzige Möglichkeit, das Sonderrecht abzusichern, eine bloße Abänderung des § 38 Abs. 1 GmbHG führt hingegen oft nicht zum gewünschten Ergebnis, da diese Satzungsregel durch eine bloße Satzungsänderung, die auch ohne Zustimmung des Gesellschafter-Geschäftsführers zustande kommen kann, beseitigt werden kann, mit der Folge der freien Abberufbarkeit; vgl. hierzu: *Hommelhoff*, in: Lutter/Wiedemann: Gestaltungsfreiheit im Gesellschaftsrecht, S. 36, 54.; ebenso: *Lutter/Hommelhoff*, § 38 Rz. 9. Beispiele für entsprechende Regelungen finden sich bei: *Reichert/Harbarth*, Der GmbH-Vertrag.

[71] BGHZ 17, 358, 367.

Rechtsformen eröffnen somit ein Höchstmaß an Vertragsfreiheit bzw. Satzungsautonomie.[72]

Lediglich in Einzelfällen ergeben sich vornehmlich aus Gründen des Gläubigerschutzes Besonderheiten.[73] So ist beispielsweise bei allen drei Rechtsformen der Umfang der Vertretungsmacht - nicht jedoch die Art der Vertretungsmacht - nach außen unbeschränkbar. Bei der GmbH ergeben sich als notwendiges Korrelat der Haftungsbeschränkung strenge Kapitalschutzvorschriften zur Erhaltung des Stammkapitals.[74] Die Abtretung von Geschäftsanteilen an der GmbH bedarf der notariellen Beurkundung. Ab 500 Arbeitnehmern ist bei der GmbH (wie bei der AG) aus Arbeitnehmerschutzgründen ein mitbestimmter Aufsichtsrat zu bilden.[75] Als zwingende Organe sieht das GmbH-Recht lediglich den Geschäftsführer und die Gesellschafterversammlung vor. Ihre Kompetenzen sind aber weithin abdingbar.

Im übrigen sind weder bei den Personengesellschaften noch bei der GmbH das Organisations- und Zuständigkeitsgefüge verbindlich festgelegt; es kann in der Satzung in vielfältiger Weise modifiziert und den jeweiligen Bedürfnissen der Gesellschafter angepasst werden. [76]

Auch hat der Gesetzgeber bei den genannten Rechtsformen vieles ungeregelt gelassen. Die jeweiligen Vorschriften sind einfach und von geringer Regelungsdichte. Dies lässt den Gesellschaftern ebenfalls die Freiheit, bestimmte Angele-

---

[72] *Hommelhoff*, in Lutter/Wiedemann, in Gestaltungsfreiheit im Gesellschaftsrecht, S. 36ff (S. 38ff); *Wiedemann*, in Lutter/Wiedemann, in Gestaltungsfreiheit im Gesellschaftsrecht, S. 5ff (S. 9f.); *May*: Die Sicherung des Führungseinflusses auf die Führung der börsengehandelten Aktiengesellschaft, S. 19; eine Übersicht über zwingendes GmbH-Recht findet sich bei: *Zöllner*, FS 100 Jahre GmbH-Gesetz, S. 85, 89.

[73] Vgl. zu den zwingenden Normen im GmbH-Recht: *Zöllner*, Festschrift 100 Jahre GmbH-Gesetz, S. 85, 89.

[74] So verbietet § 19 Abs. 2 GmbHG eine Befreiung von der Verpflichtung zur Einlage, wobei der Begriff der „Befreiung" weit zu verstehen ist, insbesondere sind Erlass, Stundung und Aufrechnung sowie die Geltendmachung eine Zurückbehaltungsrechtes unzulässig; ebenfalls dem Kapitalschutz dient das Verbot der Einlagenrückgewähr (§ 30 Abs. 1 GmbHG), verbunden mit einer Rückerstattungsverpflichtung (§ 31 GmbHG); wichtig ist vor allem die Umqualifizierung von in der Krise hingegebenem oder stehengelassenem Fremdkaital (Gesellschafterdarlehen) in Eigenkapital, § 32a GmbHG, sog. eigenkapitalersetzendes Gesellschafterdarlehen, vgl. hierzu: *K. Schmidt*, Gesellschaftsrecht § 18 III. S. 525ff.

[75] § 77 BetrVG 1952, der auf die (zwingenden) Vorschriften des AktG verweist.

[76] So dürfen beispielsweise fakultative Organe wie ein Beirat eingerichtet und mit Kompetenzen ausgestattet werden (vgl.: *K. Schmidt*, Gesellschaftsrecht § 15 III 4; *Kratzsch*, ZGR 1985, S. 506). Ein wichtiges Instrument zur Sicherung der unternehmerischen Führung durch die Gesellschafter einer GmbH ist die Möglichkeit, diesen Sonderrechte auf die Geschäftsführung oder die Benennung von Geschäftsführern einzuräumen.

genheiten bewusst ungeregelt zu lassen. Eine Vielzahl disponibler Vorschriften würde sie zwingen, überall dort Bestimmungen im Gesellschaftsvertrag zu treffen, wo sie mit dem Regelungsvorschlag des Gesetzgebers nicht einverstanden wären.[77] Allerdings besteht hier auch die Gefahr, dass wesentliche Punkte ungeregelt bleiben und weder Gesetz noch der Gesellschaftsvertrag hierfür eine Lösung bereitstellen.

B. Die Satzungsstrenge des § 23 Abs. 5 AktG im Aktienrecht

Wie der vorstehende Abschnitt gezeigt hat, stellt die Gestaltungsfreiheit im Gesellschaftsrecht im Sinne einer Satzungsautonomie ein allgemeines gesellschaftsrechtliches Prinzip dar, das sich einerseits aus der Erklärung der Gesellschaft aus dem Vertrag, andererseits unmittelbar aus dem Grundgesetz ergibt. Diese zunächst allen Gesellschaften eröffnete Satzungsautonomie bleibt im Recht der Personengesellschaften und im GmbH-Recht weitgehend unangetastet und wird nur in einigen wenigen Bereichen durch zwingende Regeln beschränkt. Anders sieht es im Aktienrecht aus - dort gilt das Prinzip der Satzungsstrenge.

I. Begriff

Die Satzungsstrenge findet ihre gesetzliche Grundlage in § 23 Abs. 5 AktG. Dort heißt es:

Die Satzung kann von den Vorschriften dieses Gesetzes nur abweichen, wenn es ausdrücklich zugelassen ist. Ergänzende Bestimmungen der Satzung sind zulässig, es sei denn, dass dieses Gesetz eine abschließende Regelung enthält.

Satzungsstrenge - im Gegensatz zur Satzungsautonomie - bedeutet eine Einschränkung des Gestaltungsspielraums der Satzung in der Weise, dass diese vom Gesetz nicht abweichen darf und auch keine Regelungen für Fragen enthalten darf, die das Gesetz abschließend regelt. § 23 Abs. 5 AktG, „die eiserne Klammer, die der Gesetzgeber um die Aktiengesellschaft gelegt hat“[78], führt dazu, dass die meisten Vorschriften des Aktiengesetzes zwingend sind. Damit hat der Gesetzgeber für das Gebiet des Aktienrechts der Gestaltungsfreiheit eine Absage erteilt. Auch im Bereich des Innenrechtes der Gesellschaft ist das Aktienrecht durch weitgehend zwingende Normen geregelt.

---

[77] *Hommelhoff*, in: Roth (Hrsg.), Das System der Kapitalgesellschaften im Umbruch, S, 26, 48.

[78] So die treffende Bezeichnung von *Mertens*, in: ZGR 1994, S. 426f.

II. Systematik des § 23 Abs. 5 AktG

1. Abweichung oder Ergänzung

§ 23 Abs. 5 AktG unterscheidet zwischen Abweichungen vom Gesetz einerseits und Ergänzungen andererseits. Während für eine Abweichung eine ausdrückliche Zulassung erforderlich ist, darf eine Ergänzung in der Satzung vorgenommen werden, wenn das Gesetz in dem Bereich keine abschließende Regelung enthält.

Sowohl Abweichung, als auch Ergänzung beziehen sich auf die Vorschriften des Aktiengesetzes („dieses Gesetzes"). Auf aktienrechtliche Vorschriften in anderen Gesetzen ist § 23 Abs. 5 AktG nicht, auch nicht entsprechend anwendbar.[79]

a.) Abweichung vom Gesetz

Eine Abweichung vom Gesetz im Sinne von § 23 Abs. 5 S. 1 AktG liegt nach überwiegender Ansicht nur dann vor, wenn die Satzung eine bestimmte Frage anders regelt als eine Vorschrift des Aktiengesetzes.[80]

Demgegenüber will *Mertens* eine Abweichung auch dann annehmen, wenn das Gesetz die betreffende Frage zwar nicht regelt, sich aber aus dem Schweigen des Gesetzes ergebe, dass es eine entsprechende Satzungsregelung nicht anerkennen will.[81]

Dies ist zu Recht auf vielfache Kritik gestoßen, da das Gesetz dort, wo es schweigt, gerade keine Regelung enthält. Wenn nämlich eine Abweichung nur mit ausdrücklicher Zulassung gestattet ist, kann sich diese Abweichung logisch nur auf eine tatsächlich geregelte Vorschrift beziehen.[82] Es ist zudem nicht ersichtlich, wie eine ausdrückliche Gestattung bei einer aus dem Schweigen des Gesetzes entnommenen Regelung aussehen könnte.

Im Übrigen hätte die von *Mertens* vertretene Ansicht die Schaffung einer ausschließlichen Gesetzeskompetenz zur Folge und damit eine Verdrängung der Gestaltungsfreiheit auch dort, wo das Aktiengesetz keine Regelung enthält. Eine

---

[79] *Röhricht*, in: GK-AktG § 23 Rz. 172; *Hüffer*, § 23 Rz. 34; Beck'sches Handbuch AG § 6 Rz. 6; *Luther*, in Freundesgabe für Hengeler, S. 167, 171; aA nur *Geßler*, ZGR 1980, S. 427ff (440ff) für das MitbestG; eine solche Analogie ist hier jedoch mangels Regelungslücke nicht erforderlich, da sich der zwingende Charakter des MitbestG bereits nach allgemeinen gesetzlichen Regelungen ergibt.

[80] *Röhricht*, in: GK-AktG § 23 Rz. 168, *Gessler*, in: FS für Luther, S. 69, 73; *Kraft*, KK § 23 Rz 83.

[81] *Mertens*, in: KK Vorbem. § 76, Rz. 11.

[82] *Luther*, Freundesgabe für Hengeler, S. 167, 171; *Gessler*, in: FS für Luther, S. 69, 73.

solche Wirkung kann der Regelung des § 23 Abs. 5 AktG nicht unterstellt werden, die lediglich das Verhältnis von (bestehendem) Gesetzesrecht und Satzung zugunsten des Gesetzes entscheiden sollte. Wenn das Gesetz zu einer bestimmten Frage schweigt, bestimmt sich die Zulässigkeit diesbezüglicher Regelungen ausschließlich danach, ob das Gesetz eine abschließende Regelung enthält. Das Schweigen des Gesetzes ist demnach ein Problem der Gesetzesergänzung i.S.v. § 23 Abs. 5 S.2 AktG.[83]

b.) Ausdrückliche Zulassung

Die Satzung darf von einer im AktG getroffenen Regelung nur abweichen, wenn das Aktiengesetz[84] dies ausdrücklich, d.h. durch eine klare, positive Aussage im Gesetz gestattet.[85]

Im Hinblick auf den klaren und eindeutigen Wortlaut konnte sich auch die von *Barz* vertretene Ansicht, dass sich auch aus einer sinngemäßen Gesetzesauslegung eine „ausdrückliche" Zulassung ergeben könne, nicht durchsetzen.[86]

c.) Ergänzung des Gesetzes

aa) Begriff

Eine Ergänzung i.S. von § 23 Abs. 5 S. 2 AktG lässt im Gegensatz zu einer Abweichung die gesetzlichen Vorschriften unberührt, ordnet keine von ihnen abweichende Rechtsfolgen an, fügt jedoch eine oder mehrere Regelungen hinzu, die die gesetzlichen Bestimmungen konkretisieren.[87]

bb) Ermittlung des abschließenden Charakters eines Gesetzes

Ergänzt werden dürfen die aktienrechtlichen Bestimmungen nur in den Punkten, in denen das Gesetz keine abschließende Regelung enthält. Lassen hingegen die

---

[83] *May*, Die Sicherung des Führungseinflusses auf die Führung der börsennotierten Aktiengesellschaft, S. 67.

[84] In Ausnahmefällen kann dies auch ein anderes Gesetz sein, z.B. für die Gerichtsstandsbestimmung in § 17 Abs. 3 ZPO.

[85] Allg. Meinung, vgl. nur: *Röhricht*, in: GK-AktG § 23 Rz. 169; *Kraft*, in KK § 23 Rz. 83. Die Gestattung wird vom Gesetz durchweg durch unmissverständliche Formulierungen kenntlich gemacht, z.B. „Die Satzung kann ermächtigen, anordnen, bestimmen..." oder „wenn (soweit) die Satzung nichts anderes bestimmt..." oder „es sei denn die Satzung....". Zum Teil enthält das Aktiengesetz Regelungsermächtigungen an die Satzungsgeber wie „...(das betreffende Organ) kann, wenn die Satzung dazu ermächtigt..."

[86] *Barz*, in GK-AktG (1973) § 23 Rz. 18. Diese Auffassung wurde in der Neubearbeitung des § 23 im GK-AktG von *Röhricht* - § 23 Rz. 168, Stand 1996 - ausdrücklich aufgegeben.

[87] *Röhricht*, in: GK-AktG § 23 Rz. 186.

gesetzlichen Bestimmungen keinen Raum für zusätzliche Regelungen, so sind die Satzungsgeber zu einer privatautonomen Regelung nicht befugt.

Unproblematisch sind die Fälle, in denen das Gesetz ausdrücklich Regelungsfreiräume eröffnet.[88] In den verbleibenden Fällen ist die Frage, ob eine gesetzliche Regelung abschließend ist oder nicht, im jeweiligen Einzelfall durch Auslegung zu ermitteln. Hierbei sind Wortlaut, Systematik, Sinn und Zweck sowie historische Bezüge zu berücksichtigen.[89]

2. Grenzen zulässiger Abweichungen oder Ergänzungen

Der Umstand, dass die Gesellschafter nach den vorgenannten Regeln zu Abweichungen oder Ergänzungen befugt sind, reicht allein noch nicht für die Zulässigkeit einer Satzungsbestimmung aus. Vielmehr muss in einem zweiten Schritt geprüft werden, ob diese Regelungsbefugnis ihrerseits wieder an Grenzen stößt.

Unproblematisch ist es, wenn sich solche Grenzen aus dem Gesetz selbst ergeben.

Beispielsweise kann in der Satzung das Recht verankert werden, Mitglieder in den Aufsichtsrat zu entsenden (§ 101 Abs. 2 AktG). Dies gilt jedoch nur für bestimmte Aktionäre oder für die jeweiligen Inhaber bestimmter Aktien und insgesamt für höchstens ein Drittel der von den Anteilseignern zu bestimmenden Aufsichtsratsmitglieder.

Schwieriger ist es, wenn der Gesetzgeber die Grenzen nicht so eindeutig gezogen hat. Diese Problemstellung - die Grenze der Privatautonomie - ist keine spezifisch aktienrechtliche und noch nicht einmal eine spezifisch gesellschaftsrechtliche, sondern sie stellt sich immer dann, wenn eine Angelegenheit durch privatautonome Gestaltungen geregelt werden darf. Dies kann beispielsweise im allgemeinen Schuldrecht, im Arbeitsrecht, aber auch im Gesellschaftsrecht der Fall sein. Spezifisch aktienrechtlich ist hier nur die Frage, wann Abweichungen und

---

[88] Dies ist nicht mit der ausdrücklichen Zulassung abweichender Regelungen nach § 23 Abs. 5 S. 1 AktG zu verwechseln, bei denen eine Satzungsregelung statt der gesetzlichen Regelung möglich ist. Im Rahmen von § 23 Abs. 5 S. 2 AktG eröffnete ausdrückliche Regelungsfreiräume treten neben die gesetzliche Bestimmungen; Bsp.: Schaffung von Aktien verschiedener Gattung (§ 11 S. 1 AktG), Ergänzung des Katalogs der Zuständigkeit der Hauptversammlung (§ 119 Abs. 1 AktG); Festsetzung der Vergütung für Aufsichtsratsmitglieder (§ 113 Abs. 1, S. 2 AktG), etc..

[89] *May*, Die Sicherung des Familieneinflusses auf die Führung der börsennotierten Aktiengesellschaft S. 68.

Ergänzungen zulässig sind.[90] Sind diese zulässig, besteht grundsätzlich Raum für privatautonome Gestaltungen.

Die so eröffnete Privatautonomie wird nicht unbeschränkt gewährt, sondern es bleibt in jedem Fall zu prüfen, ob immanente Schranken der Privatautonomie[91] eine bestimmte Gestaltung verbieten.

Solche immanente Schranken der Privatautonomie können sich aus zwingendem Recht, gesetzlichen Verboten (§ 134 BGB) oder einem Verstoß gegen die guten Sitten (§ 138 BGB) oder gegen Treu und Glauben (§ 242 BGB) ergeben.[92]

Während sich die Frage nach dem zwingenden Recht bereits bei der Ermittlung der Zulässigkeit einer Abweichung oder Ergänzung an sich schon gestellt hat, ist sie für die Zulässigkeit einer bestimmten Gestaltung erneut zu prüfen.

So kann beispielsweise die Satzung nach § 95 S. 2 AktG eine höhere Zahl als die gesetzliche von drei Aufsichtsratsmitgliedern festlegen. Es besteht daher zunächst Raum für privatautonome Gestaltungen. Gleichwohl sind bei der konkreten Umsetzung sonstige zwingende Regelungen, insbesondere die § 7 Abs. 1, S. 2 und 3 MitbestG, § 9 Montan-MitbestG sowie § 5 Abs. 1, S. 3 MitbestErgG zu beachten, die die grundsätzlich in diesem Punkt eingeräumte Gestaltungsfreiheit begrenzen.

Bei der Frage, ob eine bestimmte Satzungsregelung gegen die guten Sitten verstößt, hat nach allgemein privatrechtlichen Grundsätzen eine Wertung unter Berücksichtigung des öffentlichen Interesses, des Verkehrsschutzes und des Schutzes der Beteiligten stattzufinden.[93]

Im Gesellschafsrecht konkretisieren sich diese Belange überwiegend auf Gesichtspunkte des Minderheiten-[94] bzw. Anlegerschutzes[95] sowie der Gläubiger und Arbeitnehmerinteressen.[96]

3. Rechtsfolgen eines Verstoßes gegen § 23 Abs. 5 AktG

Die Vorschrift des § 23 Abs. 5 AktG sagt nichts darüber, welche Sanktionen ein Verstoß gegen sie nach sich zieht.

---

[90] Vgl. oben unter § 1 B II 1.

[91] *Westermann*, Vertragsfreiheit und Typengesetzlichkeit im Recht der Personengesellschaften, S. 35.

[92] *K.Schmidt*, Gesellschaftsrecht, § 5 III. 3.

[93] *K.Schmidt*, Gesellschaftsrecht, § 5 III. 3; s.o. unter § 1 A. II. 3.a).

[94] Vgl. statt vieler: *Wiedemann*, in: ZGR 1980, S. 147, 155.

[95] Vgl. statt vieler: *May*, Die Sicherung des Familieneinflusses auf die Führung der börsennotierten Aktiengesellschaft S. 79.

[96] Statt vieler: *Wiedemann*, in: ZGR 1980, S. 147, 158.

Weitgehend Einigkeit besteht jedoch darüber, dass Satzungsbestimmungen, die nicht mit § 23 Abs. 5 AktG in Einklang stehen, nichtig sind.[97]

Keine Einigkeit besteht jedoch dahingehend, wie sich diese Nichtigkeit begründen und insbesondere auf welche Rechtsgrundlage sie sich stützen lässt.

Teilweise wird in diesem Zusammenhang vertreten, dass gesetzeswidrige Satzungsbestimmungen ohne Bezugnahme auf eine konkrete Rechtsgrundlage nichtig seien.[98]

Diese Schlussfolgerung vermag deshalb nicht zu überzeugen, da die Rechtsordnung insgesamt und auch das Aktienrecht - wie beispielsweise die Vorschrift des § 243 AktG zeigt - keineswegs nur die Nichtigkeit als notwendige Rechtsfolge jeder Gesetzesverletzung kennt.

Im Übrigen besteht Streit darüber, ob sich die Nichtigkeit auch ohne ausdrücklichen Ausspruch auf § 23 Abs. 5 AktG selbst stützen lässt[99] oder ob § 241 Nr. 3 AktG die einschlägige Rechtsgrundlage bildet.[100] Unter Zugrundelegung der letztgenannten Auffassung kann eine Nichtigkeit nur vorliegen, wenn die Satzungsregeln nach ihrem konkreten Inhalt gegen eine Einzelnorm verstoßen, die zum aktienrechtlichen Regelungskern gehören.[101]

Gegen die Auffassung, wonach die Rechtsfolge eines Verstoßes auf § 241 Nr. 3 AktG gestützt werden soll, spricht vor allem folgender Gesichtspunkt: § 241 AktG regelt die Nichtigkeit von Hauptversammlungsbeschlüssen und kann daher lediglich die spätere Satzungsänderung nach § 179 AktG erfassen, nicht jedoch die Feststellung der ersten Satzung durch die Gründer.[102] Es ist jedoch völlig unbestritten, dass § 23 Abs. 5 AktG Satzungsänderung und Satzungserrichtung gleichermaßen erfassen will.

---

[97] Nur vereinzelt begnügt man sich mit der Feststellung der Unzulässigkeit, so: *Barz*, in GK-AktG 1973 § 23 Anm. 18; *Kraft*, in KK 1970, § 23 Anm. 53, 54; *Baumbach/Hueck*, § 23 Anm. 16. Ebenfalls nur vereinzelt wird die Unwirksamkeit der Satzungsbestimmung vertreten, vgl.: *Möhring/Tank*, Handbuch der AG Bd. I, I, Rdnr. 52; *Würdinger* hat diese in Aktienrecht und das Recht der verbundenen Unternehmen, 2. Aufl. 1966, § 9 II 3a, noch vertretene Ansicht in seiner 4. Aufl. 1981 aufgegeben.

[98] *Godin/Wilhelmi*, § 23 Anm. 15.

[99] So: *Röhricht*, in: GK-AktG § 23 Rz. 202, *Geßler*, in: ZGR 1980, S. 427, 444. *K. Schmidt*, in GK-AktG § 241 Rz. 56 u. 60; *Geßler/Eckardt* § 23 Rz. 121.

[100] *Hüffer*, § 23, Rz. 43 u. § 241 Rz. 15, *Friedewald*, Die personalistische Aktiengesellschaft, S. 119. *Schilling*, in GK-AktG § 241 Anm. 22. OLG Düsseldorf, DB 1967, 2155.

[101] So: *Hüffer*, AktG, § 23 Rdnr. 43.

[102] *Geßler*, in: ZGR 1980, 427, 442; ebenso: *K. Schmidt*, GK-AktG § 241 Rz. 56, 60.

Vorzugswürdig ist es daher, die Nichtigkeit auf § 23 Abs. 5 AktG selbst zu stützen. Die Rechtsfolge der Nichtigkeit ergibt sich auch ohne dahingehenden Ausspruch aus Sinn und Zweck der Vorschrift, den Vorrang des Gesetzesrechtes sicherzustellen.[103] Dieser Vorrang des Gesetzesrechtes, der die Satzungsautonomie sowohl der Gründer als auch der späteren Aktionäre stark einschränkt, kann sinnvoll nur so gewahrt werden, dass jeder Verstoß gegen § 23 Abs. 5 die Nichtigkeit der Satzungsbestimmung nach sich zieht. Unter Verstoß gegen § 23 Abs. 5 AktG zustande gekommene Regelungen dürfen sodann keine Rechtswirkungen entfalten.

III. Bedeutung der Satzungsstrenge

Die Bedeutung der Satzungsstrenge des § 23 Abs. 5 AktG liegt vor allem darin, dass der Gesetzgeber den Gründern bzw. Aktionären der AG weitgehend die Möglichkeit genommen hat, durch privatautonome Gestaltung der Satzung ein Organisationsstatut zu entwerfen, das flexibel auf die Bedürfnisse des jeweiligen Unternehmens zugeschnitten werden kann. Der Gesetzgeber hat stattdessen selbst die Verantwortung auch für die innere Ordnung der AG übernommen.

Es ist die programmatische Absage an das Prinzip der Vertragsfreiheit für das Gebiet des Aktienrechts.[104] Die Satzungsstrenge wirkt deshalb so einschneidend, weil die Satzung die einzige Möglichkeit ist, ein verbindliches Organisationsstatut zu etablieren, das in seiner Bedeutung für die Gesellschaft wie ein Gesetz zu behandeln wäre und nicht nur die gegenwärtigen, sondern auch die künftigen Aktionäre bindet.[105]

Um die Bedeutung des § 23 Abs. 5 AktG zu erfassen, muss man sich immer vor Augen halten, dass es gar nicht so sehr um diese Einzelvorschrift geht, sondern um fast das gesamte Aktienrecht, das durch diese Vorschrift als zwingend festgeschrieben wird.

Die Satzungsstrenge wirkt wie eine Fessel, die jedes in der Rechtsform der AG organisierte Unternehmen an die zwingenden Vorschriften des Aktiengesetzes bindet, ohne dass etwa Größenunterschiede, die Zusammensetzung des Aktionärskreises, die Anzahl der Aktionäre oder der Unternehmensgegenstand eine Rolle spielen würden.

Dieses zwingende Aktienrecht ist zugeschnitten auf die AG als Großunternehmensträger und Kapitalsammelbecken. Die Realstrukturen einer AG reichen je-

---

[103] Vgl.: *Röhricht*, in: GK-AktG § 23 Rz. 202, *Geßler*, in: ZGR 1980, S. 427, 444.
[104] *Röhricht*: AktG-Großkommentar, § 23, Rz. 167.
[105] S.o.unter § 1 A. I. 1.

doch von dem börsennotierten Großunternehmen im Ruhrgebiet bis zum schwäbischen mittelständischen Familienunternehmen ohne Börsenzugang. Dabei ist es noch nicht einmal so, dass diejenigen Unternehmen, die dem gesetzgeberischen Leitbild nicht entsprechen, eine zu vernachlässigende Minderheit darstellen würden - sie sind vielmehr in der absoluten Überzahl.[106]

Es ist keine Seltenheit im Gesellschaftsrecht, dass sich die idealtypischen Merkmale einer Rechtsform nicht mit den Realitäten des Rechtslebens decken[107]: So ist beispielsweise die GmbH als Kapitalgesellschaft körperschaftlich verfasst und trennt nach dem gesetzgeberischen Leitbild Management und Kapital. Nach dem Prinzip der Fremdorganschaft muss anders als bei den Personengesellschaften das Leitungsorgan nicht gleichzeitig Gesellschafter sein. Tatsächlich ist die GmbH aber sehr häufig personalistisch strukturiert und der Mehrheitsgesellschafter gleichzeitig der Geschäftsführer. Eine ähnliche Abweichung der tatsächlichen Rechtsstruktur zeigt sich auch bei Personengesellschaften. Während diese nach der Vorstellung des Gesetzes auf eine kleine Zahl von Mitgliedern angelegt sind, die durch persönlichen Einsatz die Geschicke des Unternehmens prägen, wurden vor allem in den siebziger und achtziger Jahren als Kapitalsammelstellen fungierende „Publikums-Kommanditgesellschaften" gegründet, in denen der Kommanditist ausschließlich die Funktion eines Kapitalgebers hatte. Nach Einfügung des § 15a EStG ging diese Form der als „Abschreibungsgesellschaft" konzipierten KG zurück.[108]

Im Grundsatz jedenfalls haben sich bei jeder Rechtsform neben dem gesetzgeberischen Leitbild eine Vielzahl von atypischen Ausgestaltungen herausgebildet.

---

106 Zahlenmaterial über Unternehmens- und Umsatzgröße belegt, dass in 2000 von der Gesamtzahl der Aktiengesellschaften (einschließlich KGaA und bergrechtliche Gewerkschaften) nur 13,1 % einen Umsatz von 50 Mio. € Umsatz und mehr hatten (1999: 17,2; 1998: 20,1 %; 1997: 22,1 %; 1996: 24,7 % - bezogen auf 100 Mio. DM und mehr), vgl.: *Günterberg/Wolter*, Unternehmensgrößenstatistik, 2003, S. 35f.; Geht man davon aus, dass man erst ab einem Umsatz von 50 Mio. und mehr von einem „großen" Unternehmen spricht, so ist tatsächlich nur ein geringer Teil der Aktiengesellschaften als Großunternehmen zu klassifizieren. Im Jahr 2002 waren nur 6 % aller in der Rechtsform der AG geführten Unternehmen an der Börse notiert, vgl. dazu § 3 A mwN.

107 *K.Schmidt*, Gesellschaftsrecht, § 3 II. 1.

108 Bei diesen Abschreibungsgesellschaften konnten die Kommanditeinlagen durch sogenannte Verlustzuweisungen u. U. sogar mehrmals von der Einkommensteuer abgesetzt werden, was zwar keine dauernde Steuerersparnis, aber doch einen Steueraufschub bewirkte. Die Steuervergünstigung resultierte aus der Anerkennung des Kommanditisten - im Gegensatz zum Gesellschafter von Kapitalgesellschaften - als Mitunternehmer i.S.v. § 15 Nr. 2 EStG. Mit Einfügung des § 15a EstG darf eine Verlustzuweisung nur bis zur Höhe der vom Kommanditisten geleisteten Einlage erfolgen.

Aufgabe des Gesellschaftsvertrages bzw. der Satzung ist es, diese Diskrepanz zwischen Gesetz und Wirklichkeit zu überbrücken.

Dies geht freilich nur dann, wenn das Gesetz - wie bei OHG, KG und GmbH in sehr großem Maße - dies zulässt.

Durch die Satzungsstrenge des § 23 Abs. 5 AktG besteht diese Möglichkeit der „Anpassung" bei der AG nur sehr eingeschränkt. Als Konsequenz bedeutet dies, dass Aktiengesellschaften unabhängig von ihren Realtypen eine Organisationsverfassung haben, die auf große Publikumsgesellschaften mit einem großen und anonymen Aktionärskreis zugeschnitten sind.

Angesichts der aufgezeigten einschneidenden Bedeutung des § 23 Abs. 5 AktG für das Aktienrecht verwundert es, dass der Gesetzgeber dieser im Rahmen der Aktienrechtsnovelle 1965 eingefügten Vorschrift keinen eigenen Paragraphen widmete und auch die Begründung des Regierungsentwurfs gerade einmal sechs Zeilen umfasste.[109] Gleichwohl handelt es sich bei § 23 Abs. 5 AktG, der in seiner Wirkungsweise auf das gesamte Aktienrecht ausstrahlt, um eine grundlegende Vorschrift des Aktienrechts.

Ein Blick auf die Regelungsgegenstände, die bereits oben als Inhalt der Satzungsautonomie herausgearbeitet wurden[110], und ihre Behandlung im Aktienrecht zeigt sehr deutlich, wie sich die Satzungsstrenge als Beschränkung der Gestaltungsfreiheit für in der Rechtsform der AG geführte Unternehmen auswirkt.

IV. Historische Erklärung der Satzungsstrenge

Die Satzungsstrenge, die - wie noch darzustellen sein wird[111] - in erster Linie Ausfluss des Anlegerschutzes ist und erst im Rahmen der Aktienrechtsnovelle 1965 eingeführt wurde, ist vor dem Hintergrund der historischen Entwicklung des Aktienrechts zu sehen, der die nachfolgende Darstellung gilt.

1. Kurzüberblick über die Entwicklungsstufen des modernen Aktienrechts

a.) Die Anfänge: das Octroi-System (17. und 18. Jhd.)

Die Aktiengesetzgebung ist der Entstehung der Aktiengesellschaften erst nachgefolgt. Als die ersten echten Vorläufer der heutigen modernen AG gelten die

---

[109] Vgl: *Kropff*: Begründung RegE zu § 23 (S. 44); auch bei ihren Beratungen schenkten die beteiligten Wirtschaftskreise der Vorschrift eine unverdient geringe Bedeutung, vgl.: *Luther*, in Freundesgabe für Hengeler, 1972, S. 167, 190.

[110] S.o. unter § 1 A. II. 2.

[111] S.u. § 2.

Kolonialgesellschaften des 17. Jahrhunderts, deren Vorläufer die britisch-ostindischen[112] und die niederländisch-ostindischen[113] Kompagnien waren und die zur Erschließung und Ausbeutung der neu entdeckten Kolonien gegründet wurden. Bereits diesen Gesellschaften lag der Gedanke eines Unternehmens zugrunde, an dem sich eine Vielzahl von Geldgebern mit dem Anspruch auf einen Gewinnanteil und einem auf die Einlage beschränkten Risiko beteiligten.[114] Die Kolonialgesellschaften waren rechtsfähige Korporationen. Sie beruhten - und darin liegt der entscheidende Unterschied zur modernen Aktiengesellschaft - auf einem hoheitlichem Gründungs- oder Anerkennungsakt (charter oder octroi) und standen unter staatlicher Kontrolle.[115] Auch die innere Verfassung dieser Gesellschaften wurde durch staatlichen Akt geregelt.[116] Im Laufe des 17. und 18. Jahrhunderts breitete sich die Rechtsform auch auf andere Gewerbezweige, insbesondere den Seehandel, das Bankwesen[117] sowie Versicherungen aus. Zugleich ermöglichte die Einführung von Inhaberaktien den Börsenhandel.[118]

b.) Konzessionssystem (Anfang bis Mitte des 19. Jhd.)

Der fortschreitenden Industrialisierung und der mit ihr erforderlich werdenden Kapitalaufbringung[119] ist es zu verdanken, dass die AG zu einer privatrechtlichen Körperschaft wurde, die nicht mehr vom Staat geschaffen, sondern aus privatautonomer Gründung hervorging. Die erste rein privatrechtlich ausgestaltete gesetzliche Regelung findet sich im französischen Code de Commerce von 1807.[120] Ihm folgte die preußische Aktiengesetzgebung von 1843 und das Allgemeine Deutsche Handelsgesetzbuch (ADHGB) von 1861.[121] In dieser Zeit be-

---

[112] Um 1600.

[113] Um 1602.

[114] Vgl.: *Raiser*: Recht der Kapitalgesellschaften; § 2.1. S. 3f.; *Schubert/Hommelhoff*, Hundert Jahre modernes Aktienrecht; *K.Schmidt*: Gesellschaftsrecht, § 26 II. 1.

[115] *Kübler*, Gesellschaftsrecht § 2 I. 1. d.

[116] *Raiser*, Recht der Kapitalgesellschaften; § 2.1. S. 4.

[117] Z. B. die Bank of England.

[118] *Raiser*: Recht der Kapitalgesellschaften; § 2.1. S. 4; *Kübler*: Gesellschaftsrecht § 2 I. 1. d. S. 8.

[119] Ganze Industriezweige, aber auch einzelne Unternehmungen, vor allem Eisenbahnen, Bergbau, Stahlerzeugung und -verarbeitung sowie Versicherungen konnten nicht mehr von wenigen Geldgebern finanziert werden, sondern bedurften einer Kapitalzufuhr, die nur von einer großen Zahl von Investoren geleistet werden konnte. Die Idee der AG als „Kapitalsammelstelle" wurde geboren.

[120] Der Code de Commerce galt auch in den zum Rheinbund (bis 1813) gehörenden westdeutschen Staaten.

[121] Das Gesetz musste mangels Gesetzgebungskompetenz des Bundes von den jeweiligen Einzelstaaten eingeführt werden; dies geschah in nahezu allen wichtigen deutschen Län-

durfte die AG allerdings noch staatlicher Genehmigung (sog. Konzessionssystem).[122] Nicht ganz einsichtig ist allerdings, weshalb trotz der Beibehaltung des Konzessionserfordernisses gleichzeitig die strengen Gründungsvorschriften in das Gesetz Aufnahme fanden, die eigentlich als Korrelat zur Abschaffung der Konzession gedacht waren.[123]

c.) System von Normativbestimmungen (um 1870)

Wenig später - im Zuge der Aktienrechtsnovelle von 1870 - wurde auch der Genehmigungszwang abgeschafft. Nunmehr genügte es, dass eine Reihe zwingend vorgeschriebener Voraussetzungen (die Normativbedingungen) eingehalten und vom Registerrichter vor Eintragung geprüft wurden. Im Übrigen herrschte Gründungsfreiheit. Als Ersatz für die nunmehr fehlende staatliche Genehmigung wurde der bisher fakultative Aufsichtsrat als zwingendes Kontrollorgan eingeführt[124]. Das Gesetz von 1870,[125] das sich als ein bedeutender Schritt zu Liberalisierung des Aktienrechts verstand, richtete erheblichen Schaden an. Die AG wurde zu betrügerischen Operationen missbraucht, Schwindelgründungen und Unternehmenszusammenbrüche waren die Folge.[126] So wurden Anteile von Aktiengesellschaften mit verführerischen Prospekten verkauft, mit deren Erlös die Gründer verschwanden und Aktionäre und Gläubiger gleichermaßen leer ausgehen ließen. Die Kritik am seinerzeit geltenden Aktienrecht ging sogar so weit, dass vereinzelt für die gänzliche Abschaffung der Aktiengesellschaft als Rechtsform plädiert wurde.[127] Zum ersten Mal in der Gesetzesgeschichte der AG wurden Schutzvorschriften zugunsten des anlagesuchenden Publikums dringend erforderlich.

---

dern; in der Folgezeit übernahmen der Norddeutsche Bund 1869 sowie das Deutsche Reich 1871 das ADHGB als eigenes Gesetz; vgl.: *Wiedemann*, Gesellschaftsrecht I, § 1 II 2. S. 26.

[122] Art. 208 Abs. 1 ADHGB lautet: „Actiengesellschaften können nur mit staatlicher Genehmigung errichtet werden."

[123] *Assmann*, in: GK-AktG, Einl Rdnr. 73.

[124] Art. 225 ADHGB.

[125] Gesetz v. 11.06.1870 (GBl. des Norddeutschen Bundes, S. 375).

[126] *Kübler*, Gesellschaftsrecht § 2 I. 2. S. 8; *K.Schmidt*, Gesellschaftsrecht, § 26 II. 2. S. 770; *Schubert*, Die Abschaffung des Konzessionssystems durch die Aktienrechtsnovelle 1870; ZGR 1981, 285; *Hommelhoff, in:* Schubert/Hommelhoff, Hundert Jahre modernes Aktienrecht, S. 55.

[127] Vgl.: *Jhering*, Zweck im Recht, 2. Aufl., 1884, S. 223: „Die Verheerungen, die (die Aktiengesellschaften) im Privatbesitz angestiftet haben, sind ärger als wenn Feuers- und Wassersnoth, Mißwachs, Erdbeben, Krieg und feindliche Occupation sich verschworen hätten, den Nationalwohlstand zu ruinieren."

d.) Die Aktienrechtsreform 1884

Durch ein weiteres Reformgesetz von 1884[128] wurden die einzuhaltenden Normativbedingungen erheblich verschärft. Es sollte der leichten Errichtung einer AG sowie der Möglichkeit, frei von eigener Verantwortlichkeit einen hohen Gründergewinn zu erzielen, ein Riegel vorgeschoben werden. Allerdings wurde bei den damaligen Reformdiskussionen hervorgehoben, dass die Missstände im Aktienrecht[129] nicht allein durch Gesellschaftsrecht bereinigt werden sollten, sondern vornehmlich auch durch Kapitalmarktrecht. [130] Es kam dann folgerichtig 1896 zum Erlass eines Börsengesetzes.

Als Änderung brachte die Reform strenge Gründungsvorschriften, eine Gründerhaftung wurde eingeführt. Hervorzuheben ist auch die erstmalige Einführung von Kapitalaufbringungs- und Kapitalerhaltungsvorschriften. [131] Die Publizität der Aktiengesellschaften wurde erweitert und der Aufsichtsrat mit mehr Überwachungs- und Kontrollbefugnissen ausgestattet.[132]

Mit der Aktienrechtsreform 1884 wurden insbesondere was die Gründung, die Organisationsverfassung sowie die Individual- und Minderheitenrechte betrifft, ein wesentlicher Grundstein für das moderne Kapitalgesellschaftsrecht gelegt. Gleichzeitig wurde der Weg hin zu einer Verschärfung des Aktienrechts eingeschlagen, der seitdem kontinuierlich fortgesetzt wurde und in den heutigen Problemen der mangelhaften Flexibilität des Aktienrechts mündet.

e.) Weitere Reformen bis 1965

Das Aktienrecht ist ein Recht der Reformen. In diesen Reformen fanden veränderte wirtschaftliche oder politische Verhältnisse ihren Ausdruck. Gleichfalls reagierte der Gesetzgeber auf Missstände.

Das HGB von 1897 löste das ADHGB ab, brachte jedoch für die AG über redaktionelle Änderungen hinaus keine nennenswerten Neuerungen.

---

[128] Gesetz v. 18.07.1884 (RGBl. S. 123)

[129] Die Missstände waren in erster Linie bedingt durch unzureichende Regelung des Gründungsvorgangs sowie der Organisation der Gesellschafterbeziehungen, vgl. *Hommelhoff*, in Schubert/Hommelhoff, Hundert Jahre modernes Aktienrecht, S. 64 und 85ff.

[130] Vgl. *Russel und Wagner* in: Verhandlungen der Aktienrechtskommission v. 24.03.1882, abgedruckt in: Schubert/Hommelhoff, Hundert Jahre modernes Aktienrecht, S. 288, 383f.; *Hommelhoff,* in: Schubert/Hommelhoff a.a.O. S. 58.

[131] Mit der Reform wurde ein Grundstein für das seither gültige Prinzip der realen Erbringung und Erhaltung des bilanzmäßig ausgewiesenen Eigenkapitals gelegt; vgl.: *Wiedemann*, Gesellschaftsrecht I, § 1, II.2.

[132] *Assmann*, in GK AktG, Einl. Rz. 94ff.

Mit der Notverordnung von 1931 des Reichspräsidenten *von Hindenburg*[133] - als einer kleinen Aktienrechtsreform - wurde vor allem auf Missstände reagiert, die sich aus der vermehrten Ausgabe von sog. Mehrstimmrechtsaktien[134] und Verwaltungsaktien[135] ergaben und die die Macht im Unternehmen unabhängig von der Kapitalbeteiligung bei einigen wenigen konzentrieren konnten.

Obwohl sich zwischen dem Entwurf eines Aktiengesetzes aus dem Jahre 1930 und der weiteren Reform von 1937 die politischen Verhältnisse gänzlich gewandelt haben, ist das Akiengesetz von 1937 in Wahrheit eine Fortführung der in den zwanziger Jahren geführten Reformdiskussion, die im Entwurf aus dem Jahre 1930 seinen Niederschlag fand.

Das Aktienrecht, das seit der Reform von 1937 aus dem HGB herausgenommen und in einem besonderen AktG enthalten ist, enthält jedenfalls unmittelbar keine Normen, die als Ausdruck nationalsozialistischen Gedankenguts bezeichnet werden müssten.[136] Gleichwohl wurden - wie oft in Diktaturen - die Begrifflichkeiten systemkonform eingefärbt: Ein dominierender Ansatz der Reform war die in der Diskussion der 20er Jahre vorgezeichnete[137] und bis heute weitgehend gültige Verselbständigung der Aktiengesellschaft in Richtung auf eine private Unternehmensanstalt und der damit verbundenen Stärkung des Vorstands und Schwächung der Hauptversammlung. Dies ließ sich hervorragend unter dem

---

[133] Notverordnung über Aktienrecht, Bankenaufsicht und eine Steueramnestie v. 19.9.1931 (RGBl. I S. 493). Mit dieser Notverordnung reagierte der Reichspräsident auf einen Vorschlag des Reichskanzlers Brünig auf die seit 1929 einsetzende Weltwirtschaftskrise und damit einhergehende spektakuläre Zusammenbrüche von Unternehmen (z.B. bei der Danatbank, der Nordwolle oder der Frankf. Allg. Versicherungs AG). Die Notverordnung geht auf den Entwurf des Aktiengesetzes aus dem Jahre 1930 zurück. Da zu dieser Zeit Reichstagsmehrheiten kaum erreicht werden konnten, aber aufgrund der Wirtschaftskrise eine schnelle Abhilfe durch den Gesetzgeber angezeigt war, wurden wichtige Teile des Entwurfs qua Notverordnung in Kraft gesetzt.

[134] Die Mehrstimmrechtsaktien, die ursprünglich eingeführt wurden, um sich gegen Überfremdung ausländischer Kapitalgeber zu sichern, wurden zunehmend dazu missbraucht, das Stimmrecht inländischer Aktionäre einzuschränken; auf diese Weise war es möglich, ein Unternehmen mit geringem Kapitaleinsatz zu beherrschen; vgl.: *Kübler*, Gesellschaftsrecht § 2 III. 3 b.

[135] Als „Verwaltungsaktien“ werden eigene Aktien der AG bezeichnet; bei diesen liegen die Verwaltungsrechte, insbesondere das Stimmrecht beim Vorstand und er kann damit seine eigene Stellung festigen; vgl.: *Kübler*, Gesellschaftsrecht § 2 III. 3 b.

[136] So auch die Begründung des RegE des AktG 1965, in: *Kropff*, Begründung RegE S. 13: „Es besteht daher weitgehend Übereinstimmung, dass die Herkunft des Aktiengesetzes aus der nationalsozialistischen Zeit seine Reformbedürftigkeit - von einzelnen, meist nur terminologischen Fragen abgesehen- nicht begründet.“

[137] *Wiedemann*, Gesellschaftsrecht I, § 1, II.2.

Stichwort der Einführung des „Führerprinzips" auf Unternehmensebene einbringen.

Wesentliche Charakteristika der Reform waren: Die AG sollte durch die Festsetzung eines Mindestkapitals in Höhe von RM 500 000,-- für kleinere Unternehmen unattraktiv werden. Die Stellung des Vorstands als Unternehmensleiter wurde verselbständigt und gestärkt, die Hauptversammlung wurde im Gegenzug weitgehend entmachtet. Andererseits wurden im Interesse von Aktionären die Publizitätsanforderungen verschärft und zugleich die Verwendungsmöglichkeit von Mehrstimmrechts- und Verwaltungsaktien eingeschränkt, die Reform verwirklichte damit in wesentlichen Punkten auch Anlegerschutz.

f.) Die Aktienrechtsreform 1965

Eine vollständige Reform des Aktiengesetzes erfolgte durch das Aktiengesetz von 1965, welches dem heutigen Aktiengesetz weitgehend entspricht.

Anders als bei früheren Reformen reagierte der Gesetzgeber weniger auf eklatante Missstände, sondern auf das rechtspolitische Anliegen, die Stellung des Aktionärs - und insbesondere des Kleinaktionärs - als dem wirtschaftlichen Eigentümer des Unternehmers zu verbessern.[138]

Zu diesem Zweck wurden durch das AktG vom 6.9.1965, das am 1.1.1966 in Kraft trat und durch umfassende Diskussionen vorbereitet worden war, der Einfluss der in der Hauptversammlung organisierten Aktionäre auf die Gewinnverwendung verstärkt, die Publizitätsvorschriften weiter verschärft, das Depotstimmrecht der Banken an erschwerte Voraussetzungen geknüpft und der Rechtsschutz des einzelnen Aktionärs erleichtert; wesentliche Neuerung der Reform war aber auch ein völlig neuer Teil über „verbundene Unternehmen", durch den zwar nicht die Entstehung von Konzernen, aber der Missbrauch der mit ihnen verbundenen Machtstellung verhindert werden soll.

Wichtig für diese Untersuchung ist, dass mit der Aktienrechtsreform 1965 die Satzungsstrenge des § 23 Abs. 5 AktG eingeführt wurde.[139]

2. Gestaltungsfreiheit im Aktienrecht vor der Aktienrechtsreform 1965

Vor der Aktienrechtsreform 1965 war das Verhältnis von Gesetz einerseits und Satzung andererseits nicht ausdrücklich geregelt. Diese Frage wurde Rechtsprechung und Literatur überlassen. Sie wurde Gegenstand mehrerer reichsgerichtlicher Entscheidungen und auch in der Literatur stark diskutiert.

---

[138] *Kropff*, Allg. Begründung RegE, S. 13f.
[139] Damals noch § 23 Abs. 4 AktG.

In seiner Entscheidung vom 25.09.1901[140] hatte das Reichsgericht über die Gültigkeit von Bestimmungen im Gesellschaftsvertrag zu befinden, nach denen der Aktionär aus der Aktiengesellschaft ausgeschlossen werden konnte, wenn er nicht mehr Mitglied des Bundes der Landwirte war. Das damals einschlägige Handelsgesetzbuch regelte diese Frage nicht. Das Gericht führte zur Zulässigkeit solcher vom Aktienrecht abweichender Satzungsbestimmungen aus:

„Aus dem Gesetz ist nicht zu entnehmen, dass es andere Fälle des unfreiwilligen Ausscheidens von Aktionären der Bestimmung durch den Gesellschaftsvertrag hat überlassen wollen. Weder das alte noch das neue Handelsgesetz bestimmt für die Aktiengesellschaft, wie für die Offene Handelsgesellschaft, dass das Rechtsverhältnis der Aktionäre zu der Aktiengesellschaft sich zunächst nach dem Gesellschaftsvertrage richte. Die Vorschriften über die Rechtsverhältnisse der Aktiengesellschaft sind vielmehr dispositiver Natur nur soweit, als das Gesetz es ausdrücklich zulässt."[141]

Das Reichsgericht stellte damit klar, dass die gesetzlichen Regelungen des Aktienrechts grundsätzlich zwingend sind und der Gesellschaftsvertrag nur dann abweichen darf, wenn das Gesetz es ausdrücklich zulässt oder das Gesetz einen Vorrang des Gesellschaftsvertrages begründet.

Die zitierte Passage zeigt jedoch auch, dass das Gericht nicht nur vom zwingenden Charakter aktienrechtlicher Regelungen ausgeht, sondern vom zwingenden Charakter gesellschaftsrechtlicher Vorschriften insgesamt. Wie der Vergleich mit der OHG zeigt, würde das Gericht nur dann Abweichungen des Gesellschaftsvertrages für zulässig erachten, wenn dies - etwa wie in § 109 HGB für die heutige OHG - ausdrücklich normiert wäre.[142]

Dem ist nicht zuzustimmen. Das Reichsgericht geht von unzutreffenden Voraussetzungen aus. Gesellschaftsrecht ist nicht grundsätzlich zwingend, sondern grundsätzlich dispositiv. Grundlage jeder Gesellschaft ist - jedenfalls nach europäischem Verständnis - ein Vertrag.[143] Wie allgemein bei privatrechtlichen Verträgen unterliegen diese der privatautonomen Gestaltung. Grenzen erfährt die so eröffnete Privatautonomie nur aus Gründen des Gläubigerschutzes, des Minderheitenschutzes, des Schutzes von Arbeitnehmerinteressen oder gegebenenfalls

---

[140] RGZ 49, 77ff.
[141] *RGZ49,* 77ff. (80).
[142] *Schlegelberger-Quassowski AktG* 1937, § 16 Rdnr. 27; ebenso *Ritter*: AktG § 1 Anm 3.
[143] Vgl.: *K. Schmidt*, § 5 I. 1. a.; st. Rspr. seit RGZ 165, 140, 143.

sonstiger berechtigter Schutzinteressen. Privatautonomie ist die Regel, ihre Begrenzung die Ausnahme.[144]

Es ist daher rechtsdogmatisch falsch, aus einer fehlenden Regelung über einen Vorrang des Gesellschaftsvertrages vor dem Gesetz - die nach den vorstehenden Ausführungen lediglich deklaratorisch sein kann - herzuleiten, dass das Aktienrecht zwingend sei.

Auch im Schrifttum blieb die Entscheidung - wenn auch zum Teil mit anderer Begründung - nicht unbestritten. So führte *Dietz* an, dass eine Satzungsbestimmung erst dann unzulässig sein könne, wenn sie aktienrechtlichen Grundsätzen entgegenstehe. Er stellte in diesem Zusammenhang klar, dass nicht jede aktienrechtliche Norm, die nicht ausdrücklich auf den Gesellschaftsvertrag verweist, zwingend ist. Dies müsse vielmehr in jedem Einzelfall überprüft werden.[145] Er unterließ auch nicht einen Hinweis darauf, dass sich die Praxis sehr häufig über das obige Urteil hinwegsetze.

In einer weiteren Entscheidung aus dem Jahre 1907[146] hatte das Reichsgericht darüber zu befinden, ob für die Gültigkeit eines Beschlusses der Generalversammlung die Formvorschriften des HGB oder die - in diesem Fall strengeren - Formvorschriften des Gesellschaftsvertrages zu beobachten sind. Das Gericht führte hierzu aus:

„Das Handelsgesetzbuch sagt nicht, dass für die Rechtsverhältnisse der Aktiengesellschaft an erster Stelle der Gesellschaftsvertrag maßgebend sei, wie dies grundsätzlich für die offene Handelsgesellschaft, die Gesellschaft m. b. H. und die Genossenschaft gilt. Für die Aktiengesellschaft entscheidet vielmehr an erster Stelle das Gesetz, der Gesellschaftsvertrag nur insoweit, als das Gesetz auf ihn verweist, ihm abändernde oder ergänzende Bestimmungen überlässt (...). Überall, wo in dem Abschnitt über die Aktiengesellschaft dem Gesellschaftsvertrage keine ergänzende oder abändernde Macht eingeräumt ist, sind die Vorschriften des Abschnitts als absolute anzusehen, die durch den Gesellschaftsvertrag weder ergänzt noch abgeändert werden können."[147]

Damit hat das Reichsgericht, allerdings ohne auf seine frühere Entscheidung einzugehen, noch einmal bestätigt, dass die aktienrechtlichen Vorschriften auch ohne eine ausdrückliche Klarstellung im Gesetz - wie im heutigen § 23 Abs. 5 AktG - grundsätzlich zwingend sind. Änderungen und sogar Ergänzungen seien

---

[144] Eingehende Begründung der grundsätzlichen Gestaltungsfreiheit im Gesellschaftsrecht; s.o. § 1 A.
[145] *Dietz*, Zentralblatt f. Handelsrecht 1927, 176ff;
[146] RGZ 65, 91.
[147] RGZ 65, 91, 92.

nur insoweit zulässig, als sich im Gesetz ein ausdrücklicher Verweis auf den Gesellschaftsvertrag findet. Damit geht diese Entscheidung sogar weiter als der heutige § 23 Abs. 5 AktG, der für Ergänzungen lediglich vorsieht, dass keine abschließende aktienrechtliche Regelung entgegenstehen darf.

Mehr als zwanzig Jahre später – am 17.02.1928 - erachtete das Reichsgericht[148] eine Bestimmung im Gesellschaftsvertrag für zulässig, die die Bestimmungen des damaligen § 227 HGB über die Einziehung von Aktien ergänzte. Das Reichsgericht geht in dieser Entscheidung davon aus, dass eine Satzungsbestimmung die gesetzlichen Regelungen modifizieren kann, soweit sie nicht zwingenden aktienrechtlichen Grundsätzen widerspricht.

Zwar spricht das Gericht nicht ausdrücklich von dem ansonsten dispositiven Charakter des Aktienrechts, legt ihn aber wie selbstverständlich seiner Entscheidung zugrunde.

Nur kurz geht das Gericht mit dem Hinweis, die Entscheidung behandele einen anderen Fall, auf das oben angesprochene Urteil aus dem Jahre 1901 ein.

Bedauerlicherweise wird die Parallele, nämlich, dass in beiden Fällen die Satzung eine über das Gesetz hinausgehende Regelung enthält, nicht erkannt oder jedenfalls nicht thematisiert. Daher wird auch nicht auf die in den beiden Entscheidungen unterschiedlich gelöste Problematik des Verhältnisses von Gesetz und Satzung eingegangen.

Auch in den Anmerkungen des Schrifttums zur obigen Entscheidung wurde dies nicht immer erkannt. [149] *Nord*[150] strich jedoch heraus:

„Man bricht dann auf diesem Gebiet mit der Anschauung, dass die Vorschriften des Aktienrechts zwingender Natur sind, dass sie keiner Abänderung oder Ergänzung fähig sind, soweit nicht das Gesetz eine Abänderung oder Ergänzung zulässt."

Anschließend mutmaßt *Nord* jedoch, dass eine so weitreichende Konsequenz das Reichsgericht sicherlich nicht beabsichtigt habe und sieht daher - wenig überzeugend - in der Entscheidung aus dem Jahre 1928 keine Aufgabe der früheren Rechtsprechung.

Diese Schlussfolgerung wird sodann jedoch von *Goldschmit* getroffen, verbunden mit dem Hinweis, dass das Reichsgericht nunmehr eine Ausgestaltung des

---

[148] RGZ 120, 177.
[149] Vgl.: *Pinner*, JW 1928, S. 1556.
[150] Vgl.: *Nord*, in: JW 1928, S. 2617.

Aktienrechts auch in solchen Punkten anerkenne, in denen eine gesetzliche Ermächtigung nicht erteilt ist - selbstverständlich nur solange, wie dies mit den grundsätzlichen aktienrechtlichen Normen vereinbar ist.[151]

Auch *Netter* geht von der Zulässigkeit einer Ausgestaltung des Aktienrechts durch den Gesellschaftsvertrag aus und will im Einzelfall bestimmen, ob eine Regelung zwingend oder dispositiv ist.[152]

Von den Obergerichten hat im Jahre 1930 das Kammergericht auf die ältere Rechtsprechung des Reichsgerichts zurückgegriffen und für eine abändernde Satzungsbestimmung einen ausdrücklichen gesetzlichen Hinweis verlangt.[153]

Die Rechtsprechung des Reichsgerichts war - wie die unterschiedlichen Entscheidungen gezeigt haben - nicht eindeutig. Auch die Literatur gab zu dieser Streitfrage kein einheitliches Bild ab. Inwieweit in dem jüngsten Urteil aus dem Jahre 1928 das Reichsgericht seine in früheren Urteilen vertreten Auffassung, dass die Satzung das Gesetz nicht abändern und auch nicht ergänzen dürfe, soweit nicht das Gesetz eine entsprechende Ermächtigung hierzu enthalte, tatsächlich eine Aufgabe dieser Rechtsprechung gesehen werden muss, kann nicht abschließend beurteilt werden. Das Gericht hat sich in seiner jüngsten Entscheidung nicht mit den beiden älteren inhaltlich auseinandergesetzt, so dass nicht auszuschließen ist, dass das Gericht das Ausmaß seiner Entscheidung falsch eingeschätzt oder gar nicht bedacht hat. Dies gilt umso mehr, als es an einer ausdrücklichen Klarstellung des dispositiven Charakters der aktienrechtlichen Normen fehlt.

Unter denen, die in der Literatur für Änderungen des Gesetzes eine ausdrückliche Genehmigung forderten und die damit von einem grundsätzlich zwingenden Charakter des Aktienrechts ausgingen, bestand Streit darüber, ob eine solche ausdrückliche Gestattung auch für Ergänzungen erforderlich ist oder ob es hier genügt, dass die ergänzende Bestimmung mit dem Wesen der AG und zwingenden Gesetzesrecht vereinbar ist.[154] Überwiegend wurde jedoch das vom Reichsgericht[155] aufgestellte Erfordernis einer ausdrücklichen Gestattung von Ergänzungen als zu weitgehend angesehen.

---

151 Vgl.:*Goldschmit II*, in JW 1928, S. 2618f.
152 *Netter*, in JW 1930, 3621.
153 Vgl.: KG Berlin, in: JW 1930, 2712 (2713), mit ablehnender Anm. *Pinner*, JW 1930, 2713.
154 So die überwiegende Ansicht; vgl. *Schlegelberger-Quassowski* § 16 Rz. 27; vorsichtiger: *Ritter*, Vor § 1 Anm. 3.
155 In RGZ 65, 91.

3. Die Aktienrechtsreform 1965 - Normierung des heutigen § 23 Abs. 5 AktG

Im Vorfeld der Aktienrechtsreform 1965 wurde die Satzungsstrenge heftig diskutiert.

Spitzenverbände der Wirtschaft forderten die Streichung des § 20 Abs. 4 des Referentenentwurfes, der dem Gesetz gewordenen § 23 Abs. 5 AktG entsprach, durch den zutreffenden Hinweis darauf, dass durch die Vorschrift rund 300 Paragraphen zu zwingendem Recht würden. Rechtsprechung und Praxis wäre damit die Möglichkeit genommen, die Rechtsentwicklung zu fördern und aktuellen Entwicklungen anzupassen.[156]

Ähnliche Kritik erfuhr die geplante Einführung der Satzungsstrenge anlässlich der Marburger Aussprache zu Aktienrechtsreform im Mai 1959.[157] In Anlehnung an Marquis Posa in Schillers Don Carlos schloss der damalige Redner seinen Beitrag mit dem an die anwesenden Ministerialvertreter gerichteten und seither immer wieder zitierten Ausspruch:

„Sir, geben Sie Satzungsfreiheit."

Gleichwohl blieb es bei der Regelung. Auch ein Antrag des Bundestagsabgeordneten *Althammer* im Wirtschaftsausschuss des Bundestages, § 20 Abs. 4 des Referentenentwurfes zu streichen, wurde abgelehnt, nachdem *Geßler* dem mit der Begründung entgegengetreten war, dass die Streichung zu einer zu weitgehenden Satzungsfreiheit führen würde.[158]

Trotz dieser Diskussionen und in Anbetracht der beträchtlichen Wirkung mag es verwundern, dass sich der Regierungsentwurf auf folgende Begründung beschränkte:[159]

„Der neue Absatz 4[160] entspricht der herrschenden Lehre. Da aber demgegenüber die Rechtsprechung zur Frage der Zulässigkeit ergänzender Satzungsbestimmungen kein einheitliches Bild ergibt und es sich in beiden Fragen, der Zulässigkeit abweichender und der Zulässigkeit ergänzender Satzungsbestimmun-

---

156 Gemeinsame Denkschrift zum Referentenentwurf eines Aktiengesetzes des Bundesverbandes der Deutschen Industrie u.a., S. 10ff.

157 Marburger Aussprache zur Aktienrechtsreform vom 29./30.05.1959, Protokolle in: Marburger Rechts- und Staatswissenschaftliche Abhandlungen Reihe A Band 6 S. 77.

158 vgl.: Protokoll Nr. 32 und Nr. 65 des 16. Ausschusses des BT vom 11.01. und 23.10.1963.

159 vgl.: *Kropff*, Begründung RegE zu § 23 (S. 44).

160 Bis zum Inkrafttreten des Gesetzes vom 15.08.1969 (BGBl I, 1146) entsprach § 23 Abs 4 dem heutigen § 23 Abs. 5.

gen, um das gesellschaftsrechtlich sehr wichtige Verhältnis von Gesetz und Satzung handelt, erscheint eine ausdrückliche Klarstellung angebracht."

Diese Begründung vermag aus unterschiedlichen Gesichtspunkten nicht zu überzeugen: Zum einen war die Literatur - wie die obigen Ausführungen gezeigt haben - keineswegs so einheitlich, dass eine Auseinandersetzung mit den unterschiedlichen Ansichten entbehrlich gewesen wäre. Die Bezeichnung der Regelung als „Klarstellung" ist irreführend, wenn es sich um eine von mehreren in der Literatur vertretenen Ansichten handelt. Ebenso überraschend ist an der Regierungsbegründung, wie oberflächlich über die Ansicht der Rechtsprechung, insbesondere über die Entscheidung aus dem Jahre 1928[161], hinweggegangen wird.

Die Regierungsbegründung übersieht jedoch noch zwei weitere entscheidende Gesichtspunkte:

Eine gesetzliche Normierung des Verhältnisses von Gesetz und Satzung ist unflexibler und starrer, als in Rechtsprechung und Literatur vertretene Meinungen, über die man sich wesentlich müheloser hinwegsetzen kann. [162] Das zeigt sich beispielsweise daran, wie das Reichsgericht in RGZ 120, 177 an seinen beiden früheren Entscheidungen nicht mehr festgehalten hat.

Darüber hinaus darf nicht verkannt werden, dass durch die Aktienrechtsreform 1965 das Aktienrecht um zahlreiche Bestimmungen erweitert wurde und insgesamt eine wesentlich höhere Regelungsdichte erhielt. Die Frage nach dem Verhältnis von Gesetz und Satzung hätte vor diesem Hintergrund erneut überdacht werden müssen. Selbst eine vor Verabschiedung des Aktiengesetzes von 1965 unter Umständen noch zutreffende Ansicht über den zwingenden Charakter des Aktienrechts hätte bei dem wesentlich regelungsintensiveren Aktiengesetz 1965 eine Revidierung oder jedenfalls eine Differenzierung erfordern können.

Je weniger das Aktiengesetz regelt, umso mehr besteht Raum für Ergänzungen und umso mehr besteht Raum für privatautonome Ausgestaltungen der Satzung, freilich ohne dass man damit in Widerspruch zu aktienrechtlichen Grundsätzen treten darf. Umgekehrt gilt aber auch: je mehr das Aktiengesetz regelt, umso weniger Ergänzungen sind möglich und umso einschneidender ist eine Entscheidung des Gesetzgebers für die Satzungsstrenge.

---

[161] RGZ 120, 177, hierzu s.o. unter 2.
[162] *M. Luther*, in: § 23 Abs. (5) AktG im Spannungsfeld, in: Freundesgabe für Hengeler, S. 167, 170.

Die knappe Begründung des Regierungsentwurfes für eine so grundlegende und das gesamte Aktienrecht gestaltende Regelung vermag daher nicht zu überzeugen.

4. Schlussfolgerungen aus der historischen Betrachtung

Blickt man auf die historische Entwicklung des Aktienrechts zurück, so erkennt man, dass das Aktienrecht seit seinen Anfängen sehr stark von staatlicher Einflussnahme geprägt war.

Am Anfang standen charter-Verleihung, staatliche Kontrolle, wenig später noch das Konzessionssystem. Erst durch die Einführung des Systems von Normativbestimmungen - ein großer Schritt zur Liberalisierung des Aktienrechts - erhielt das Aktienrecht eine Gestalt, die sich noch am ehesten mit dem heutigen Aktienrecht vergleichen lässt.

Aber auch damit hörte die staatliche Einflussnahme, insbesondere durch Verschärfung der gesetzlichen Vorschriften, nicht auf.

Die Spekulationsbereitschaft und die Gewinnsucht eines alle Bevölkerungsschichten umfassenden Anlegerpublikums, verbunden mit der Funktion der AG, Risikokapital über den öffentlichen Markt, die Börse, aufzunehmen, war ein guter Nährboden für eine betrügerische Ausnutzung der oftmals vielzu leichtgläubigen Aktionäre. Gleichzeitig war die Aktiengesellschaft ein geeignetes Finanzierungsinstrument für die im Zuge der Industrialisierung gegründeten und gesamtwirtschaftlich sehr sinnvollen Großunternehmen, beispielsweise im Bereich Bergbau oder Stahl.

Um sowohl die Chancen der AG auszunutzen, aber auch die Risiken der AG, die unter Umständen eine Vielzahl der Bevölkerung treffen und die dem Ansehen der AG auf Dauer schaden werden, einzudämmen, erkannte der Gesetzgeber sehr früh, dass er die Aktiengesellschaft nach dem Wegfall[163] der staatlichen Konzessionierung nicht allein der Verantwortung der Gründer und der Aktionäre überlassen durfte, sondern selbst gefordert war.

Die Aktiengesellschaft konnte nur in Verbindung mit einem funktionierenden und vom Gesetzgeber zu verwirklichenden Anlegerschutz, der einerseits den in-

---

[163] vgl.: Allgemeine Begründung eines Gesetzes, betreffend die KGaA und AG (1884); § 1 Vorbemerkung; abgedruckt in: *Schubert/Hommelhoff*: Hundert Jahre modernes Aktienrecht: „Anfrage, ob die Reichsregierung....den bei der Gründung und Verwaltung zu Tage getretenen und zur Schädigung des Publikums gereichenden Uebelständen Abhülfe zu schaffen und zu diesem Zwecke eine Abänderung des jetzt bestehenden Gesetze herbeizuführen gedenke. Bei Beantwortung der Interpellation erkannt der derzeitige Präsident des Reichskanzler-Amtes an, daß....die Angelegenheit legislativ in die Hand zu nehmen sei.“

dividuellen Anleger, andererseits das Vertrauen in das Anlageinstrument „Aktie“ und damit in den Kapitalmarkt als solchen schützt, ihre Funktion als Finanzierungsinstrument erfüllen. Bei den zahlreichen Reformen im Aktienrecht, mit denen meist auf Missstände des Kapitalmarktes reagiert wurde, waren Aktienrecht und Anlegerschutz untrennbar verbunden.

Die Tendenz, die der Gesetzgeber seit der Aufgabe des Konzessionssystems verfolgt hat, ist diejenige, in immer neuen Ansätzen und aus bitteren Erfahrungen ein ständig komplexer werdendes Instrumentarium zu schaffen, das den einzelnen, oftmals nicht sachverständigen Aktionär vor einem möglichen Schaden bewahrt.

Zusammenfassend wird daher die historische Entwicklung des Aktienrechts von zwei Leitlinien geprägt, nämlich Staatsnähe einerseits und Anlegerschutz andererseits, die zu den heutigen starren Regelungen des Aktienrechts als Endpunkt einer fortlaufenden Entwicklung geführt haben. Es handelt sich dabei jedoch nicht um zwei eigenständige Grundprinzipien; vielmehr erfordern Anlegerschutzgesichtspunkte ein gewisses Maß an zwingenden gesetzlichen Vorschriften und damit auch ein gewisses Maß an Staatsnähe.

Die Normierung der Satzungsstrenge im heutigen § 23 Abs. 5 AktG ist ganz in dieser Tradition zu sehen:

Dadurch, dass diese Vorschrift nahezu das gesamte Aktienrecht zu zwingendem Recht macht, hat der Gesetzgeber selbst die Verantwortung für das Funktionieren dieser Rechtsform übernommen.[164]

Lutter hat im Zusammenhang mit der Satzungsstrenge vom staatsnahen Aktienrecht, im Gegensatz zum staatsfernen GmbH-Recht gesprochen, bei dem die Gesellschafter durch weitgehende Satzungsautonomie die Verantwortung tragen.[165]

---

[164] Vgl.: *Hommelhoff*, in: Reformbedarf im Aktienrecht, 1994, S. 65ff (S. 70).
[165] *Lutter*, in: GmbHR 1990, S. 377ff (S. 379).

§ 2 Die Legitimation der Satzungsstrenge

A. Kapitalmarktrechtliche Legitimation

Die Satzungsstrenge und die mit ihr einhergehenden starren Regelungen des Aktienrechts sind - wie die historische Betrachtung gezeigt hat – Höhepunkt einer Entwicklung des durch die Kapitalsammelfunktion des Aktienrechts im Vordergrund stehenden Anlegerschutzes in der Publikumsgesellschaft.[166] Die Satzungsstrenge ist letztlich in erster Linie Ausfluss des Anlegerschutzes.[167]

Dabei ist der Zweck der anlegerschützenden Funktion des § 23 Abs. 5 AktG ein doppelter:

Zum einen soll entsprechend den Bedürfnissen des modernen Aktienhandels die Aktie als ein hochgradig standardisiertes Serienprodukt ausgestaltet sein und somit die Funktionsfähigkeit des Kapitalmarktes fördern.[168] Zum anderen soll der einzelne Aktionär vor unliebsamen Überraschungen geschützt werden - ein Umstand, dem sozialschützende oder individualschützende Funktionen zukommt, der jedoch das Vertrauen des einzelnen Anlegers in den Kapitalmarkt unterstützen soll und somit letztlich wiederum dem Funktionsschutz dient.[169]

Um die Satzungsstrenge und mögliche Alternativen zu beleuchten, muss der überzeugende Ansatz einer kapitalmarktrechtlichen Legitimation der Satzungsstrenge näher untersucht werden. Hierzu sind zum einen der Begriff des Anlegerschutzes, zum anderen der Begriff des Anlegers sowie die Konzeption des Anlegerschutzes in Deutschland und die Umsetzung auf dem Gebiet des Aktienrechts zu untersuchen.

Im Rahmen dieser Untersuchung liegt jedoch der Schwerpunkt in der Frage, ob die Satzungsstrenge unterhalb der Kapitalmarktschwelle entbehrlich ist bzw. gelockert werden kann und nicht in der Frage, ob auch bei einem Kapitalmarktzugang der mit der Satzungsstrenge verfolgte Schutzzweck auf anderem Wege erreicht werden kann.

---

[166] *Escher-Weingart*, Reform durch Deregulierung im Kapitalgesellschaftsrecht, S. 105.

[167] *Hirte*, in: Gestaltungsfreiheit im Gesellschaftsrecht, S. 61, 72, der des Weiteren überprüft, inwieweit die Satzungsstrenge zur Gewährleistung des Anlegerschutzes tatsächlich erforderlich ist; *Fleischer*, ZIP 2006, 451.

[168] *Hirte*, in: Gestaltungsfreiheit im Gesellschaftsrecht, S. 61, 79; *Hommelhoff*, FS Ulmer, 2003, 267, 269 f..

[169] Vgl. *Röhricht,* in Hopt u.a.: Aktiengesetz Großkommentar, § 23 Rdnr. 167, *Mertens,* ZGR 1994, Seite 426, 428; Anderer Ansicht *Hirte*, in: Gestaltungsfreiheit im Gesellschaftsrecht, Seite 61, 71 ff.

I. Begriff des Anlegerschutzes

Das Kapitalmarktrecht ist darauf ausgerichtet, die notwendigen rechtlichen Vorkehrungen für das Funktionieren eines Marktes bereitzustellen, auf dem das spezielle Gut von Eigen- bzw. Risikokapital - insbesondere Aktien oder sonstige fungible Kapitalmarktpapiere - gehandelt wird.[170]

Bezweckt wird der Funktionenschutz des Kapitalmarktes - einem gesamtwirtschaftlich erheblichen Sektor der Finanzmärkte.

Da über die Hälfte der anzulegenden Gelder, die wiederum die Grundlage des volkswirtschaftlichen Produktionsprozesses bilden, von den privaten Haushalten stammen, wird dem Kapitalmarktrecht zunehmend die Aufgabe zugesprochen, das Vertrauen des privaten Anlegers in die gute Ordnung der Kapitalmärkte zu schützen - wofür sich wiederum die Kurzformel des „Anlegerschutzes" eingebürgert hat.[171] Kapitalmarktrecht und Anlegerschutz als das primäre Regelungsziel des Kapitalmarktrechtes werden immer mehr als Synonyme verwendet.

Der Anlegerschutz ist entscheidende Bedingung für das Vertrauen der privaten Anleger in den Kapitalmarkt, welches wiederum Voraussetzung für das Funktionieren des Kapitalmarktes ist. Letzteres wiederum ist - und damit schließt sich der Kreis - Ziel des Kapitalmarktrechtes an sich.

1. Funktionenschutz

Wie bereits erörtert, ist die Funktionsfähigkeit des Kapitalmarktes Schutzgut des Kapitalmarktrechtes.

Unter der Funktionsfähigkeit der Kapitalmärkte, deren Schutz und Stärkung das Kapitalmarktrecht dient, ist die erforderliche Leistungsfähigkeit der kapitalmarktbezogenen Einrichtungen und Ablaufmechanismen zu verstehen.

Diese Funktionsfähigkeit ist ein Schutzgut, das ausschließlich dem öffentlichen Interesse an effizienten Wertpapiermärkten dient.[172] Aus diesem öffentlichen Interesse heraus erklärt sich, dass die kapitalmarktrechtlichen Normen grundsätzlich zwingendes Recht darstellen und nicht abdingbar sind.

---

[170] Vgl. *Assmann*, in: Hopt u.a. Aktiengesetz Großkommentar, Einleitung, Rdnr. 356; *Schwark*, in: Festschrift für Stimpel, Seite 1087, 1091.

[171] Vgl. *Schwark*, Festschrift für Stimpel, a.a.O., Seite 1092.

[172] Vgl. beispielsweise aus den Gesetzesmaterialien zum 2. Finanzmarktförderungsgesetz: Beschlussempfehlung und Bericht des Finanzausschusses des deutschen Bundestages, BT-Drucksachen, 12/7918, 102.

Das Interesse des Staates an einer größtmöglichen Effizienz der Kapitalmärkte hat vielfältige Gründe. So ist die internationale Wettbewerbsfähigkeit der Volkswirtschaft entscheidend von der Funktionsfähigkeit ihrer Finanz- und Kapitalmärkte abhängig. Diese Märkte sollen die wirtschaftspolitisch erwünschte Allokation der Ressourcen gewährleisten und damit Motor für Wachstum und Strukturwandel sein. Im Zuge der Globalisierung müssen zur Deckung des Finanzierungsbedarfes der kapitalmarktfähigen Unternehmen auch ausländische Kapitalgeber als Finanzierungsquelle erschlossen werden.

Ein weiterer Aspekt, der ebenfalls das öffentliche Interesse an Schutz und Förderung des Kapitalmarktes und der Unterstützung des Funktionierens des Kapitalmarktes berührt, ist folgender: der Kapitalmarkt dient dem Erwerb von Aktien und Schuldverschreibungen für die verschiedenen Formen der privaten Altersversorgung. Die staatliche Sozialversicherung wird künftig noch stärker der Ergänzung und Entlastung durch private Altersversorgung über den Kapitalmarkt bedürfen. Diese Entlastung setzt weiterhin zwingend die Funktionsfähigkeit dieser Kapitalmärkte voraus.

2. Individualschutz

Der Funktionenschutz der Kapitalmärkte schließt einen angemessenen Schutz der Anleger ein.

Gleichwohl darf nicht übersehen werden, dass nach der Konzeption des deutschen Kapitalmarktrechts nicht der Schutz des einzelnen Anlegers im Mittelpunkt steht, sondern die Funktionsfähigkeit des Kapitalmarktes. Der Individualschutz dient lediglich als Mittel zum Zweck des Funktionenschutzes, da dieser ohne ein Mindestmaß an Individualschutz nicht gewährleistet werden könnte.

II. Begriff des Anlegers / Interessenkollisionen

Bisher war lediglich pauschal von Anlegern bzw. Anlegerschutz die Rede.

Die Interessen eines Anlegers als demjenigen, der sich als Aktionär an einer AG beteiligt, können jedoch durchaus unterschiedlich sein.

Im Spannungsfeld sind in erster Linie unternehmerische Interessen einerseits und kapitalmäßige Interessen andererseits zu unterscheiden.

Eine wachsende Gruppe von Anlegern ist an einer möglichst renditeträchtigen Anlage ihres Vermögens interessiert, nicht jedoch daran, innerhalb der Gesellschaft Macht und Verantwortung ausüben zu können. Anleger dieser Gruppe minimieren ihr Risiko nicht durch persönliche Überwachung der Firmenpolitik, sondern durch die Diversifikation ihres Portefeuilles. Erscheint ihnen der vom

Management angestrebte Kurs falsch, so wehren sie sich nicht mit gesellschaftsrechtlichen Mitteln, sondern sie verkaufen die entsprechenden Anteile.[173] Von ausschlaggebender Bedeutung für sie sind ausreichende und wahrheitsgemäße Informationen über die Anteile und ein fairer Handel.[174] Die Ausgestaltung der Mitverwaltungsrechte ist von untergeordneter Bedeutung – die Beteiligung als Aktionär stellt lediglich eine andere Form der Geldanlage dar.

Demgegenüber will der Unternehmensgesellschafter in der Gesellschaft eine aktive Rolle spielen. Ausgehend von dieser unterschiedlichen Motivationslage ist auch die Bereitschaft, sich über die gesellschaftsrechtlichen Verhältnisse der Gesellschaft zu informieren, unterschiedlich ausgeprägt.

Während der Kapitalanleger darauf vertraut und vertrauen will, dass die Gesellschaft ein Organisationsstatut hat, welches seine Interessen in ausreichendem Maße berücksichtigt, ohne hierfür umfangreiche Recherchen einholen zu müssen, ist es dem Unternehmensgesellschafter zumutbar, diese Recherchen anzustellen.

Das deutsche Aktienrecht - ganz bestimmt von seinem Leitbild einer Rechtsform als Kapitalsammelbecken und Großunternehmensträger - hat in erster Linie den „Kapitalanleger" vor Augen, der sich allenfalls bei der Frage, ob er überhaupt Aktien - statt einer anderen Anlage - erwerben soll, mit dem Aktienrecht befasst, nicht jedoch mit der unterschiedlichen Umsetzung in den einzelnen Satzungen der verschiedenen Gesellschaften. Gleiches gilt für den kapitalmarktrechtlichen Anlegerschutz, der ebenfalls den Kapitalanleger im oben dargestellten Sinne vor Augen hat.

Würde man das unternehmerische Interesse rein subjektiv bestimmen, so mag dies den Interessen der Beteiligten am stärksten entgegenkommen, ist für die Praxis jedoch wegen der damit verbundenen Abgrenzungsschwierigkeiten und der unter Umständen komplizierten Beweislage schlecht zu handhaben. Es bietet sich auch hier an, bei einer Kapitalmarktinanspruchnahme zu vermuten, dass es sich um einen Kapitalanleger handelt, während man unterhalb der Kapitalmarktschwelle (auch) von unternehmerischem Interesse ausgehen kann.

Während es für den Bereich des Kapitalmarktrechtes zutreffend ist, den Anlegerschutz an das Schutzbedürfnis dieses Kapitalanlegers anzupassen, ist im Aktienrecht als Organisationsrecht sinnvoll, danach zu unterscheiden, ob es sich um einen Kapitalanleger oder einen Unternehmensgesellschafter handelt.

---

[173] *Immenga*, Aktiengesellschaft, S. 28; *Mertens*, AG 1990, 52.
[174] *Möllers*, ZGR 1997, 338.

B. Abgrenzung zum Gesellschaftsrecht

In einer grundlegenden Untersuchung des Verhältnisses von Kapitalmarktrecht einerseits und Gesellschaftsrecht andererseits gelangt *Schwark* zu dem Ergebnis, dass sich diese beiden Rechtsgebiete grundsätzlich unterscheiden.[175] Gesellschaftsrecht sei im Wesentlichen Organisationsrecht einer in besonderen Formen zusammengeschlossenen Personengemeinschaft – insbesondere sei auch die Finanzierungsfunktion der Gesellschafter weitgehend nicht geregelt.[176] Demgegenüber diene Kapitalmarktrecht der Marktsteuerung.[177]

Gleichwohl wird im Rahmen der zitierten Untersuchung überprüft, inwieweit sich Gesellschaftsrecht zur Lösung kapitalmarktrechtlicher Probleme eignet, um dann zu belegen, dass Gesellschaftsrecht (auch) kapitalmarktrechtliche Ziele verwirklichen kann.[178]

Die Ausgangsthese der Unvereinbarkeit von Gesellschaftsrecht und Kapitalmarktrecht wird damit von *Schwark* selbst widerlegt.[179] Gesellschaftsrecht einerseits und Kapitalmarktrecht andererseits verfolgen zwar unterschiedliche Ziele: während das Gesellschaftsrecht als Organisationsrecht die innerverbandlichen Rechtsverhältnisse reguliert, dient das Kapitalmarktrecht der Marktssteuerung oder dem Funktionieren der Kapitalmärkte. Dieser unterschiedliche Ansatz bzw. diese unterschiedlich Wirkungsweise schließt jedoch nicht aus, das Gesellschaftsrecht und Kapitalmarktrecht sich gegenseitig bedingen oder beeinflussen können. Wenn – wie bei der Aktiengesellschaft - die ihr vorgegebene Organisationsstruktur zum Zwecke des Anlegerschutzes erfolgt, wird mit Gesellschaftsrecht gleichzeitig Kapitalmarktrecht verwirklicht. Selbstverständlich können daneben kapitalmarktrechtliche Ziele auch mit anderen Mitteln, etwa durch Gesetze zur Marktsteuerung, beispielsweise die vier Finanzmarktförderungsgesetze, das Wertpapierhandelsgesetz oder das Börsengesetz verwirklicht werden. Ebenso selbstverständlich kann Gesellschaftsrecht ohne jede Anknüpfung zum Kapitalmarktrecht verwirklicht werden – etwa weil es sich ausschließlich auf Gesellschaften bezieht, die den Kapitalmarkt nicht in Anspruch nehmen.

Gerade bei der Aktiengesellschaft sind Gesellschaftsrecht und Kapitalmarktrecht eng miteinander verknüpft, da – letztlich durch die Satzungsstrenge des § 23

---

175 Vgl. *Schwark*, FS Stimpel, 1087.

176 *Schwark*, FS Stimpel, 1087, 1091, 1092.

177 Schon *Hopt* ZHR 141 (1977) 389, 431f. sieht im marktfunktionsorientierten Kapitalmarktrecht einen Gegenpol zum Aktienrecht als Verbandsrecht; insoweit auch GK-*Assmann*, Einl. Rdnr. 35.

178 So das Fazit von *Schwark*, Festschrift für Stimpel, 1087, 111.

179 Vgl. hierzu *Mülbert*, Aktiengesellschaft, Unternehmensgruppe und Kapitalmarkt, Seite 107.

Abs. 5 AktG – Kapitalmarktrecht (Anlegerschutz) mit Mitteln des Gesellschaftsrechts verwirklicht wird, indem man für nahezu alle Vorschriften des Aktiengesetzes abweichende Satzungsgestaltungen beschränkt oder verbietet.

Um den Aktionär vor Überraschungen zu schützen, soll die Aktie gewissermaßen als Serienprodukt ausgestaltet sein, so dass dem Aktionär - gleich bei welcher AG - die gleichen Rechte zukommen, ohne dass dieser sich die entsprechenden Informationen aufwendig beschaffen muss.

Diese Standardisierung dient der Funktionsfähigkeit des Kapitalmarktes, indem sie durch unabdingbare gesetzliche Mindestrechte ein Mindestmaß an Schutz gewährleistet. In der Tat ermöglicht die weitgehend zwingende Ausgestaltung dem Aktionär Transparenz und Vorhersehbarkeit bei seiner Entscheidung über die Beteiligung an der AG, seine Mindestrechte, die Organisationsstruktur und Entscheidungsabläufe.[180]

Gleichzeitig führt diese Standardisierung dazu, dass sie für den Bereich des Aktienrechts eine Organisationsautonomie für originär gesellschaftsrechtliche Instrumente - wie etwa die Ausgestaltung der Organe, das Verhältnis der Organe zueinander sowie das Verhältnis der Gesellschafter untereinander und zu der Gesellschaft - einschränkt bzw. ausschließt.

Gerade das Aktienrecht ist somit ein Beweis dafür, dass Kapitalmarktrecht mit Mitteln des Gesellschaftsrechtes verwirklicht wird. Während jedoch Gesellschaftsrecht für alle Gesellschaften der jeweiligen Rechtsform gleichermaßen gilt, soll Kapitalmarktrecht an sich nur für Gesellschaften gelten, die den Kapitalmarkt in Anspruch nehmen, da nur bei diesen Gesellschaften ein Bezug zum Kapitalmarkt und damit zum Kapitalmarktrecht besteht.

In konsequenter Fortführung dieser Überlegung ist Kapitalmarktrecht dort nicht notwendig oder sogar systemwidrig, wo eine Kapitalmarktinanspruchnahme nicht gegeben ist. Für die Aktiengesellschaft bedeutet dies folgendes: Kapitalmarktrecht darf nur dort mit Mitteln des Gesellschaftsrechts verwirklicht werden, wo eine Kapitalmarktinanspruchnahme tatsächlich erfolgt. Tatsächlich wirkt die aktienrechtliche Satzungsstrenge auch auf solche Gesellschaften, deren Aktien nicht an einer Börse gehandelt werden und dies auch nicht in Zukunft sollen. Will man gleichzeitig eine Deregulierung des Aktienrechts erreichen, ohne den Anlegerschutz zu reduzieren, bestehen zwei Möglichkeiten zur Umsetzung: entweder Kapitalmarktrecht wird nicht mit Mitteln des Gesellschaftsrecht verwirklicht, sondern mittels anderer Gesetze zur Marktsteuerung oder – diese

180 Eine solche Standardisierung besteht bei der Publikums-KG nicht, infolgedessen bedarf eine Anlageentscheidung einer viel genaueren Prüfung des Gesellschaftsvertrages und sonstiger Unterlagen.

Variante ist vorzugswürdig – Anlegerschutz wird ausschließlich bei denjenigen Gesellschaften mit Mitteln des Gesellschaftsrechts verwirklicht, bei denen eine Kapitalmarktinanspruchnahme erfolgt oder demnächst erfolgen soll.

C. Sonstige Legitimation

Es wäre vereinfacht, die Satzungsstrenge und den mit ihr einhergehenden zwingenden Charakter des Aktienrechts mit dem durch sie verwirklichten Anlegerschutz zu begründen. Vielmehr kann eine zwingende Ausgestaltung im Einzelfall unter den Gesichtspunkten Gläubigerschutz, Minderheitenschutz, Arbeitnehmerschutz oder aus rechtspolitischen Anforderungen an die Aktiengesellschaft geboten sein. Als Zwischenergebnis bleibt jedoch an dieser Stelle festzuhalten, dass die Satzungsstrenge maßgeblich dem Anlegerschutz dient und damit mit originär gesellschaftsrechtlichen Mitteln Kapitalmarktrecht verwirklicht.

§ 3 Satzungsstrenge und Rechtsformwahl

A. Rechtstatsachen

Die GmbH ist heute mit Abstand die beliebteste Rechtsform in Deutschland. Im Jahr 2001 überstieg die Anzahl der umsatzsteuerpflichtigen Unternehmen in der Rechtsform der GmbH um mehr als das fünfundsechzigfache die Anzahl der umsatzsteuerpflichtigen Unternehmen in der Rechtsform der AG.[181]

Die Zahl der in den Handelsregistern eingetragenen Aktiengesellschaften ist bis Anfang der achtziger Jahre laufend zurückgegangen, von 13.010 Gesellschaften im Jahre 1925 bis auf 2122 im Jahre 1983. Seit Anfang der neunziger steigt die Zahl etwas an: von 2685 Ende 1990, über 5.468 in 1998 bis 15.176 im August 2003.[182] Hierbei ist jedoch zu berücksichtigen, dass ab Januar 1994 auch die Aktiengesellschaften in den neuen Bundesländern mit einbezogen wurden.[183] Ein besonders kräftiger Anstieg konnte in der Zeit ab 1995 verzeichnet werden.

---

[181] Von den umsatzsteuerpflichtigen Unternehmen mit einem Umsatz von mehr als € 16.617 hatten im Jahr 2001 451.261 die Rechtsform der GmbH, demgegenüber 6.856 die Rechtsform der AG; Nachweise im DAI-Factbook des Deutschen Aktieninstituts, Stand November 2003, S. 01-5.

[182] Statistisches Material zur Anzahl der Aktiengesellschaften in Deutschland im DAI-Factbook des Deutschen Aktieninstituts, Stand November 2003, S. 01-1:

Jahresende	Anzahl
1925	13.010
1935	7.810
1960	2.627
1970	2305
1980	2147
1983	2122
1990	2685
1995	3780
1996	4043
1997	4548
1998	5468
1999	7375
2000	10.582
2001	13.598
2002	14.814
August 2003	15.176

[183] Dadurch erhöhte sich der Bestand um 307 Gesellschaften.

Während sich die Zahl der Aktiengesellschaften in der Zeit von 1995 bis 2003 vervierfachte, nahm die Zahl der Börsennotierungen nicht im gleichen Umfang zu – hier war lediglich ein Zuwachs von ca. 26 % zu verzeichnen.[184]

Anhand der Zahlen wird deutlich, dass nur ein geringer Anteil der Aktiengesellschaften überhaupt den Kapitalmarkt in Anspruch nimmt. Waren dies 1995 noch ca. 21 % aller Aktiengesellschaften, so sank deren Anteil im Jahr 2002 auf gerade einmal 6 %.[185]

Die Aktiengesellschaft wird in Deutschland gerade bei mittelständischen Unternehmen nur sehr selten als Rechtsform gewählt. Bevorzugte Rechtsformen des Mittelstandes sind die GmbH und die GmbH & Co KG.

Die Gesetzesänderungen von 1994 zur sogenannten „Kleinen AG“ haben keine wesentlichen Änderungen geschaffen.[186]

Auch im internationalen Vergleich stellt das deutsche Bild eine Seltenheit dar. In den meisten europäischen Ländern, in denen eine Zweiteilung der Kapitalgesellschaften vergleichbar mit der deutschen existiert, erfreut sich die AG weitaus größerer Beliebtheit als hierzulande.[187]

Eine Tatsache, die sicherlich nicht zuletzt damit zusammen hängt, dass das deutsche Aktienrecht - und auch damit nimmt es eine Sonderstellung ein - weitgehend zwingend ausgestaltet und das gesetzgeberisch vorgegebene Leitbild nicht an mittelständischen Unternehmen, sondern an Großunternehmen orientiert ist.

---

[184] Statistisches Material zur Zahl der börsennotierten Aktiengesellschaften in Deutschland (börsennotierte inländische Aktien an deutschen Börsen) im DAI-Factbook des Deutschen Aktieninstituts, Stand November 2003, S. 02-1:

Jahr	Zahl der börsennotierten AGs
1995	812
1996	802
1997	817
1998	883
1999	931
2000	1.066
2001	1.075
2002	1.011

[185] Entsprechend den vorangegangenen Ausführungen zur Zahl der Aktiengesellschaften sowie der Zahl der Börsennotierungen.

[186] Hierzu s.u. unter § 4 .C.

[187] Eine Gegenüberstellung der Zahl der Kapitalgesellschaften in den verschiedenen Ländern Europas getrennt nach AG und GmbH bzw. vergleichbaren Rechtsformen findet sich im DAI-Factbook des Deutschen Aktieninstituts, Stand November 2003, S. 01-3. Leider ist nur Zahlenmaterial bis 1990 vorhanden, da eine neuere Zusammenstellung nicht vorliegt.

B. Grundsätzliches zur Rechtsformwahl

Die Frage nach der geeigneten Rechtsform stellt sich in zwei Konstellationen:

Soll ein Unternehmen gegründet werden, so müssen sich die Gründer für eine Rechtsform entscheiden. Aber auch ein bereits bestehendes Unternehmen steht immer wieder vor der Frage, ob die einmal gewählte Rechtsform noch die richtige ist oder ob nicht das Wachstum des Unternehmens oder sonstige Faktoren die Umwandlung in eine andere Rechtsform erforderlich machen.[188] Das Umwandlungsgesetz[189] und das Umwandlungssteuergesetz[190] - beide aus dem Jahre 1994 - geben den Unternehmen das geeignete Werkzeug für einen Wechsel der Rechtsform an die Hand.

Wesentlich Gesichtspunkte, die jede Rechtsformwahl beeinflussen sind: organisationsrechtliche, haftungsrechtliche, steuerrechtliche, bilanzrechtliche und betriebswirtschaftliche Erwägungen wie zweckmäßige Managementstruktur und Kapitalbedarf.[191]

Bei der folgenden Darstellung der Vor- und Nachteile der AG für den Mittelstand sollen vornehmlich diejenigen Merkmale hervorgehoben werden, die gerade die AG gegenüber anderen Rechtsformen auszeichnen.

Anhand dieser Darstellung – insbesondere der Darstellung der Vorteile der Aktiengesellschaft – wird deutlich, wie wichtig und wünschenswert eine Steigerung der Attraktivität der Aktiengesellschaft gerade für den Mittelstand wäre.

---

[188] Teilweise wird von Praktikern eine ständige Beobachtung der rechtlichen Grundlagen sowie des Unternehmens selbst für erforderlich gehalten, um so zu gewährleisten, dass eine Gesellschaft immer die optimale Rechtsform hat und ggf. rechtzeitig umgewandelt werden kann; vgl. hierzu: *K.Schmidt*, Gesellschaftsrecht § 5 II 2. b); sowie: *Hennerkes/May*, DB 1988, S. 483.

[189] Gesetz v. 28.10.1994 (BGBl. I S. 3210, ber. BGBl. 1995 I S. 428).

[190] Gesetz v. 28.10.1994 (BGBl. I S. 3267).

[191] Vgl.: *K.Schmidt*, Gesellschaftsrecht § 5 II 2. b).

C. Die Vorteile der AG als Rechtsform für mittelständische Unternehmen

I. Aus der Sicht des Unternehmen bzw. derjenigen Personen, die am Entscheidungsprozeß über die Umwandlung in eine AG mitwirken

1. Kapitalmarktzugang

Ein ganz entscheidender und zudem noch der meistgenannte Vorteil, der der Aktiengesellschaft im Gegensatz zu anderen Rechtsformen[192] zur Seite steht, ist ihr Zugang zum Kapitalmarkt.

Damit wird es den in der Rechtsform der AG geführten Unternehmen ermöglicht, Eigenkapital unmittelbar über den Kapitalmarkt - die Börse - zu beschaffen.[193] Diese Unternehmen sind im Hinblick auf ihre Kapitalbeschaffung privilegiert:

Unternehmen mit einer Rechtsform ohne Kapitalmarktzugang müssen ihr Eigenkapital aus Mitteln der Gesellschafter aufbringen und sind für einen darüber hinaus gehenden Kapitalbedarf auf Fremdfinanzierung verwiesen. Damit stehen diese Unternehmen früher oder später vor zwei Problemen. Zum einen ist die Leistungsfähigkeit und -willigkeit der Gesellschafter und der Gesellschaft nicht unbeschränkt, mit der Konsequenz, dass häufig die für aussichtsreiche Projekte erforderlichen Investitionen nicht mit Eigenkapital der Gesellschaft finanziert werden können. Zum anderen ist - von spektakulären Ausnahmen einmal abgesehen - die Schwierigkeit, für zwar riskante, aber zugleich potentiell lukrative Geschäfte von Banken ohne ausreichende Stellung von Sicherheiten Kredite zu bekommen, allgemein bekannt.[194] Man mag in diesem Zusammenhang auch einmal daran denken, dass in Zukunft in immer stärkerem Maße immaterielle Investitionen zu finanzieren sein werden, die keine dingliche Sicherung ermöglichen.[195] Darüber hinaus kann die Fremdfinanzierung gerade in Zeiten der Re-

---

[192] Neben der AG ist nur noch die KGaA börsenfähig.

[193] In der wirtschaftswissenschaftlichen Lehre gibt es zwar keinen Konsens darüber, welche Eigenkapitalausstattung für ein Unternehmen jeweils als angemessen zu gelten hat. Einigkeit besteht jedoch insoweit, dass die Eigenkapitalausstattung deutscher Unternehmen im internationalen Vergleich gering ist; vgl.: *Claussen,* DBW 51 (1991), 183; *Blanke,* BB 1994, 1505.

[194] Banken und andere institutionelle Geldgeber sind in erster Linie daran interessiert dem Risiko von Fehlinvestitionen aus dem Weg zu gehen und werden daher häufig auch trotz guter Gewinnchancen eine Kredithingabe verweigern, wenn ein Forderungsausfall nicht durch Hingabe von Sicherheiten etc. ausgeschlossen werden kann.

[195] *Kaufmann*, in: Unternehmen Mittelstand, hrsg. von: Icks / Kaufmann / Menke, S. 85.

zession, in denen die Gewinne schrumpfen und die Zinsen steigen, zum Fallstrick für das Unternehmen werden.

Wollen oder müssen sich die Alteigentümer von Anteilen trennen oder können sie notwendige Kapitalerhöhungen nicht aus der Privatschatulle aufbringen, so bleibt häufig nur der Verkauf sämtlicher Anteile oder der Mehrheit dieser Anteile.

Unternehmen ohne Zugang zum Kapitalmarkt sind wegen ihrer größeren Abhängigkeit von der Fremdfinanzierung krisenanfälliger, die Investitionsfähigkeit und damit auch das Wachstum der Unternehmen sind geringer.[196]

Verstärkt wird diese Problematik durch neuere Entwicklungen, die unter dem Schlagwort „Basel II"[197] zusammengefasst sind und die gerade für den Mittelstand die Aufnahme von Fremdkapital bei Kreditinstituten erschweren. Basel II ist das Synonym für eine tief greifende Neuregelung im Bankenrecht, welche ab dem 1. Januar 2006 stufenweise bis zum Jahr 2008 umzusetzen ist. Dreh- und Angelpunkt von Basel II ist die systematisierte Einschätzung der Bonität von Kreditnehmern auf Basis bankinterner oder bankexterner Ratings, wobei letztere von qualifizierten Ratingagenturen erstellt werden. Ratings dienen der Einschätzung des Kreditrisikos und beruhen auf umfangreichen quantitativen und qualitativen Informationen, die vom Kreditnehmer aufbereitet und den Banken zur Verfügung gestellt werden. Während Mittelstand und Banken in der Vergangenheit traditionell in einer engen, meist langfristigen Beziehung zueinander standen und das so genannte relationship banking dominierte, wird künftig das Ratingurteil in viel größerem Umfang als bisher über die Kreditwürdigkeit und Konditionen der Kreditnehmer entscheiden und eine Fremdkapitalaufnahme erschweren. Gerade vor dem Hintergrund, dass eine der drei Säulen[198] von Basel II bestimmte Mindesteigenkapitalanforderungen (Minimal Capital Requirements) sind und der Mittelstand unter einer oftmals zu geringen Eigenkapitalquote leidet, wird eine konsequente Anwendung der Basel II Kriterien die Kreditaufnahme erschweren.

Vor diesem Hintergrund wird der Vorteil der AG, der sich aus ihrem Kapitalmarktzugang ergibt, deutlich:

---

[196] vgl. *Lutter*, Das Wertpapier 1987, S. 1016.

[197] *Fischer*, DZWiR 2002, 237; eingehend *Hennrichs*, ZGR 2006, 563.

[198] Basel II besteht aus drei tragenden Säulen: die erste Säule bilden die Mindestkapitalanforderungen (Minimal Capital Requirements), die zweite das aufsichtsrechtliche Überprüfungsverfahren (Supervisory Review Process), die dritte die unter dem Stichwort Marktdisziplin (Market Disziplin) zusammengefassten Publizitätsanforderungen; vgl. dazu: *Fischer*, DZWiR 2002, 237.

Unternehmen, die Kapital für Projekte, die risikoreich und aussichtsreich zugleich sind, nicht aus eigenen Mittel aufbringen können, können dieses Risikokapital über die Börse nachfragen.

Die Kapitalgeber - die einzelnen Aktionäre - können ihr Risiko dadurch überschaubar halten, dass sie Aktien unterschiedlichster Art erwerben und so eine Risikostreuung vornehmen. Die Möglichkeit einer starken Stückelung des Grundkapitals unterstützt dies.

Der Zugang zum Kapitalmarkt bietet den Unternehmen eine vergleichbar günstige Finanzierungsquelle und macht sie in finanziellen Entscheidungen flexibler und unabhängiger. Die Flexibilität besteht darin, dass ein aktueller Kapitalbedarf gedeckt wird, ohne dass die Unternehmen allein von Kreditgebern abhängig sind.

Dies ist gerade für mittelständische Unternehmen interessant, da deren Erfolg häufig darauf beruht, dass sie mit kreativen Ideen Marktlücken ausfüllen. Ein Zugang zum Kapitalmarkt würde hier den finanziellen Rahmen auch dort schaffen, wo das Eigenkapital der Gesellschaft nicht ausreicht oder so gering ist, dass es keinen Raum für Innovationen lässt, die notwendig sind, um gegenüber größeren Unternehmen wettbewerbsfähig zu bleiben oder zu werden.

Bei der Frage, ob einem Unternehmen der Zugang zum Kapitalmarkt offen stehen sollte, ist nicht nur der aktuelle Kapitalbedarf entscheidend, der unter Umständen noch aus Mitteln der Gesellschafter aufgebracht werden kann. Vielmehr sollte bei der Entscheidung für oder gegen die Rechtsform AG in die Zukunft geblickt werden. Auch wenn eine Inanspruchnahme des Kapitalmarktes noch nicht erforderlich ist, weil die Gesellschaft über eine ausreichende Eigenkapitalausstattung verfügt, so vermittelt doch allein die Rechtsform der AG den Unternehmen eine nicht zu unterschätzende Flexibilität für Innovationen und Wachstum.[199] Damit sichert allein die Möglichkeit eines Kapitalmarktzugangs die Unternehmensunabhängigkeit von dem Einfluss der finanzierenden Kreditinstitute.

Mittelbar sollte der Kapitalmarktzugang der AG daher auch als Vorteil für solche Unternehmen gesehen werden, die sich die Möglichkeit offen halten wollen, sich nach der Umwandlung in eine AG erst in einem zweiten Schritt dem Kapitalmarkt zu nähern.[200] Erliegt ein solches Unternehmen zu gegebener Zeit dann

---

[199] Erstaunlicherweise kann es gerade in Zeiten des Wachstums eines Unternehmens, wegen der zunächst höheren Kosten (Personal, Waren etc.) zu bedrohlichen Liquiditätsengpässen kommen, die meist nur verzögert durch höheren Umsatz und Gewinn ausgeglichen werden.

[200] Zum „Modell der zwei Schritte“, vgl.: *Hommelhoff*, AG 1995, 529, 532; *Dehmer*, WiB 1994, 753, 754; *Littmann*, in: Wirtschaftswoche Nr. 36 v. 2.9.1988, die von „Aktiengesellschaft üben“ sprichte; eine Übersicht über Mittelständler, die in die AG gewechselt sind, um

doch dem „Charme des Going Public“,[201] so ist es bereits an die gesellschaftsrechtlichen Besonderheiten der AG gewöhnt und kann sich ganz der Börseneinführung widmen.

Will man im Sinne der vorliegenden Untersuchung ein Mehr an Gestaltungsfreiheit für die kapitalmarktferne Aktiengesellschaft erreichen, so sollte es dennoch durch bloße Satzungsänderung möglich sein, den Kapitalmarkt in Anspruch zu nehmen, um sich auf diesem Wege nicht zu stark von der börsenfähigen AG zu entfernen.

2. Unternehmensnachfolge - Sicherung der Unternehmenskontinuität

Der deutsche Mittelstand steht vor einem Generationswechsel. In den nächsten 5 Jahren werden ca. 17 % aller deutschen Unternehmen mit einem Umsatz von mehr als € 50.000,-- ein Nachfolgeproblem haben.[202] Gerade bei mittelständischen Familienunternehmen stellt sich häufig das Problem der geeigneten Nachfolge.

Die AG bietet unabhängig von ihrem Zugang zum Eigenkapitalmarkt eine sinnvolle Rechtsform, den mit einem Generationswechsel typischerweise einhergehenden Problemen zu begegnen.[203]

Vielfach ist es so, dass der Unternehmergeneration, die das Unternehmen aufgebaut und geführt hat, eine Generation folgt, der entweder die Qualifikation, das Engagement oder die Neigung fehlt, das Unternehmen selbst zu leiten. Während bei der GmbH und auch bei den Personengesellschaften die Gesellschafterversammlung einen sehr starken Einfluss hat und diese Rechtsformen somit besonders geeignet sind für Gesellschaften, in denen die Anteilseigner ganz oder überwiegend unternehmerisch engagiert sind, weist die Aktiengesellschaft strukturelle Vorteile für diejenigen Anteilseigner auf, die sich unternehmerisch entweder nicht betätigen wollen oder können.

Insbesondere die aktienrechtliche Dreiteilung der Organe und die strikte Trennung von Anteilseignern und Geschäftsführung[204] können negative Auswirkun-

---

mittel- oder langfristig an die Börse zu gehen oder sich zumindest die Option der Börse zu eröffnen, findet sich bei *Seibert/Köster/Kiem*, Die kleine AG, S. 34.

[201] So die schöne Umschreibung von *Leutheusser-Schnarrenberger*, in: Handelsblatt v. 5.4.1994, S. 4, die seitdem immer wieder in diesem Zusammenhang zitiert wird.

[202] *Vinken*, DB 2004, Heft 30 vom 23.07.2004, S. I.

[203] Vgl.: *Hommelhoff*, ZGR Sonderheft 12, S. 65, 69, *Jeschke*, in Unternehmenshandbuch Familiengesellschaften, hrsg. von Hennerkes, S. 173ff.; *Seibert/Köster/Kiem*, Die Kleine AG, S. 29.

[204] Die Trennung zwischen Leitung und Management wurde im Rahmen eines Symposions im Januar 1993 in Brüssel zum Thema „Die Unternehmensübertragung“ als wichtiges Instru-

gen interner Differenzen unter den Anteilseignern auf die Verwaltung vermeiden und die Handlungsfähigkeit der Gesellschaft sichern.[205]

Ein weiterer Vorteil der AG im Rahmen eines Generationswechsels ist folgender: Häufig sind Erbgänge mit Kapitalabflüssen verbunden - es lassen sich nicht mehr alle Geschäftsanteile des Unternehmens in Familienhand halten, weil die Erben gezwungen sind, zur Begleichung der extrem hohen Erbschaft-steuer oder auch zur Erfüllung von Pflichtteilsansprüchen Anteile zu veräußern.[206] Bei Unternehmen in der Rechtsform der GmbH oder der OHG / KG sind die Erben in diesen Fällen häufig gezwungen, sämtliche Geschäftsanteile oder jedenfalls die Mehrheit zu veräußern - einen Markt für Minderheitsbeteiligungen gibt es nicht. Mit dem Verlust der Mehrheit verschwindet in diesen Rechtsformen auch der Einfluss.

Die AG lässt hingegen auch den Verkauf eines geringen Teils der Aktien zu. Darüber hinaus ermöglicht diese Rechtsform es wesentlich effizienter als GmbH und Personengesellschaften, den Einfluss einer Familie auf das Unternehmen dauerhaft abzusichern, auch wenn zwischenzeitlich ein großer Teil des Gesellschaftskapitals in fremde Hände übergegangen ist. Zur Sicherung eines wesentlichen Einflusses genügt es, bei entsprechender Gestaltung 25 % plus eine Aktie der Stammaktien zu halten, um das Unternehmen in wesentlichen Fragen zu beherrschen.[207] In diesen Zusammenhang ist die Möglichkeit einzuordnen, bei der AG zwei Aktiengattungen zu bilden, nämlich Vorzugsaktien ohne Stimmrecht und Stammaktien mit Stimmrecht. Durch eine geschickte Kombination können die Vorteile einer Aktienausgabe, nämlich die Kapitalaufnahme von außen, erreicht werden, ohne dass deren Nachteil, nämlich der Fremdeinfluss, zu schwer wiegt.[208]

---

ment zur Sicherstellung einer geeigneten Unternehmensleitung hervorgehoben, vgl.: *Schmidt/Müller-Eising/Gayk*, ZIP 1993, 1830, 1831f..

[205] vgl. *Seibert/Köster/Kiem*, Die Kleine AG, S. 29; eine Übersicht über Unternehmen, deren Umwandlung in die AG im Hinblick auf eine Nachfolge erfolgte, findet sich ebenda, S. 35; ebenso: *Rust/Ulbert*, Die kleine Aktiengesellschaft, S. 7.

[206] vgl.: *Claussen*, DBW 51 (1991), S. 183, 184.

[207] Vgl.: *Rust/Ulbert*, Die kleine Aktiengesellschaft, S. 7f.; *Dehmer*, in: WiB 1994, 753, 755; einen Punkt muss man bei einer solchen Gestaltung mit stimmrechtslosen Vorzugsaktien im Auge behalten: auch Vorzugsaktien sind gem. § 140 Abs. 2 AktG stimmberechtigt, wenn die Vorzugsdividende - wie in der Vergangenheit bspw. bei Porsche geschehen - in zwei aufeinanderfolgenden Jahren nicht vollständig bezahlt worden ist.

[208] So können beispielsweise 50 % der Aktien als stimmrechtslose Vorzugsaktien ausgegeben werde; von den restlichen 50 % Aktien (Stammaktien) müssen zur Sicherung der Mehrheit und zur Beherrschung des Unternehmens nur die Hälfte plus eine Aktie (= 25 % und eine Aktie des gesamten Aktienkapitals) behalten werden.

Damit liegt ein weiterer Vorteil der AG bei einer bevorstehenden Nachfolge in der Sicherung der Unternehmenskontinuität.[209]

3. Dauerhafte Kreditierung des Eigenkapitals

Bei der GmbH kann es bei dem Austritt[210] oder dem Ausschluss[211] eines Gesellschafters aus der Gesellschaft und der dann zu zahlenden Abfindung[212] zu bedrohlichen Liquiditätsengpässen kommen.

Bei der Aktiengesellschaft sieht diese Situation jedenfalls im Grundsatz anders aus. Die Aktie als Mitgliedschaftsrecht in der AG ist frei veräußerlich und vererblich – bei der GmbH ist nach § 15 Abs. 3 und 4 GmbHG eine notarielle Beurkundung erforderlich. Das Gesetz sorgt durch die Möglichkeit, sie als Wertpapier zu verbriefen, sogar dafür, dass die Veräußerung mit einem Minimum an Aufwand und Kosten erfolgen kann. Folgerichtig kennt das Aktiengesetz auch keine Austritts- und Ausschlussrechte, sondern nur die Kaduzierung bei Nichtleistung der Einlage (§ 64 AktG)[213] und die satzungsmäßige Einziehung von Aktien im Rahmen einer Kapitalherabsetzung nach § 237 AktG.[214]

---

[209] Vgl.: *Dehmer*, in: WiB 1994, 753, 755.

[210] Zwar sieht das GmbH-Recht kein ordentliches Kündigungsrecht vor. Indessen ist allgemein anerkannt, dass ein Gesellschafter zum Austritt aus wichtigem Grund berechtigt ist, wenn für ihn die Fortdauer der Mitgliedschaft unzumutbar ist und eine Abhilfe durch Veräußerung des Geschäftsanteils nicht möglich ist; vgl.: RGZ 128, 16; BGHZ 9, 162f.; BGHZ 116, 359, 369; OLG Hamm, GmbHR 93, 656, 657; OLG München DB 1990, 473; *Hachenburg/Ulmer*, § 34 Rz. 44.

[211] Regelmäßig sehen Gesellschaftsverträge die Einziehung von Geschäftsanteilen vor, wenn über das Vermögen des Gesellschafters das Insolvenzverfahren eröffnet ist, von Seiten eines Gläubigers des Gesellschafters Zwangsvollstreckungsmaßnahmen vorgenommen werden, in der Person des Gesellschafters ein wichtiger, seinen Ausschluss rechtfertigender Grund vorliegt oder der Geschäftsanteil von Todes wegen auf Personen übergeht, die nicht Gesellschafter, Ehegatte oder Abkömmlinge eines Gesellschafters sind.

[212] Dem ausscheidenden Gesellschafter steht grundsätzlich ein Anspruch in Höhe des vollen Wertes seines Geschäftsanteils zu, vgl.: RGZ 125, 118; *Lutter/Hommelhoff*, § 34 Rz. 45. Allerdings kann die GmbH-Satzung die zu zahlende Abfindung im Rahmen der Satzungsautonomie in zulässiger Weise beschränken, vgl.: BGHZ 65, 22, 27; BGHZ 116, 359, 368; BGHZ 123, 281, 285f.-allg. Meinung, vgl.: *Lutter/Hommelhoff*, § 34 Rz. 34; *Hachenburg/Ulmer*, § 34 Rz. 78f.; *Ulmer*, in FS Quack 1991, S. 477f..

[213] Im Falle einer Kaduzierung ist dem ausscheidenden Aktionär keine Abfindung zu leisten. Er ist auch nicht am Verwertungserlös (§ 65 AktG) zu partizipieren. Dies ist mit der (missverständlichen) Formulierung des § 64 Abs. 3 S. 1 AktG vereinbar. Zwar heißt es dort wörtlich, dass die Aktionäre ihre geleistete Einlage verlieren, dies folgt allerdings bereits daraus, dass Einlagen so zu erbringen sind, dass sie endgültig in das Vermögen der AG gelangen; vgl.: *Hüffer*, § 64, Rz. 7.

[214] In diesem Fall ist in der Regel ebenfalls - was in der Satzung zu statuieren ist - eine Abfindung zu zahlen. Der entscheidende Unterschied zum Austritt und Ausschluss beispielsweise

Solche Austritts- und Ausschlussrechte wären mit dem gesetzgeberischen Leitbild der AG auch nur schwer vereinbar. Die AG als Kapitalsammelbecken einer Vielzahl von Aktionären stellt nicht das Vertrauensverhältnis der Gesellschafter in den Vordergrund, sondern die Kapitalbeteiligung.

In der Literatur ist allerdings eine Tendenz dahingehend zu verzeichnen, bei personalistischen Aktiengesellschaften[215] mit einigen wenigen Aktionären, deren Aktien nicht an der Börse gehandelt werden, einen Ausschluss aus wichtigem Grund anzuerkennen.[216]

Begründet wird dies in erster Linie damit, dass bei personalistisch strukturierten Aktiengesellschaften das Interesse des einzelnen Aktionärs eben nicht nur an einer möglichst renditeträchtigen Anlage des Vermögens besteht ist, sondern auch und insbesondere auch auf die Wahrnehmung von Mitverwaltungsrechten zielt.[217] Daher sollte auch in diesen Fällen eine vergleichbare Rechtslage wie bei OHG, KG oder GmbH bestehen, bei denen die Möglichkeit einer Ausschließung aus wichtigem Grund bejaht wird.

Dies ist aus folgenden Gesichtspunkten zutreffend: In einer personalistisch ausgestalteten AG ist ein einvernehmliches Miteinander der einzelnen Aktionäre wesentlich wichtiger als bei einer dem Leitbild entsprechenden kapitalistischen Struktur. Schon aufgrund der meist höheren Beteiligungen kann das „Ausscheren“ eines Aktionärs das Wohl der Gesellschaft erheblich stören. In diesem Fall

---

eines GmbH-Gesellschafters besteht jedoch darin, dass es im Fall des § 237 AktG bei einer satzungsmäßigen Zwangseinziehung in der Hand des Vorstands liegt, ob er eine Kapitalherabsetzung durch Einziehung vornehmen will (Abs. 6). Das Risiko eines Abflusses von Eigenkapital ist daher kalkulierbar. Bei Austritt und Ausschluss kann es hingegen zu einem ungeplanten Kapitalabfluss kommen.

[215] Zum Begriff der personalistischen Aktiengesellschaft: *Friedewald*, Die personalistische Aktiengesellschaft, S. 10ff. Unter der Bezeichnung „personalistische Aktiengesellschaft“ werden im wesentlichen drei Unterformen der AG zusammengefasst: die Familien-AG, deren Aktionäre untereinander verwandt oder verschwägert sind, die Mitunternehmer-AG, die darauf beruht, dass sich einige wenige Partner zusammentun, um ein Unternehmen zu betreiben, die Einmann-AG, bei der nur ein einziger Aktionär existiert.

[216] *Hommelhoff*, ZHR 151 (1987), S. 515f.; *Becker*, ZGR 1986, 383, 386ff; *Grunewald*, Der Ausschluss aus Gesellschaft und Verein, 1987, S. 50; *Raiser*, Recht der Kapitalgesellschaften, § 12 Rz. 48; *Friedewald*, Die personalistische Aktiengesellschaft, S. 145ff.

[217] Aufgrund des kleinen Aktionärskreises bei personalistischen Aktiengesellschaften repräsentieren die Aktionäre oftmals einen Großteil der Vorstands- und Aufsichtsratsmandate; ihre persönliche wirtschaftliche Lage ist - von Inhabern großer Aktienpakete einmal abgesehen - viel enger mit der AG verknüpft als bei sonstigen Aktionären einer Publikumsgesellschaft; *Hommelhoff*, ZHR 151 (1987), S. 515f.; *Becker*, ZGR 1986, 383, 386ff; *Grunewald*, Der Ausschluss aus Gesellschaft und Verein, 1987, S. 50; *Raiser*, Recht der Kapitalgesellschaften, § 12 Rz. 48; *Friedewald*, Die personalistische Aktiengesellschaft, S. 145ff.

führt es zu angemesseneren Ergebnissen, wenn man sich bei der Frage, ob eine Ausschließung eines Gesellschafters aus wichtigem Grund zulässig ist, an der Realstruktur der Gesellschaft orientiert und nicht unter Hinweis auf die rein kapitalistische Bedeutung der Aktienbeteiligung an dem unzutreffenden Leitbild.

Diese Ansicht konnte sich in der Rechtsprechung bislang noch nicht durchsetzen. Das Anschauungsmaterial ist indes gering. In zwei mittlerweile schon über 40 Jahre zurückliegenden Entscheidungen hat der BGH die Möglichkeit, einen Aktionär aus wichtigem Grund aus der Gesellschaft auszuschließen verneint, weil für eine solche Ausschließung kein Bedürfnis bestehe.[218] In seiner ersten Entscheidung stellt der BGH - allerdings in einem obiter dictum - die Kapitalbeteiligung der AG in den Vordergrund, weshalb für die AG die für die GmbH entwickelten Grundsätze nicht übertragbar seien. Im Übrigen spiele die Person des einzelnen Aktionärs bei der AG eine recht geringe Rolle, so dass ein Vertrauensverhältnis, wie es vielfach bei der GmbH bestehe, nicht erforderlich sei.[219] In seiner zweiten Entscheidung begnügt der BGH sich mit der Begründung, dass nach der Organisation der AG zwischen den einzelnen Aktionären keine rechtlichen Beziehungen bestünden, die die Grundlage für die Ausschließung eines einzelnen Aktionärs bilden könnten.[220]

Die genannten Entscheidungen des BGH sind wenig überzeugend, da sie sich zuviel am Leitbild und zuwenig an der konkreten Ausgestaltung - der Realstruktur - orientieren. Dieses starre Festhalten am Leitbild der AG müsste aber konsequenterweise auch von der Rechtsprechung spätestens seit der Anerkennung der Aktionärs-Treuepflicht revidiert werden. Der BGH hat nämlich in seiner „Linotype“-Entscheidung[221] ausgeführt, dass mitgliedschaftliche Treuepflichten nicht von der Rechtsform abhängig und deshalb auch für die Aktiengesellschaft anzuerkennen sind.[222] Es steht nichts im Wege, die Grundsätze dieser (rechtsformunabhängigen) Betrachtungsweise auch auf die Frage der Ausschließung der Aktionäre anzuwenden. Insoweit bleibt abzuwarten, ob der BGH in einer erneuten Entscheidung seine frühere Ansicht bestätigt oder nicht.

Aus der Sicht eines mittelständischen Unternehmens darf daher die dauerhafte Kreditierung des Eigenkapitals nicht so sehr in den Vordergrund gestellt werden, da bei einer vorsichtigen Einschätzung der Rechtsprechung zu erwarten ist, dass in Zukunft bei personalistischen Aktiengesellschaften - ein Merkmal, das

---

[218] BGHZ 9, 157; BGHZ 18, 350.
[219] BGHZ 9, 157.
[220] Vgl. BGHZ 18, 350, in dieser Entscheidung geht der BGH nicht auf seine frühere Entscheidung BGHZ 9, 157 ein.
[221] BGHZ 103, 184.
[222] Vgl. hierzu *Flume*, ZIP 1995, 161; *Hennrichs*, AcP 195 (1995), 221; *Henze*, BB 1996, 489.

die meisten mittelständischen Unternehmen erfüllen würden - eine Ausschließung aus wichtigem Grund zugelassen wird. Auch in diesen Fällen kann es dann zu einem ungeplanten Kapitalabfluss kommen.

4. Organisationsstruktur

Die Organisationsstruktur der Aktiengesellschaft ist dreigliedrig. Das Aktiengesetz sieht zwingend drei Organe, nämlich Hauptversammlung, Vorstand und Aufsichtsrat vor.

Die Trennung zwischen Eigentümern (Aktionären) und Unternehmensleitung (Vorstand) ist streng durchgeführt. Die eigentlichen Unternehmer sind die Mitglieder des Vorstands und nicht die wirtschaftlichen Eigentümer.

Die Zuständigkeiten der drei notwendigen Gesellschaftsorgane sind voneinander getrennt. Da der Vorstand einer Aktiengesellschaft im Gegensatz zu den Geschäftsführern einer GmbH eigenverantwortlich handelt,[223] kann die Satzung Geschäftsführungshandlungen nicht von der Zustimmung der Hauptversammlung abhängig machen. Die Hauptversammlung kann über Fragen der Geschäftsführung nur entscheiden, wenn der Vorstand dies verlangt.[224] Der Vorstand unterliegt – anders als der Geschäftsführer der GmbH – nicht den Weisungen der Hauptversammlung.[225]

Der Vorstand wird vom Aufsichtsrat bestellt und abberufen.[226] Weitere zentrale Aufgabe des Aufsichtsrats ist die laufende Überwachung des Vorstands und dessen Geschäftsführung.[227] Demgegenüber darf der Aufsichtsrat nicht anstelle des Vorstands handeln. Lediglich gegenüber Vorstandsmitgliedern obliegt dem Aufsichtsrat die gerichtliche und außergerichtliche Vertretung der Gesellschaft.[228]

Diese zwingende Etablierung der drei Organe und die im Aktiengesetz geschaffene Machtbalance zwischen diesen Organen ermöglicht einerseits eine unter Umständen gewollte Trennung verschiedener Funktionsbereiche, insbesondere von Management und Kapital. Andererseits hat die – verkürzt dargestellte – Organisationsstruktur zur Folge, dass ein Einfluss der Aktionäre auf die Geschäftsführung nur sehr eingeschränkt möglich ist, wenn nicht gleichzeitig die Vorstandsposition wahrgenommen wird. Ob diese Organisationsstruktur für das jeweilige Unternehmen vorteilhaft ist, bedarf einer Einzelfallentscheidung.

---

[223] § 76 Abs. 1 AktG.
[224] § 119 Abs. 2 AktG.
[225] Lediglich im Geltungsbereich eines Beherrschungsvertrages besteht ein Weisungsrecht des herrschenden Unternehmens.
[226] § 84 AktG.
[227] § 111 Abs. 1 AktG.
[228] § 112 AktG.

5. Größere Attraktivität des Unternehmens für hochqualifiziertes Management

Die AG ermöglicht es, bei nicht ausreichender Qualifikation der Gesellschafter Fremdmanagement einzusetzen. Es gilt das Prinzip der Fremdorganschaft.

Da der Vorstand einer AG - im Gegensatz zum Geschäftsführer einer GmbH -[229] nicht weisungsgebunden ist,[230] wird es den Gesellschaftern einer AG wesentlich leichter fallen, einen qualifizierten Vorstand zu verpflichten, da dieser keine nennenswerte Einflussnahme zu befürchten hat.[231] Im übrigen steigert auch das mit einem Vorstandsposten verbundenem höheren Prestige die Attraktivität eines Unternehmens für qualifiziertes Management.[232]

6. Fungibiltät der Aktie

Während die Übertragung eines GmbH-Geschäftsanteils gem. § 15 Abs. 3 GmbHG der notariellen Beurkundung bedarf, und § 15 Abs. 5 GmbHG die Gesellschafter darauf hinweist, weitere Vinkulierungsvorschriften in der Satzung festzulegen, ist die Übertragung von Aktien formfrei möglich.[233]

Da eine notarielle Beurkundung nicht erforderlich ist, ist eine Anteilsübertragung bei einer AG wesentlich kostengünstiger als beispielsweise bei einer GmbH.

Die Fungibilität der Aktie im Vergleich zu einem Geschäftsanteil der GmbH erleichtert es Unternehmen auch unabhängig von einem Börsengang, ihren Anteilseignerkreis (außerbörslich) zu erweitern. Das hat entscheidende Vorteile bei der Einbindung von Mitarbeitern, dem Management oder auch Kunden über eine Kapitalbeteiligung in das Unternehmen. Insbesondere die Mitarbeiterbeteiligung - ein Instrument zur Stärkung der Corporate Identity - gewinnt mehr und mehr an Bedeutung.

7. Prestige / Rechtsformstanding

Die Aktiengesellschaft, aber auch der Vorstand einer AG genießen im Geschäftsverkehr und insbesondere auch bei Banken ein deutlich höheres Ansehen

---

[229] *Dehmer* spricht in diesem Zusammenhang von dem Geschäftsführer der GmbH als einer weisungsgebundenen Marionette der Gesellschafterversammlung, vgl. *Dehmer*, in WiB 1994, 753, 755.

[230] § 76 Abs. 1 AktG.

[231] Vgl. *Dehmer*, in WiB 1994, 753, 755.

[232] S.u. unter § 3 C. I. 7.

[233] Vgl. jedoch zu den Nachteilen der Fungibilität und der damit einhergehenden Möglichkeit der Anonymität der Beteiligung unten unter D. III.

als andere Gesellschaftsformen und deren vertretungsberechtigte Organe.[234] Dies hängt insbesondere damit zusammen, dass man mit einer Aktiengesellschaft ein Unternehmen von gewisser Größe und entsprechender Organisationsstruktur verbindet.

II. Aus rechtspolitischer Sicht

1. Langfristige Verbesserung der Eigenkapitalstruktur

Die Vorteile der AG aus rechtspolitischer Sicht liegen auf der Hand. Die Öffnung der Rechtsform „AG" für mittelständische Unternehmen und die Öffnung derjenigen Rechtsform, die allein einen Zugang zum Kapitalmarkt schafft, verbessert langfristig die vielbeklagte Eigenkapitalausstattung deutscher Unternehmen.[235]

Existiert ein Unternehmen erst einmal in der Form der Aktiengesellschaft, kann es - soweit der aktuelle Kapitalbedarf dies erfordert - ohne wesentliche Änderungen über die Börse Eigenkapital aufnehmen. Tatsächlich ist die Eigenkapitalausstattung börsennotierter Aktiengesellschaften fast doppelt so hoch wie diejenige der Unternehmen insgesamt in Deutschland. Auch die Eigenkapitalquote der nicht börsennotierten Aktiengesellschaften ist deutlich höher als die sonstiger Unternehmen.[236]

Während die GmbH und die Personengesellschaften bei einem erhöhten Kapitalbedarf vor einer Sackgasse stehen können,[237] ist den als AG organisierten Un-

---

[234] Vgl. *Rust/Ulbert*, Die kleine Aktiengesellschaft, S. 10; *Seibert/Köster/Kiem*, Die kleine AG, S. 36.

[235] Für die Beurteilung der Eigenkapitalausstattung ist zunächst einmal das nominelle Eigenkapital entscheidend. Noch wichtiger ist in diesem Zusammenhang das Verhältnis von Eigenkapital und Fremdkapital. Es besteht jedoch aus betriebswirtschaftlicher Sicht keine Einigkeit darüber, wann man von einer angemessenen Eigenkapitalausstattung sprechen kann, da dies für jedes einzelne Unternehmen unterschiedlich zu beurteilen ist; vgl. *K. Schmidt*, Gesellschaftsrecht § 18 II. 4. a.; *Ulmer, in Hachenburg/Ulmer*, Anh. § 30 Rz. 16, hat eine Unterkapitalisierung folgendermaßen definiert: „Eine Gesellschaft ist unterkapitalisiert, wenn das Eigenkapital nicht ausreicht, um den nach Art und Umfang der angestrebten oder tatsächlichen Geschäftsmethoden bestehenden, nicht durch Kredite Dritter zu deckenden mittel- oder langfristigen Finanzbedarf zu befriedeigen." Eine nominelle Unterkapitalisierung liegt vor, wenn Eigenkapitalbedarf mit Hilfe von Fremdkapital in Form von Krediten o.ä. gedeckt wird, vgl.: *K. Schmidt*, ZIP 1990, 78; *ders.* Gesellschaftsrecht, § 9 IV. 4. a; *Ulmer*, in FS für Duden, 1977, S 669.

[236] Die Eigenkapitalquote der Unternehmen insgesamt beträgt 19,5 %, der börsennotierten Aktiengesellschaften 38,6 %, der nicht börsennotierten Aktiengesellschaften 27,9 %, vgl.: DAI-Factbook 2003, S. 04-02a.

[237] Dies ist der Fall, wenn Gesellschafter nicht in der Lage und Dritte (i.d.R. Kreditinstitute) nicht bereit sind, insbesondere für zwar risikoreich aber doch potentiell lukrative Geschäfte,

ternehmen der Weg zur Mittelbeschaffung über die Börse eröffnet, den die betroffenen Unternehmen sehr viel müheloser beschreiten, wenn sie - um die Vorteile des Kapitalmarktes in Anspruch nehmen - nicht erst noch eine rechtsformwechselnde Umwandlung vornehmen müssen und bereits Erfahrungen mit dieser Rechtsform sammeln konnten.

Zwar geben das Umwandlungsgesetz und das Umwandlungssteuergesetz den Unternehmen die Möglichkeit, bei einem aktuellen Kapitalbedarf von der GmbH oder GmbH & Co KG relativ unproblematisch in eine AG zu wechseln und sodann an die Börse zu gehen. Mit den damit einhergehenden Neuerungen können jedoch viele mittelständische Unternehmer - gewohnt der „Herr im Hause" zu sein - überfordert sein. Es macht somit durchaus Sinn, sich in zwei Schritten zunächst an die Rechtsform der AG und ihre dreigliedrige Organisationsstruktur und dann erst an die gesteigerten Voraussetzungen des Kapitalmarktes zu gewöhnen.

Eine bessere Eigenkapitalausstattung macht die Unternehmen unabhängiger von Fremdkapitalgebern und weniger anfällig in wirtschaftlichen Krisensituationen.

Schließlich darf als weiterer Vorteil nicht unterschätzt werden, dass gerade eine verbesserte Eigenkapitalausstattung und die damit einhergehende Unabhängigkeit der Unternehmen einen weiteren Konzentrationsprozess im Mittelstand verhindern.

Darüber hinaus stärkt eine verbesserte Eigenkapitalstruktur mittelständischer Unternehmen deren Investitions- und damit auch ihre Innovationsfähigkeit.[238]

2. Förderung des Mittelstandes

Die genannten Vorteile für mittelständische Unternehmen gewinnen zusätzlich an Gewicht, wenn man sich nochmals die bereits in der Einleitung skizzierte Bedeutung des Mittelstandes in Deutschland ins Gedächtnis ruft.[239]

Kapital bereitzustellen; vgl. *Kaufmann/Middormann*, in: Unternehmen Mittelstand, hrsg. von Icks/Kaufmann/Menke, S. 67ff.

[238] *Kaufmann/Otto*, in: Unternehmen Mittelstand, hrsg. von Icks/Kaufmann/Menke, S. 56f. sehen die Innovationskraft mittelständischer Unternehmen in folgendem: „Sie halten sich an das, was sie wirklich gut können und innovieren auf dieser Basis (...) Es werden keine „Quantensprünge" angestrebt, sondern es wird eine kontrollierte Innovationsoffensive verfolgt. Mit Erfindungsreichtum, Kreativität und Wendigkeit schaffen sie es schnell und originell, neue Produkte zu entwickeln." In einem Vermerk des Bundeswirtschaftsministers wurde eine Abhängigkeit der Investitionsquote von der Eigenkapitalquote betont, vgl.: Der Bundesminister für Wirtschaft, Vermerk betr. Eigenkapitalausstattung der Unternehmen v. 16.12.1983, S. 2.

[239] S.o. im Rahmen der Einleitung unter 2.

Von mittelständischen Unternehmen spricht man nach der Definition des Instituts für Mittelstandsforschung, bei Unternehmen mit weniger als 500 Beschäftigten oder weniger als 50 Millionen € Umsatz pro Jahr.[240]

Das Zahlenmaterial ist beeindruckend:

99,7 % aller umsatzsteuerpflichtigen Unternehmen sind mittelständisch, sie erbringen 42,2 % der steuerpflichtigen Umsätze, schaffen 83 % aller Ausbildungsplätze und beschäftigen 69,7 % aller Arbeitnehmer. Sie tragen mit 48,8 % zur Bruttowertschöpfung aller Unternehmen bei.[241]

D. Die Satzungsstrenge als Hindernis für die Akzeptanz der AG bei mittelständischen Unternehmen

Trotz der dargestellten Vorteile fehlt es der AG - wie das Zahlenmaterial gezeigt hat - an Popularität.[242]

Die Abstinenz von der Rechtsform AG liegt an den nachfolgend dargestellten, sehr entscheidenden Nachteilen.

Die aktienrechtliche Satzungsstrenge zwingt die Gesellschaft in ein Organisationskleid, das dem Leitbild der AG, oft aber nicht den Bedürfnissen des einzelnen Unternehmens entspricht.

Bei der AG ist – kurz gesprochen - alles verboten, was nicht erlaubt ist, während bei anderen Rechtsformen alles erlaubt ist, was nicht verboten ist.

I. Schwächung der Eigentümerposition

Das Aktienrecht geht - jedenfalls nach seinem Leitbild - von einer Vielzahl von Aktionären aus, deren vornehmliches Interesse weniger in einer unternehmerischen Tätigkeit, als vielmehr in einer gewinnbringenden Kapitalanlage besteht.[243]

Folge dieser Leitbildorientierung ist eine schwache Position des Eigentümers, der unternehmerisch tätig sein will. Die Ursachen dieses Positionsverlustes lie-

---

240 *Gunterberg/Wolter*, Unternehmensgrößenstatistik 2001/2002, S. 14.

241 *Gunterberg/Wolter*, Unternehmensgrößenstatistik 2001/2002, S. 14.

242 S.o. unter § 3 A.

243 Inwieweit durch das Gesetz v. 08.07.1994 „für kleine Aktiengesellschaften und zur Deregulierung des Aktienrechts" (BGBl I, 1961), das einige Erleichterungen für nicht börsennotierte Aktiengesellschaften vorsieht, auch einem unternehmerischen Interesse an der Aktienbeteiligung Rechnung getragen wird, s.u. unter § 4. C.

gen vornehmlich in der zwingenden Nebeneinander von Vorstand und Aufsichtsrat, in der Eigenverantwortlichkeit des Vorstands und in den eng begrenzten Entscheidungszuständigkeiten der Hauptversammlung.

1. Keine Möglichkeit der Statuierung von Sonderrechten auf eine Mitgliedschaft im Vorstand

In den meisten mittelständischen Unternehmen nehmen die Gesellschafter - jedenfalls in der ersten Generation - gleichzeitig die Leitung des Unternehmens wahr und treffen die unternehmerischen Entscheidungen.[244] Die zumeist enge Verbindung von Unternehmen und Gesellschafter dokumetiert sich idealtypisch in der Einheit von Eigentum, Leitung, Haftung und Risiko sowie in der verantwortlichen Mitwirkung der Leitung an allen unternehmenspolitisch relevanten Entscheidungen.[245] Geschäftsführungsposten werden häufig von den Gesellschaftern besetzt.

Bei den Personengesellschaften gilt der Grundsatz der Selbstorganschaft[246] - Leitung und Kapital sind bereits kraft Gesetzes in einer Hand.[247] Bei den Kapitalgesellschaften - GmbH und AG -, die nach ihrem Leitbild auf eine größere Zahl von Mitgliedern angelegt sind,[248] sieht es anders aus. Dort gilt der Grundsatz der Fremd - oder Drittorganschaft.[249]

Dennoch weist in den Fällen, in denen eine Kapitalgesellschaft tatsächlich personalistisch strukturiert ist, die AG - nicht zuletzt wegen der Satzungsstrenge - gegenüber der GmbH entscheidende Nachteile auf.

---

[244] *Richter*, in: Unternehmen Mittelstand, hrsg. von Icks/Kaufmann/Menke, S. 3.

[245] *Gunterberg/Wolter*, Unternehmensgrößenstatistik 2001/2002, S. 2.

[246] *Kübler*, Gesellschaftsrecht § 3 I 2; *K. Schmidt*, Gesellschaftsrecht, § 14 II, 2. Begründet wird dieses Prinzip der „Selbstorganschaft" damit, dass die Personengesellschaften nach ihrem Leitbild auf eine kleine Personenvereinigung, d.h. eine kleine Zahl von Mitgliedern angelegt sind und es dann Sache der Gesellschafter ist, in ihrer Verbundenheit selber für die Gesellschaft tätig zu werden, vgl.: *Kübler*, a.a.O.

[247] Dies gilt allerdings nur für die Gesellschafter der OHG sowie die persönlich haftenden Gesellschafter der KG. Es müsste daher besser statt der gebräuchlichen Formulierung Einheit von „Leitung und Kapital", „Einheit von Haftung und Kapital" heißen. In diesem Zusammenhang ist darauf hinzuweisen, dass nicht alle unbeschränkt haftenden Gesellschafter an der organschaftlichen Vertretung teilhaben (Argument ex § 127 HGB), aber es dürfen nur unbeschränkt haftende Gesellschafter daran teilhaben.

[248] Vgl. z.B. *Kübler*, Gesellschaftsrecht § 3 I 2.

[249] Die Organfunktion ist nicht an die Gesellschafterstellung gebunden, vgl.: *K. Schmidt*, Gesellschaftsrecht, § 14 II, 2.

Grundsätzlich kann bei der GmbH der Gesellschafter-Geschäftsführer wie jeder normale Fremdgeschäftsführer jederzeit mit einer einfachen Mehrheit der Gesellschafterversammlung aus seinem Amt abberufen werden.[250]

Allerdings kann bei der GmbH zugunsten eines Gesellschafters ein mitgliedschaftliches Sonderrecht auf die Geschäftsführung in der Satzung statuiert werden. Das hat die Konsequenz, dass der betroffene Gesellschafter-Geschäftsführer nicht mehr ohne seine Zustimmung von seinem Amt als Geschäftsführer abberufen werden kann.[251]

Diesem legitimen Interesse eines Gesellschafters, sich auch, wenn er nicht oder nicht mehr mehrheitlich beteiligt ist, seine Geschäftsführerposition rechtlich abzusichern, kann bei der AG nicht annähernd mit dieser Effektivität Rechnung getragen werden.

Die Einräumung eines gesellschaftsvertraglich abgesicherten Sonderrechtes auf die Geschäftsführung ist im Aktienrecht nicht zulässig.[252]

Eine Satzungsbestimmung, die einzelnen Aktionären das Recht auf ein Vorstandsamt zubilligt, kollidiert mit § 84 Abs. 1 Satz 1 AktG, der die Personalkompetenz dem Aufsichtsrat zuweist. Hiervon darf mangels ausdrücklicher Zulassung im Gesetz wegen § 23 Abs. 5 AktG nicht abgewichen werden.[253]

2. Sonstige Möglichkeiten einer Sicherung des Führungseinflusses

Die Bestellkompetenz des Aufsichtsrates darf weder einem anderen Organ - etwa der Hauptversammlung -,[254] einzelnen Aktionären[255] oder einzelnen Auf-

---

[250] Vgl. *Lutter/Hommelhoff*, GmbHG § 38 Rdnr. 1.

[251] Hierzu s.o. unter § 1 A. III.

[252] Vgl. *May*, Die Sicherung des Führungseinflusses auf die Führung der börsengehandelten Aktiengesellschaft, S. 89f.

[253] H.M.; vgl. *Hefermehl*, in Geßler/Hefermehl/Eckardt/Kropff, AktG § 84 Rdnr. 7f.; *Mertens*, in KK, § 84, Rdnr. 9; ebenso BGHZ 15, 78; auch aus § 26 AktG - wie vereinzelt diskutiert wird - ergibt sich nicht die Zulässigkeit einer Abweichung von der Bestellkompetenz des Aufsichtsrates, vgl.: *May*, Die Sicherung des Führungseinflusses auf die Führung der börsengehandelten Aktiengesellschaft, S. 89f.; ebenso: *Hüffer*, AktG § 26 Rdnr. 3.

[254] In der Begründung des Regierungsentwurfes des Aktiengesetzes - bei *Kropff*, BegrRegE, S. 105 - heißt es hierzu: „Der Entwurf beläßt dem Aufsichtsrat das Recht, den Vorstand zu bestellen und abzuberufen. Er gestattet es wie das geltende Recht (§ 75 AktG 1937) nicht, der Hauptversammlung in der Satzung das Recht zur Bestellung und Abberufung zu übertragen. Bis 1937 war dies zulässig (§ 182 Abs. 2 Nr. 4 HGB alte Fassung) Wie sich jedoch in der Praxis gezeigt hat, ist die Hauptversammlung nicht das geeignete Organ, um die zur Leitung der Gesellschaft nötigen Personen auszuwählen."

[255] Dies gilt auch für den Alleinaktionär, vgl.: *Mertens*, in KK § 84 Rdnr. 12; Die Entscheidung des BGH (LM § 97 AktG 1937 Nr. 4), die dem Alleinaktionär ein außerordentliches

sichtsratsmitgliedern[256] übertragen werden. Der insoweit eindeutige Wortlaut des § 84 Abs. 1 Satz 1 AktG steht mangels ausdrücklicher Zulassung wegen § 23 Abs. 5 AktG solchen Gestaltungen entgegen.

Ebenfalls unvereinbar mit §§ 84 Abs. 1 Satz 1, 23 Abs. 5 AktG sind Satzungsbestimmungen, die den Aufsichtsrat bei der Ausübung der Bestellkompetenz an Weisungen oder Zustimmungserfordernisse binden.[257]

Sonstige Möglichkeiten, mit denen sich ein Aktionär mit einer vergleichbaren Effektivität ein Recht auf einen Vorstandsposten sichern könnte, bestehen nicht.[258]

3. Kein Alleinentscheidungsrecht bei mehrköpfigem Vorstand

Selbst wenn der (Mehrheits-) Aktionär in den Vorstand eintritt, steht ihm - sofern der Vorstand aus mehreren Personen besteht - kein Alleinentscheidungsrecht zu. Der insoweit zwingende § 77 Abs. 1 Satz 2 AktG lässt keine Willensbildung gegen die Mehrheit der Vorstandsmitglieder zu.[259] Da sich die Willensbildung im Vorstand nur einstimmig oder einheitlich vollziehen kann, ist auch bei zweiköpfigem Vorstand keine Entscheidung gegen den Willen des anderen Vorstands möglich.

Abberufungsrecht bei Funktionsunfähigkeit des Aufsichtsrates zubilligte, kann nicht als Gegenargument herangezogen werden. Sie war durch die besonderen Umstände in den ersten Nachkriegsjahren und durch das Fehlen geeigneter Auffangmechanismen bei einem funktionsuntüchtigen Aufsichtsrat bedingt. Unter der Geltung des Aktiengesetzes von 1965 wäre sie nicht mehr begründbar; vgl. *Mertens* a.a.O.

[256] *Godin / Wilhelmi*, AktG § 84 Anm. 4. Auch ist die Möglichkeit, die Bestellkompetenz auf einen vom Aufsichtsrat gebildeten Ausschuss zu übertragen, durch § 107 Abs. 3 Satz 2 AktG ausdrücklich ausgeschlossen.

[257] Allg. A. vgl.: *Meyer-Landrut*, in GK AktG, § 84 Anm. 2; *Mertens*, in KK, § 84 Rdnr. 9; *May*, Die Sicherung des Führungseinflusses auf die Führung der börsengehandelten Aktiengesellschaft, S. 91f.; wie die Entstehungsgeschichte zeigt, sollte dem Aufsichtsrat nicht nur das formale Recht der Bestellkompetenz übertragen werden, sondern das materielle Recht zur Auswahl der zur Leitung des Unternehmens nötigen Personen; vgl.: *Kropff*, BegrRegE S. 105.

[258] *May* diskutiert und bejaht zwar in: Die Sicherung des Führungseinflusses auf die Führung der börsengehandelten Aktiengesellschaft, S. 92ff. die Zulässigkeit der Statuierung rechtlich unverbindlicher Vorschlagrechte sowie der Statuierung satzungsmäßiger Eignungsvoraussetzungen für Vorstandsmitglieder. Allerdings kann mit diesen Instrumenten nicht zuverlässig ein Vorstandsposten gesichert werden.

[259] Das gesetzgeberische Leitbild geht - was die innere Ordnung des Vorstands betrifft - vom Kollegialprinzip aus. Das frühere Alleinentscheidungsrecht des Vorstandsvorsitzenden (§ 70 Abs. 2 Satz 2 AktG 1937) wurde als diesem Prinzip widersprechend im Rahmen der Aktienrechtsreform 1965 abgeschafft, vgl. *Kropff*, BegrRegE, S. 99.

Allerdings ist es hier zulässig, Vetorechte eines Vorstandsmitglieds in der Satzung entsprechend festzulegen.[260] Was jedoch die mitbestimmten Gesellschaften[261] angeht, scheitert diese Möglichkeit, Mehrheitsentscheidungen endgültig zu blockieren, an der durch § 33 MitbestG geschützten gleichberechtigten Stellung des Arbeitsdirektors.[262]

4. Entmachtete Hauptversammlung

Auch in den Fällen, in denen die Gesellschafter zwar keine Leitungsposition - als Geschäftsführer bzw. Vorstand - wahrnehmen oder sich aus der aktiven Geschäftsführung zurückziehen wollen, können sie ein legitimes Interesse daran haben, in bestimmten Situationen in die Geschäftsführung einzugreifen.

Der Gesellschafterversammlung der GmbH steht kraft Gesetzes (§ 37 Abs. 1 GmbHG) das Recht zu, dem Geschäftsführer Weisungen zu erteilen. Aufgrund dieses Rechtes kann die Gesellschafterversammlung unmittelbar in die Geschäftsführung eingreifen, Maßnahmen anordnen und Rechtsgeschäfte an sich ziehen, die nicht aufgrund ausdrücklicher Satzungsregelung in die Zuständigkeit der Gesellschafterversammlung gelegt sind. Nach dem Organisationsstatut der GmbH sind die Gesellschafter das oberste Organ, das alles Geschehen in der Gesellschaft und in ihrem Unternehmen lenken und steuern kann.[263]

Demgegenüber leitet der Vorstand einer Aktiengesellschaft gemäß § 76 Abs. 1 AktG die Aktiengesellschaft unter „eigener Verantwortung". Ein Weisungsrecht seitens der Hauptversammlung in Geschäftsführungsangelegenheiten besteht nicht.[264]

---

[260] Es handelt sich hierbei um eine nach § 77 Abs. 1 AktG zulässige Abweichung; h.M.: vgl.: *Hüffer*, AktG § 77 Rdnr. 12, *Hefermehl*, in Geßler/Hefermehl, § 77 Rdnr. 11f.; *Mertens*, in KK § 77, Rdnr. 11; *Meyer-Landrut*, in GK § 77 Rdnr. 4; *Lutter/Krieger*, in Rechte und Pflichten des Aufsichtsrats, § 4 Rdnr. 178; lediglich eine MM will das Vetorecht nur mit einer aufschiebenden Wirkung bis zu einer zweiten Vorstandsentscheidung zulassen, vgl.: *Hoffmann*, Der Aufsichtsrat, Rdnr. 245; *Bezzenberger*, in ZGR 1996, 661, 665ff., 668f.; Der h.M ist zuzustimmen, da die gegenteilige Ansicht in § 77 Abs. 1 Satz 2 - 2. HS. AktG keine genügende Stütze findet.

[261] Im Geltungsbereich des MitbestG, das Unternehmen erfasst, die in der Regel mehr als 2000 Arbeitnehmer beschäftigen.

[262] Vgl.: BGHZ 89, 48, 59; *Mertens*, in KK, § 77 Rdnr. 10; *Wiesner*, in Beck'sches Handbuch AG § 22, Rdnr. 9.

[263] *Hommelhoff*, in: Das System der Kapitalgesellschaften im Umbruch, hrsg. von Günter Roth, S. 26, 41f.

[264] § 119 Abs. 2 AktG stellt ausdrücklich klar, dass die Hauptversammlung über Fragen der Geschäftsführung nur entscheiden kann, wenn der Vorstand es verlangt. *Hommelhoff*, in: Das System der Kapitalgesellschaften im Umbruch, hrsg. von Günter Roth, S. 26, 43f. hat

Nach dem Konzept des deutschen Aktienrechts ist die Hauptversammlung nicht oberstes Organ, vielmehr stehen die drei Organe der AG hierarchisch ungeordnet nebeneinander.[265] Die Einflussnahme der Hauptversammlung ist auf Grundlagenentscheidungen beschränkt.[266] Satzungsbestimmungen, die Zuständigkeiten des Vorstands auf die Hauptversammlung verlagern, sind - wie alle Eingriffe in das aktienrechtliche Kompetenzgefüge - wegen § 23 Abs. 5 AktG unzulässig. bzw. nichtig.[267]

In der Vergangenheit wurde unter Berufung auf die sogenannte *Holzmüller* Entscheidung[268] des Bundesgerichtshofes versucht, die ungeschriebenen Hauptversammlungszuständigkeiten zu erweitern und insbesondere bei grundlegenden Strukturentscheidungen eine Hauptversammlungszuständigkeit zu begründen. Obwohl nach der aktienrechtlichen Kompetenzordnung, die auf dem gesetzlichen Zuständigkeitskatalog in § 119 Abs. 1 AktG beruht, für zwingende Gesellschafterzuständigkeiten kein Raum zu sein scheint, hat der Bundesgerichtshof in der zitierten Holzmüller-Entscheidung solche Kompetenzen postuliert. Die Entscheidung wurde zunächst extensiv ausgelegt.[269] Der Bundesgerichtshof hat den Gedanken ungeschriebener Hauptversammlungskompetenzen in der *Macotron*-[270] und den *Gelatine-Entscheidungen*[271] aufgenommen. Die Kernaussage der insoweit bedeutsameren Gelatine-Entscheidungen ist, dass so genannte ungeschriebene Mitwirkungsbefugnisse der Hauptversammlung nur ausnahmsweise und nur in engen Grenzen anzuerkennen sind. Sie kämen allein dann in Betracht, wenn eine Umstrukturierung der Gesellschaft an die Kernkompetenz der Hauptversammlung, die Verfassung der Aktiengesellschaft zu bestimmen, heranreicht, weil sie Veränderungen nach sich zieht, die denjenigen zumindest nahe kommen, welche allein durch eine Satzungsänderung herbeigeführt werden können.[272] Die Klarstellung des Bundesgerichthofes – insbesondere in den zitierten *Gelatine*-Entscheidungen – zum Ausnahmecharakter ungeschriebener Hauptversammlungskompetenzen und zur Beschränkung auf eine drohende Beeinträchti-

---

treffend die Hauptversammlung als „entthronten König" (a.a.O. S. 43) und den Vorstand als „Diktator, allerdings bloß auf Zeit" (a.a.O. S. 44) bezeichnet.

265 vgl. *Hommelhoff*, in: Das System der Kapitalgesellschaften im Umbruch, hrsg. von Günter Roth, S. 26, 43f.

266 Vgl. v.a. Zuständigkeitskatalog in § 119 Abs. 1 AktG. Darüber hinaus sieht das Gesetz auch außerhalb von § 119 I Beschlusszuständigkeiten vor. Eine Aufstellung dieser Vorschriften findet sich bei *Hüffer*, AktG § 119, Rdnr. 9.

267 Allg. A., vgl.: *Hüffer*, AktG § 119, Rdnr. 10; *Eckardt*, in: Geßler / Hefermehl, § 119, Rdnr. 10, hierzu s.u. unter § 1 B.II.3.

268 BGHZ 83, 122.

269 Vgl. *Liebscher*, ZGR 2005, 1, 2 m.w.N..

270 BGHZ 153, 47.

271 BGH ZIP 2004, 993; BGH ZIP 2004, 1001.

272 BGH a.a.O..

gung der Mitgliedschaft, bestätigt den geringen Einfluss der Hauptversammlung im aktienrechtlichen Kompetenzgefüge.

Die aktienrechtliche Dreiteilung eröffnet lediglich dem Aufsichtsrat eine gewisse Einflussnamemöglichkeit in Form eines Kontroll- oder Überwachungsrechtes (§ 111 Abs. 1 AktG)[273] sowie eines Zustimmungsrechtes zu Geschäftsführungsmaßnahmen, soweit die Satzung dies vorsieht (§ 111 Abs. 4 AktG).[274] Qualitativ sind diese Formen der Einflussnahme, die die Hauptversammlung nicht direkt, sondern nur mittelbar über den Aufsichtsrat ausübt, nicht mit der einer Weisungsmöglichkeit der Gesellschafterversammlung nach dem Vorbild der GmbH vergleichbar.

II. Gefahr der Überfremdung

Während sich die Beteiligungsverhältnisse in der GmbH aus dem Handelsregistern entnehmen lassen,[275] genießen die Aktionäre der AG fast völlige Anonymität. Nicht ohne Grund heißt die Aktiengesellschaft in anderen Rechtsordnungen, beispielsweise in Frankreich oder Spanien, „Société Anonyme“ oder „Sociedad Anónima“ – anonyme Gesellschaft.

Die Anonymität der Beteiligung in Verbindung mit der Fungibilität der Aktie macht es für Außenstehende, insbesondere für Konkurrenten einfacher, sich von den übrigen Gesellschaftern unbemerkt Beteiligungen an einem Unternehmen zu verschaffen. Dieser latenten Gefahr eines Fremdeinflusses kann nur bedingt durch entsprechende Gestaltung der Satzung begegnet werden:

Vorzugsaktien ohne Stimmrecht dürfen gemäß § 139 Abs. 2 AktG nur bis maximal 50 % des Aktienkapitals emittiert werden.

Stimmbindungsverträge, in denen sich die Vertragsteile verpflichten, die ihnen zustehenden Stimmrechte in der vertraglich festgelegten Weise auszuüben, haben lediglich schuldrechtlichen und keinen organisationsrechtlichen Charakter.[276] Diesem bloß schuldrechtlichen Charakter entspricht es, dass Stimmbin-

---

[273] Dazu besonders: *Semler*: Leitung und Überwachung der Aktiengesellschaft; *Steinmann/Klaus*, AG 1987, 29ff.

[274] Obwohl der Sinn dieser Zustimmungsvorbehalte darin liegt, dem Aufsichtsrat die präventive Überwachung der Geschäftsführung zu erleichtern, erhält der Aufsichtrat durch dieses Instrument - und das damit verbundene Vetorecht gegen Maßnahmen des Vorstands - einen gewissen Einfluss auf die Geschäftsführung; vgl. *Hüffer*, AktG § 111, Rdnr. 16; *Geßler*, in: Geßler/Hefermehl, § 111, Rdnr. 62.

[275] Nach § 40 GmbH haben die Geschäftsführer jährlich eine Liste der Gesellschafter zum Handelsregister einzureichen, aus der sich die Identität der Gesellschafter ergibt.

[276] *Hüffer*, AktG § 133 Rdnr. 25ff.

dungsverträge keine Außenwirkung entfalten und eine vertragswidrige Stimmabgabe zwar Schadensersatzansprüche auslösen kann, aber gleichwohl gültig ist.[277]

III. Unflexibilität im Hinblick auf die Ausgestaltung der Organstruktur

Die aktienrechtliche Satzungsstrenge schließt jede Flexibilität aus, die auch nur annähernd derjenigen im Personengesellschafts- oder GmbH-Recht vergleichbar wäre.[278] An diesem Befund hat auch das Gesetz für kleine Aktiengesellschaften und zur Deregulierung des Aktienrechts nichts geändert.[279]

Damit versperrt das geltende Recht der Aktiengesellschaft - auch der sog. kleinen AG - die Beweglichkeit, die der Mittelstand dringend braucht, um im Wettbewerb mit Großunternehmen mithalten zu können.

Zwar lässt das Aktiengesetz an manchen Stellen Abweichungen oder Ergänzungen von seinen Vorschriften zu[280] und so manche Klippe lässt sich mit Hilfe außerstatutarischer, dafür aber nur rein schuldrechtlich wirkender Nebenabreden umschiffen. Es handelt sich dabei jedoch lediglich um Aufweichungen am Rande, die die Satzungsstrenge selbst in ihrem Kern unberührt lassen.

IV. Komplizierte Handhabung - hoher Beratungsbedarf

Das Aktienrecht ist - nicht zuletzt wegen seiner hohen Regelungsdichte - sehr kompliziert. Durch die Aktienrechts-spezifische Satzungsstrenge sind den Satzungsgebern die Hände gebunden, ihre Gestaltungsfreiheit ist stark eingeschränkt. Für den beratenden Juristen gilt es, die Nischen zu finden, in denen eine Anpassung der Organisationsstruktur an die Bedürfnisse des Unternehmens noch möglich ist. Dies ist häufig nur durch noch kompliziertere Umwege machbar, die man - salopp gesagt - erst finden muss.[281]

---

[277] Allg. M. seit RGZ 119, 386, 388.
[278] *Hommelhoff*, ZHR 153 (1989), S. 181.
[279] So *Hommelhoff*, in AG 1995, S. 529, 531; zur „Kleinen AG" s.u. unter § 4. C.
[280] Vgl. die Auflistung bei *M. Luther*, FS für Hengeler, 1972, S. 170ff.
[281] Vgl. hierzu bspw.: *May*, Die Sicherung des Führungseinflusses auf die Führung der börsengehandelten Aktiengesellschaft, S. 92ff. Er versucht dort mit Hilfe der Statuierung rechtlich unverbindlicher Vorschlagrechte sowie der Statuierung satzungsmäßiger Eignungsvoraussetzungen für Vorstandsmitglieder einen Einfluss auf die Besetzung von Vorstandspositionen zu ermöglichen, der auf direktem Wege - etwa durch Sonderrechte auf einen Vorstandsposten - nicht erreicht werden kann.

Damit steht man vor einem zweiten Problem, das nicht zu unterschätzen ist. Das Beraterpotential, das erforderlich wäre, um die AG als Rechtsform für mittelständische Unternehmen jedenfalls ansatzweise akzeptabel zu machen, steht genau diesen Unternehmen häufig nicht in ausreichendem Maße zur Verfügung oder ist - was ebenfalls berücksichtigt werden muss - schlichtweg zu teuer.[282]

E. Fazit

Die AG ist eine überaus interessante Rechtsform für mittelständische Unternehmen, schafft sie es doch, gerade für die ein vordringliches Problem dieser Unternehmen, nämlich die geringe Eigenkapitalausstattung und die Regelung der Unternehmensnachfolge, eine Lösung zu bieten.

Dennoch haben die vorstehenden Ausführungen gezeigt, dass die Satzungsstrenge und die damit einhergehende Unflexibilität mittelständische Unternehmen mit gutem Grund an einer Umwandlung in die Rechtsform der AG hindern.

Dass bei der AG - anders als bei den vom Mittelstand bevorzugten Rechtsformen GmbH und GmbH & Co KG - kaum Gestaltungsspielraum besteht, widerspricht dem Denken mittelständischer Unternehmer.

Man kann die Scheu vor der AG nicht lediglich mit einem belächelnden Verweis auf die „Herr-im-Hause-Mentalität" als unbegründet oder irrational abtun. Ebenso wenig vermögen Aussprüche wie: „Man muss diesen Unternehmen bloß die Schwellenangst vor der AG nehmen"[283] etwas daran zu ändern, dass die AG zwar sehr wünschenswerte Vorteile für mittelständische Unternehmen bietet, das Aktienrecht aber wegen seiner Starrheit und Unflexibilität oftmals ungeeignet ist. Gerade der Umstand, dass sich bei der Aktiengesellschaft ein Führungseinfluss nur sehr eingeschränkt sichern lässt und sich somit die im Mittelstand typische Konstellation der Einheit von Eigentum, Leitung, Haftung und Risiko sowie die verantwortliche Mitwirkung der Gesellschafter an allen unternehmenspolitisch relevanten Entscheidungen kaum umsetzen lässt, führt dazu, dass die Aktiengesellschaft als geeignete Rechtsform ausscheidet.

All dies würde bereits ausreichen, um eine Reform des Aktienrechts zu befürworten. Ergänzt wird der bestehende Handlungsbedarf durch eine europäische Komponente: Seit den Urteilen des Europäischen Gerichtshofes in Sachen

---

[282] Zur Notwendigkeit der Rücksichtnahme auf das Beraterpotential: *Hommelhoff*, WM 1997, 2101, 2103; *ders.* AG 1995, 529, 531.
[283] *Wiesner*, WM 1988, 1841, 1844.

Centros[284], *Überseering*[285] und *Inspire Art*[286] zur Niederlassungsfreiheit wird es Auslandsgesellschaften ermöglicht, ihren Verwaltungssitz in einem anderen Staat als dem Gründungsstaat zu nehmen, ohne dadurch in ihrer rechtlichen Organisation berührt zu werden. Sie bleiben vielmehr Gesellschaften ausländischen Rechts, für deren gesellschaftsrechtliche Verhältnisse das ausländische Recht weiter maßgeblich ist. Seit den zitierten Entscheidungen steht die Rechtsform der deutschen AG in Konkurrenz zu verwandten Gesellschaftsformen aus den Mitgliedsstaaten der Europäischen Union, die aufgrund der EU-weiten Niederlassungsfreiheit auch in Deutschland tätig werden dürfen. Dem deutschen Unternehmer stehen neben den deutschen Gesellschaftsformen auch andere Gesellschaften aus 25 EU-Mitgliedsstaaten zur Verfügung, mit denen er im Inland tätig werden kann. Aufgrund des Freundschafts-, Handels- und Schiffahrtsvertrages von 1954 zwischen Deutschland und den USA gilt entsprechendes für die Nutzung von US-Gesellschaften - etwa der Delaware Corporation[287] - in Deutschland.[288]

Handlungsbedarf erkannte der Gesetzgeber bedauerlicherweise zunächst nur für die GmbH, die vornehmlich in Konkurrenz zur englischen Private Limited Company steht.[289] Erklärtes Ziel der derzeit geführten Diskussion zur Reform des Rechts der GmbH ist somit auch die Steigerung der Attraktivität der deutschen GmbH gegenüber konkurrierenden ausländischen Rechtsformen.[290]

Auch die deutsche Aktiengesellschaft muss sich diesem Wettbewerb stellen. Bei ihr gilt dies in besonderem Maße seit den Mitgliedern der europäischen Gemeinschaften eine neue gemeinsame und supranationale Rechtsform zur Verfügung steht: die Europäische Aktiengesellschaft – auch Societas Europea oder kurz SE genannt. Diese SE sieht in den einzelnen Mitgliedsstaaten so unterschiedlich aus, wie es unterschiedliche Aktiengesellschaften in den Mitgliedsstaaten gibt. Dies beruht darauf, dass die SE-Verordnung in großem Umfang auf das allge-

---

284 EuGH, Urteil vom 09.03.1999 – Rs C 212/97, GmbHR 1999, 474.

285 EuGH, Urteil vom 05.11.2002 – Rs C 208/00, GmbHR 2002, 1137.

286 EuGH, Urteil vom 30.09.2003 – Rs C 167/01, GmbHR 2003, 1260.

287 Es gibt in den USA kein einheitliches Gesellschaftsrecht, dieses ist auf Ebene der Bundesstaaten geregelt. Die Delaware Corporation ist neben der New York und der California Corporation die häufigste in den USA anzutreffende Kapitalgesellschaft; dazu: *Mellert*, BB 2006, 8.

288 Einen Überblick über ausländische Kapitalgesellschaften als Alternative zu AG und GmbH verschafft *Mellert*, BB 2006, 8.

289 *Zöllner*, GmbHR 2006, 1; *Wilhelmi*, GmbHR 2006, 13; *Römermann*, GmbHR 2006, 673; *Karsten*, GewArch 2006, 234.

290 So die Begründung des Referentenentwurfs zum Entwurf eines Gesetzes zur Modernisierung des GmbH-Rechts und zur Bekämpfung von Missbräuchen (MoMiG) vom 7. Juni 2006.

meine nationale Aktienrecht verweist. Eine unattraktive deutsche Aktiengesellschaft bedeutet gleichermaßen eine unattraktive deutsche SE.

Eine Steigerung der Attraktivität der deutschen AG – die auch vor dem Hintergrund der geschilderten Wettbewerbssituation geboten erscheint – würde mittelbar auch die Attraktivität der deutschen SE steigern.

§ 4 Bisherige Ansätze zur Lösung der mit der Satzungsstrenge verbundenen Probleme

Teilweise beschränkt sich die Behandlung der Satzungsstrenge in der Literatur zum Aktienrecht darauf, dass die Reichweite der Vorschrift des § 23 Abs. 5 AktG detailliert aufgezeigt wird[291] und ihre Existenz - meist unter Hinweis auf Anlegerschutzgesichtspunkte oder auf die mit ihr einhergehende Rechtssicherheit - als notwendiges Übel des Aktienrechts hinzunehmen ist.[292] Viele Stimmen stehen jedoch - wie auch schon die vorstehenden Ausführungen gezeigt haben - der Satzungsstrenge in ihren Auswirkungen auf das gesamte Aktienrecht kritisch gegenüber.[293]

Die wesentlichen Kritikpunkte wurden bereits angesprochen. Insbesondere hindert die Satzungsstrenge die Anpassung der Satzung an die Realstruktur der Gesellschaft und zwingt die AG in ein Rechtskleid, das auf börsennotierte Großunternehmensträger zugeschneidert ist.[294]

Zwar wird meist die Notwendigkeit zwingender Regeln im Grundsatz nicht bestritten, wenn das Unternehmen den Kapitalmarkt in Anspruch nimmt, häufig wird dies jedoch zum Anlass genommen, über die Frage nachzudenken, ob das, was für die Börsen-AG durchaus ihre Berechtigung haben mag, auch für die kapitalmarktferne AG erforderlich ist.[295]

Ein anderer Ansatzpunkt ist der, bei einzelnen Vorschriften des Aktiengesetzes mehr Satzungsautonomie einzuräumen.

---

[291] Vgl. *M. Luther*, in Freundesgabe für Hengeler, S. 167ff.; *Geßler*, in FS für Luther, S. 69 ff.; *Röhricht*, in GK-AktG § 23 Rdnr. 168ff..

[292] *May*, Die Sicherung des Familieneinflusses auf die Führung der börsengehandelten Aktiengesellschaft, S. 65f.; *Raiser*, Recht der Kapitalgesellschaften, § 11 III; *Röhricht*, in GK-AktG § 23 Rdnr. 167 spricht zwar von einer im Kern berechtigten Forderung nach der Deregulierung übergeregelter Rechtsgebiete, nimmt die Satzungsstrenge aber dennoch aus Gründen der Rechtssicherheit und Rechtsklarheit hin, da ansonsten die Antwort auf die Frage nach dem zwingenden oder dispositiven Charakter für jede einzelne Vorschrift ermittelt werden müsste.

[293] Eine grundlegende Kritik der Satzungsstrenge findet sich bei: *Mertens*, ZGR 1994, 426ff.; dazu Diskussionsbericht von *Kleindiek*, ZGR 1994, 465. Kritik findet sich überdies bei: *Roth*, in: Das System der Kapitalgesellschaften im Umbruch, hrsg. von Roth, S. 1, 14ff.; *Hommelhoff*, in: Das System der Kapitalgesellschaften im Umbruch, hrsg. von Roth, S. 26, 47; *ders*, in: AG 1995, 529, 531; *Friedewald*, Die personalistische Aktiengesellschaft, S. 117; *Hirte*, in: Gestaltungsfreiheit im Gesellschaftsrecht, S. 61.

[294] *Mertens* gibt zu bedenken, Wirtschaftshistoriker künftiger Generationen könnten bei der Regelung des § 23 Abs. 5 AktG rätseln, ob es sich bei ihr um ein Produkt der BRD oder der DDR handele; vgl. *Mertens*, ZGR 1994, 426, 427.

[295] Vgl. statt vieler: *Hommelhoff*, in: Das System der Kapitalgesellschaften im Umbruch, hrsg. von Roth, S. 26, 46.

Um die Behandlung der Satzungsstrenge und mögliche Lösungsansätze in Literatur, Rechtsprechung, Gesetzgebung und Praxis richtig einzuordnen, muss man sich die Wirkung der Satzungsstrenge nochmals ins Gedächtnis rufen: Die Satzungsstrenge schränkt die Gestaltungsfreiheit derjenigen Rechtsform ein, die gleichzeitig eine Haftungsbeschränkung für die Gesellschafter, einen Zugang zum Kapitalmarkt und eine professionelle Führungsstruktur für Unternehmen im Wachstum oder vor einer Nachfolge bietet.

Es müssen daher die Entwicklungen berücksichtigt werden, die die Gestaltungsfreiheit der AG vergrößern. Hierbei handelt es sich insbesondere um die Vorschläge zur Deregulierung des Aktienrechts.

Darüber hinaus sind auch diejenigen Diskussionen näher zu beleuchten, die andere Rechtsformen mit den genannten Vorteilen der AG ausstatten würden. Gleichermaßen sind neue Entwicklungen im Bereich der Europäischen Aktiengesellschaft, die ab 8. Oktober 2004 gegründet werden kann, darzustellen.

Deregulierung des Aktienrechts und Kapitalmarktzugang für andere Rechtsformen - diese Schlagworte erinnern an Ansätze für eine andere bekannte Fragestellung, nämlich die einer Verbesserung der Eigenkapitalstruktur deutscher Unternehmen.[296] Und in der Tat ist das Problem der Satzungsstrenge mit dem der mangelhaften Eigenkapitalausstattung eng verknüpft: Die Eigenkapitalausstattung von in erster Linie mittelständischen Unternehmen kann durch den Zugang zum Kapitalmarkt verbessert werden.[297] Die einzige Rechtsform, die diesen Weg de lege lata ermöglicht, ist die AG.[298] Diese Rechtsform - so auch der Befund im Rahmen der Diskussion um die Eigenkapitalausstattung - ist für die mittelständische Wirtschaft nicht attraktiv. Der Grund für die geringe Akzeptanz der AG - und damit schließt sich der Kreis - liegt nicht zuletzt in der Satzungsstrenge.[299]

---

[296] Vgl. *Reuter*, Verhandlungen des 55. Deutschen Juristentages, Band I, München 1984, Gutachten, Teil B; *K. Schmidt*, JZ 1984, S. 771; *Claussen*, DBW 51 (1991) S. 183f.; *ders.*, ZHR 153 (1989), S. 216ff; *Kübler*, AG 1981, S. 5; *Seibert*, ZIP 1994, 247, 248.

[297] Zur besseren Eigenkapitalausstattung der AG gegenüber anderen Unternehmen, s.o. unter § 3 II 1.

[298] Zur KGaA s. u. unter: § 4. B. V.;

[299] Vgl. auch Jahresgutachten des Sachverständigenrates 1979/80, sowie *Chmielewicz*, AG 1981, 25 (Diskussionsbericht zum AG-Forum 1980). Bei aller Ähnlichkeit darf man einen Punkt jedoch nicht übersehen. Eine Reduzierung der Satzungsstrenge soll in erster Linie die AG für den Mittelstand öffnen und ihm die Umwandlung in diese Rechtsform erleichtern, auch wenn ein Börsengang nicht oder noch nicht geplant ist. Demgegenüber wird unter dem Gesichtspunkt der Verbesserung der Eigenkapitalstruktur die Attraktivitätssteigerung der AG nicht als Selbstzweck, sondern nur in Verbindung mit ihrem Kapitalmarkzugang gesehen. Aber auch hier lässt sich eine Gemeinsamkeit entdecken: Ist ein Unternehmen erst

Nachdem die geringe Eigenkapitalausstattung deutscher Unternehmen als rechtspolitisches Problem erkannt worden war,[300] ging die Suche nach geeigneten Lösungsmöglichkeiten in zwei Richtungen: zum einen wurde über eine Öffnung der AG, zum anderen über einen Börsenhandel von GmbH- und KG-Anteilen diskutiert.

A. Öffnung der AG für den Mittelstand

Die rechtspolitische Idee, die AG durch Zugangserleichterungen für den Mittelstand zu öffnen, geht auf die frühen achtziger Jahre zurück.[301] Hauptgrund für die Forderung nach einer Deregulierung der AG war es, endlich dem Mittelstand einen adäquaten Zugang zu eben der Rechtsform einzuräumen, die die Aufnahme von Risikokapital ermöglicht.

Dahingehend, wie eine solche „kleine AG" neben dem Idealtypus der großen Publikumsgesellschaft auszusehen hatte, bestanden zunächst keine präzisen Vorstellungen. Die Eckpunkte, für eine mögliche Aktienrechtsreform waren folgende: die aufwendigen und kostenintensiven Formalien, die mit der Rechtsform verbunden waren, sollten vereinfacht, den Aktionären eines solchen Gesellschaftstyps sollte ein Mehr an Gestaltungsfreiheit eingeräumt werden.

Das Bundesministerium für Justiz griff diese Diskussion im Jahre 1986 auf,[302] die sodann vom DIHT[303] weitergeführt wurde.[304] Neben Erleichterungen bei der

---

einmal in der Rechtsform der AG, ist die Wahrscheinlichkeit groß, dass es jedenfalls langfristig auch dem „Charme des going public" erliegen wird.

[300] *Reuter*, Gutachten B für den 55. DJT, 1984, S. B 8f.; *K. Schmidt*, JZ 1984, 771, 772; Prüfungsauftrag des *Bundestages* zur „Verbesserung der Risikokapitalausstattung der deutschen Wirtschaft" BT-Drucks. 10/1315 v. 6.6.1984.

[301] *Guski, Hans-Günter/Schneider, Hans-J.:* Betriebliche Vermögensbeteiligung in der Bundesrepublik Deutschland, S. 106; Sachverständigenrat zur Begutachtung der gesamtwirtschaftlichen Entwicklung, Jahresgutachten 1979/80, Rdnr. 367.

[302] Das BMJ versuchte durch eine Befragung der Wirtschafts- und Fachverbände zunächst zu klären, ob bezüglich einer Lockerung aktienrechtlicher Bestimmungen überhaupt ein Regelungsbedarf besteht; dazu: *Krieger*, ZHR 150 (1986), S. 182 (188 ff.); *Wiesner*, WM 1988, 1841; der Fragenkatalog ist bei *Krieger*, a.a.O. S. 189f. abgedruckt.

[303] Vgl.: *Hahn*, DB 1994, 1659, 1660 mit einer Darstellung der Entwicklungsgeschichte der rechtspolitischen Idee der Entlastung der AG bis hin zum Gesetzgebungsprojekt zur kleinen AG; die Initiativen des DIHT sind ferner bei *Friedewald*, Die personalistische Aktiengesellschaft, S. 158 f. dargestellt.

[304] Neben den Initiativen des BMJ und des DIHT ist v.a. eine empirische Untersuchung der Universität Bremen zu erwähnen, die von der Arbeitsgemeinschaft Selbständiger Unternehmer e.V. (ASU) in Auftrag gegeben wurde und die Bedürfnisse und Anforderungen mit-

Einberufung und Abhaltung der Hauptversammlung, der Zulassung einer Einmann-Gründung[305] sowie die Lockerung der Gründungsprüfung, wurde vom DIHT vor allem eine Flexibilität der aktienrechtlichen Führungsstruktur analog den Bestimmungen des GmbH-Rechts gefordert und damit eine Stärkung der Satzungsautonomie.[306]

I. Das Drei-Stufen-Modell

Die erste wissenschaftlich bedeutsame Vertiefung ist die 1988 von Albach und Lutter vorgelegte Schrift „Deregulierung des Aktienrechts: Das Drei-Stufen-Modell“[307]

Dem Gesetzesvorschlag zum Drei-Stufen-Modell liegt eine empirische Untersuchung zugrunde, die unter der Leitung der Professoren Albach und Lutter stand und vom Institut für Handels- und Wirtschaftsrecht der Universität zu Bonn sowie vom Institut für Mittelstandsforschung durchgeführt wurde.[308] Eine Umsetzung dieses Vorschlags ist bislang nicht erfolgt.

1. Darstellung des Vorschlags

Das Drei-Stufen-Modell geht von dem zutreffenden Ansatz aus, dass das strenge und mit vielen Formalitäten versehene Aktienrecht dereguliert werden muss, will man kleine und mittlere Unternehmen für die Rechtsform „Aktiengesellschaft“ gewinnen. Dabei will man das Aktienrecht insbesondere im Hinblick auf personalistische Gesellschaftsstrukturen - wie sie häufig bei mittelständischen Unternehmen zu finden sind - modifizieren.

Folgerichtig sieht das Drei-Stufen-Modell keine größenspezifischen Abgrenzungsmerkmale - wie Anzahl der Beschäftigten, Umsatz oder Bilanzsumme - vor, sondern stimmt die gesellschaftsrechtlichen Anforderungen auf die Struktur der Anteilseigner und das Börsensegment, an dem die Aktien gehandelt werden sollen, ab.[309] Unterschieden wird zwischen drei unterschiedlichen Ausprägungen

---

telständischer Unternehmer an das Aktienrecht dokumentiert; vgl.: *Rehkugler/ Kaminski / Kairies*, Neue Wege zu mehr Eigenkapital, 1987.

305 Zulassung der Einmanngründung und Erleichterung bei der Einberufung und Abhaltung der Hauptversammlung wurden mit „Gesetz für kleine Aktiengesellschaften und zur Deregulierung des Aktienrechts“ v. 2.9.1994 (BGBl I, S. 1961) eingefügt, hierzu s.u. unter § 4 C.

306 Zu den Initiativen des DIHT: *Friedewald*, Die personalistische Aktiengesellschaft, S. 158.

307 Vgl.: *Albach/Corte/Friedewald/Lutter/Richter*, Deregulierung des Aktienrechts: Das Drei-Stufen-Modell, 1988.

308 Die Ergebnisse der empirischen Untersuchung sind veröffentlicht in:
Albach/Corte/Richter, Die Private Aktiengesellschaft - Materialien zur Deregulierung des Aktienrechts, 1988.

309 Vgl. *Albach/Lutter u.a*, Das Drei-Stufen-Modell, S. 33.

der Aktiengesellschaft mit einem jeweils unterschiedlichen Grad an Regulierung.[310]

Die erste Stufe, die Private Aktiengesellschaft, lässt eine personalistische Ausgestaltung der Gesellschaftsstruktur zu. Im Gegenzug dürfen ihre Aktien an keinem organisierten Eigenkapitalmarkt gehandelt werden.[311] In der Privaten Aktiengesellschaft, die von einem überschaubaren Aktionärskreis ausgeht, wird die Position der Aktionäre gestärkt, während demgegenüber Abstriche beim Anlegerschutz vorgenommen werden. Dies zeigt sich insbesondere daran, dass beispielsweise in der Satzung vorgesehen werden kann, dass bestimmte Geschäfte oder bestimmte Arten von Geschäften der Aktiengesellschaft der Zustimmung der Hauptversammlung bedürfen.[312]

Im Übrigen wurden Erleichterungen bei den einzuhaltenden Formalien, etwa bei der Einberufung und Abhaltung der Hauptversammlung und eine Freiheit von der Mitbestimmung für Unternehmen mit weniger als 500 Arbeitnehmern vorgesehen.[313]

Die zwei übrigen AG-Typen im Drei-Stufen Modell, die Offene Aktiengesellschaft und die Aktiengesellschaft, unterscheiden sich von der Privaten AG durch die Inanspruchnahme des öffentlichen Kapitalmarktes sowie ein höheres Mindestkapital.[314] Die Aktien der Privaten AG sind zwar handelbar, nicht jedoch an öffentlichen Märkten. Innerhalb der zweiten und dritten Stufe erfolgt die Unterscheidung danach, in welchem Marktsegment - Freiverkehr bzw. geregelter Markt oder amtlicher Handel - die Notierung erfolgt.[315]

Die Differenzierungen zwischen der Offenen AG und der AG sind gering.[316]

---

[310] Vgl. die beiden Übersichten über die einzelnen Stufen und deren Deregulierungsmaßnahmen bei: *Albach/Lutter u.a.*, Das Drei-Stufen-Modell, S. 39 u. S. 40.

[311] vgl. *Albach/Lutter u.a.*, Das Drei-Stufen-Modell, S. 36; *Friedewald*, Die personalistische Aktiengesellschaft, S. 164ff.

[312] Vgl.: *Albach/Lutter u.a.*, Das Drei-Stufen-Modell, S. 36f.; *Friedewald*, Die personalistische Aktiengesellschaft, S. 162, 165 sowie § 277 g AktG in der Fassung des Entwurfs zum Drei-Stufen-Modell.

[313] Diese Erleichterungen haben im Wesentlichen in das „Gesetz für kleine Aktiengesellschaften und zur Deregulierung des Aktienrechts“ vom 2.8.1994 (hierzu s.u. unter § 4 c) Eingang gefunden.

[314] Der Mindestnennbetrag des Grundkapitals für die Private AG sollte – entsprechend dem Entwurf – DM 100.000,-- betragen, für die Offene AG DM 500.000,-- sowie für die AG DM 2.500.000,--; vgl. *Albach/Lutter* u.a., Das Drei-Stufen-Modell, S. 40.

[315] *Albach/Lutter* u.a.: Das Drei-Stufen-Modell, S. 40.

[316] Im Unterschied zu AG kann bei der Offenen AG in der Satzung festgelegt werden, dass die Bekanntmachung der Einberufung und der Tagesordnung der Hauptversammlung durch

Mit jeder Stufe nimmt der zu beachtende Anlegerschutz zu, die Satzungsautonomie ab. Bei der dritten Stufe schließlich wurden keine Änderungen gegenüber dem seinerzeit geltenden Recht vorgesehen - das Aktienrecht habe sich für Gesellschaften mit weit gestreutem Aktionärskreis, deren Aktien am öffentlichen Kapitalmarkt gehandelt werden, bewährt.[317]

Gesetzestechnisch soll das Drei-Stufen-Modell – entsprechend dem Vorschlag - so umgesetzt werden, dass das bisherige Aktiengesetz und damit das Leitbild der großen Aktiengesellschaft im Grundsatz und als Ausgangspunkt erhalten bleibt. Für die beiden neu geschaffenen AG-Typen werden in das Aktiengesetz zusätzliche Paragraphen, Absätze oder Sätze bzw. Halbsätze eingefügt. Das Recht der großen AG stellt die Regel, das der Privaten oder Offenen AG die Ausnahme dar. Will man die Erleichterungen der Privaten AG oder der Offenen AG in Anspruch nehmen, so muss dies für den Rechtsverkehr durch den entsprechenden Zusatz „Private AG“ oder „Offene AG“ kenntlich gemacht werden.[318]

2. Kritik

Das Drei-Stufen-Modell lässt die Ursache der fehlenden Eignung der AG für den Mittelstand - nämlich die Satzungsstrenge und die mit ihr einhergehende Unfreiheit in der Satzungsgestaltung - im Grundsatz unberührt.

Das Modell mildert lediglich die Satzungsstrenge in ihren Auswirkungen - je nachdem, um welche Ausgestaltung der AG es sich handelt - etwas ab. Die Abmilderung geschieht in der Weise, dass eine Vielzahl der aktienrechtlichen Vorschriften zwar zwingend bleibt, diese jedoch aufgrund ihrer Differenzierung nach Kapitalmarktinanspruchnahme und dort nochmals nach dem gewählten Marktsegment mehr auf die Bedürfnisse vor allem der personalistisch geprägten Aktiengesellschaft Rücksicht nehmen.

Das Organisationskleid der AG bleibt indes weiter zwingend - Maßanfertigungen sind nicht möglich. Dennoch ist das Modell „Aktiengesellschaft“ - um im Bild zu bleiben - statt nur in Einheitsgröße in drei verschiedenen Größen erhältlich.

---

eingeschriebenen Brief erfolgt und das Erfordernis der notariellen Beurkundung von Hauptversammlungsbeschlüssen auf Grundlagenbeschlüsse beschränkt wird. Darüber hinaus besteht bei der offenen AG im Gegensatz zur AG eine größere Satzungsautonomie bei der Verwendung des Jahresüberschusses. Keine Unterscheidung wurde bei den Mitverwaltungsrechten der Aktionäre und deren Informationsrechten sowie bei der Mitbestimmung im Aufsichtsrat vorgenommen.

[317] Vgl.: *Albach/Lutter u.a.*, Das Drei-Stufen-Modell, S. 38.

[318] *Albach/Lutter* u.a., Das Drei-Stufen-Modell, S. 40.

Neben der Tatsache, dass das Drei-Stufen-Modell keine Lösung des Problems der Satzungsstrenge bietet, sprechen folgende Gesichtspunkte gegen die Realisierung dieses Modells:

Das Drei-Stufen-Modell ist ganz von der „großen" Publikums- Aktiengesellschaft als Grundtypus geprägt. Erleichterungen für private Aktiengesellschaften mit kleinem Aktionärskreis sind zwar vorgesehen, gleichwohl bleibt das Aktienrecht hoch kompliziert und für den Mittelstand schwer handhabbar. Die Berater müssen sowohl das gesamte Gesellschaftsrecht für die große börsennotierte AG kennen, als auch die Erleichterungen für die private oder offene AG beherrschen, um auf der Grundlage dieses Wissens eine qualifizierte Beratung vornehmen zu können. Abgesehen von den steigenden Kosten der Rechtsberatung, dürfte es für diese schwierige Aufgabe an dem für die mittelständische Wirtschaft dann notwendigem Potential ausgebildeter und erfahrener Wirtschaftsjuristen fehlen.[319]

Trotz aller Kritik darf nicht übersehen werden, dass das Drei-Stufen-Modell richtungsweisend eine Trennungslinie innerhalb der AG vorgezeichnet hat, nämlich die der Kapitalmarktinanspruchnahme. Die Differenzierung nach der Struktur der Anteilseigner, durch das Gesetzgebungsvorhaben zur kleinen AG[320] weiter ausgebaut wurde, zeigt eine Öffnung der AG weg von ihrem eigentlichen Leitbild als börsennotierte Großunternehmensträgerin und Kapitalsammelbecken[321] hin zu einer Rechtsform auch für den gehobenen Mittelstand.

Darüber hinaus ist die Grundidee des Drei-Stufen-Modells, nach der eine Modifikation der aktienrechtlichen Vorschriften nach der Struktur der Anteilseigner erfolgt, bestechend.

II. Weitere Modelle

Nach dem Drei-Stufen-Modell wurden verschiedene weitere Modelle diskutiert, die in erster Linie durch Deregulierung beabsichtigen, die AG für den Mittelstand zu öffnen.

---

319 Vgl. zum fehlenden Beraterpotential des Mittelstandes: *Hommelhoff*, AG 1995, 531.
320 Hierzu s.u. unter: § 4 C.
321 Zu diesem Leitbild: *Lutter*, GmbHR 1990, 337, 339.

1. Zweispuriges Recht der Kapitalgesellschaften – Kapitalmarktinanspruchnahme als Trennlinie

Roth skizziert folgenden rechtspolitischen Ansatz zur Reform des Aktienrechts:[322]

Er sieht die Begründung für die starke Reglementierung des Aktienrechts in der Schutzbedürftigkeit des Publikumsanlegers und damit in der Börsenfähigkeit dieser Rechtsform.[323] Gleichzeitig stellt er fest, dass es eine nach Zahl und gesamtwirtschaftlicher Bedeutung relevante Gruppe von Kapitalgesellschaften gibt, die den Kapitalmarkt nicht in Anspruch nehmen wollen und deren Einbeziehung in die inhaltlich anspruchsvolle aktienrechtliche Regelungsstruktur deshalb nicht zu rechtfertigen sei.[324]

Aus diesem Befund leitet Roth ab, dass die wesentliche Trennlinie im Recht der Kapitalgesellschaften entsprechend der Inanspruchnahme des Kapitalmarktes gezogen werden müsse, während für den bisherigen Dualismus von AG und GmbH dann kein Bedürfnis mehr bestehe.[325] Er plädiert somit für eine am Kapitalmarktkriterium ausgerichtete Zweispurigkeit im Recht der Kapitalgesellschaften, was gleichzeitig eine Aufgabe der bisherigen rechtsformabhängigen Trennlinie zwischen GmbH und AG bedeute.[326] Dabei sollen die strengen aktienrechtlichen Regelungen - und damit die Satzungsstrenge - nur für die Kapitalmarktgesellschaft Gültigkeit besitzen, während für die kapitalmarktfernen Gesellschaften weitgehende Gestaltungsfreiheit herrschen könnte.[327]

Der Ansatz ist bestechend, aus der Ratio des zwingenden Charakters des Aktienrechts - dem Anlegerschutz - die Trennung innerhalb der Kapitalgesellschaften entlang der Kapitalmarktschwelle zu ziehen: Anlegerschutz als Schutz des Publikumsaktionärs ist nur dort erforderlich, wo sich die Gesellschaft zur Aufnahme von Eigenkapital überhaupt an das Publikum wendet.

Nicht überzeugend ist jedoch die weitere Schlussfolgerung, dass eine Unterscheidung nach der Kapitalmarktinanspruchnahme die traditionelle Unterscheidung zwischen AG und GmbH entbehrlich mache. An dem Dualismus von

---

322 *Roth*, in Roth (Hrsg), Das System der Kapitalgesellschaften im Umbruch, 1990, S. 1ff.

323 *Roth*, a.a.O. S. 8, 9.

324 *Roth*, a.a.O. S. 10.

325 Vgl.: *Roth*, a.a.O. S. 10, 15f., 19; er spricht von einer Kapitalmarktgesellschaft als eigenständiges Regelungssystem auf traditionell aktienrechtlicher Grundlage - unterhalb der Kapitalmarktschwelle seien weitere rechtsformspezifische Differenzierungen nicht notwendig.

326 *Roth*; a.a.O. S. 10.

327 *Roth*, a.a.O. S. 14; er entscheidet sich dafür, nicht einzelne Attribute jeweils für sich zur Wahl zu stellen, sondern für jede Kapitalgesellschaft unterhalb der Kapitalmarktschwelle, also auch für die „kleine AG", den GmbH-typischen Gestaltungsfreiraum zu wählen.

GmbH und AG ist vielmehr festzuhalten.[328] AG und GmbH stehen sich im deutschen Gesellschaftsrecht betont eigenständig gegenüber,[329] sie weisen - auch abgesehen von der statutarischen Abänderbarkeit des Gesetzesrechts - strukturelle Unterschiede vornehmlich im Bereich des Gründungsrechts,[330] bei der Kapitalaufbringung und -erhaltung[331] sowie bei der Organisationsverfassung[332] auf.

Auch übersieht Roth, dass die Erleichterungen für die nicht börsennotierte Aktiengesellschaft den Zweck haben, einen Trend zur Kapitalmarkt AG zu stimulieren und die Gesellschaften an die Besonderheiten dieser Rechtsform zu gewöhnen.[333] Dieser Zweck kann nur erreicht werden, wenn die Rechtsordnung gewissermaßen als Vorstufe zur Börsen-AG einen von den verschärften Ansprüchen des Kapitalmarktrechts befreiten Grundtypus der AG anbietet, der aber ansonsten seinem Vorbild – der AG in der bisherigen Form - ganz und gar entspricht.[334] Würde unterhalb der Kapitalmarktschwelle nur eine flexible Rechts-

---

328 Hierzu: *Hommelhoff*, in: Gestaltungsfreiheit im Gesellschaftsrecht, S. 36ff.; zustimmend ebenfalls im Bericht über die Diskussion von *Kleindiek*, Gestaltungsfreiheit im Gesellschaftsrecht, S. 99.

329 *Hommelhoff*, in Roth (Hrsg), Das System der Kapitalgesellschaften im Umbruch, 1990, S. 26ff, 33ff, 50. Hommelhoff begründet die durch und durch eigenständige Erscheinungsform der Kapitalgesellschaften zwar in erster Linie mit der unterschiedlichen Gestaltungsverantwortung der Gesellschafter bzw. des Gesetzgebers (S. 50), zeigt zuvor aber die im Text genannten strukturellen Unterschiede im Bereich Gründung, Kapitalschutz und Organisationsverfassung auf (S. 33ff.).

330 Zum komplizierten Gründungsvorgang der AG: *K.Schmidt*, Gesellschaftsrecht, § 27 II; zum wesentlich einfacheren Verfahren bei der GmbH: *ders.* a.a.O. § 34 II.

331 Hierzu im Überblick: *Hommelhoff*, in Roth (Hrsg.): Das System der Kapitalgesellschaften im Umbruch, 1990, S. 26ff, 37ff.

332 Stichwortartig sind hier der zweigliedrige Aufbau der GmbH gegenüber dem dreigliedrigen Aufbau der AG sowie die Entscheidungsmacht der GmbH-Gesellschafter gegenüber der entmachteten Hauptversammlung der AG zu nennen; der weiterhin an dieser Stelle immer wieder herangezogene Unterschied in der Organisationsverfassung von GmbH und AG - nämlich der grundsätzlichen Gestaltungsfreiheit bei der GmbH - kann hier nicht als Argument für den Dualismus AG - GmbH herangezogen werden, da Roth insoweit zuzustimmen ist, dass bezüglich der Gestaltungsfreiheit als solche unterhalb der Kapitalmarktschwelle kein Bedürfnis nach einer Unterscheidung zwischen der kleinen AG und der GmbH besteht.

333 So auch die Kritik am Roth'schen Modell von *Hommelhoff*, in: Semler u.a. (Hrsg.), Reformbedarf im Aktienrecht, S. 65 ff., S. 69f..

334 *Roth*, a.a.O. S. 20 setzt sich zwar mit diesem Argument auseinander, zieht dann jedoch die m.E. falsche Schlussfolgerung, dass damit die Notwendigkeit eines Rechtsformdualismus unterhalb der Kapitalmarktschwelle nicht begründet sei. Als Gegenargument führt er an, dass je stärker der Akzent auf die „Kleine AG“ als Vorstufe zur Börsen-AG gelegt werde, desto mehr würde zwangsläufig die Alternative vernachlässigt, der GmbH den Übergang zur Kapitalmarkt-AG zu erleichtern. Dies vermag m.E. nicht zu überzeugen, da bei einer Erleichterung des Übergangs von der GmbH zur Börsen-AG keine ausreichende Gewöhnung

form nach dem Vorbild der GmbH existieren, so bedürfte die Kapitalmarktinanspruchnahme statt einer bloßen Satzungsänderung einer rechtsformwechselnden Umwandlung in die AG. Im Übrigen stellt sich dann die Frage, welchen Vorteil die von Roth vorgeschlagene Lösung für mittelständische Unternehmen bietet. Eine Öffnung der AG wird nicht erreicht – vielmehr bedeutet die Ausschließlichkeit der AG als Börsengesellschaft , dass diese Rechtsform nur für solche Unternehmen geeignet ist, deren Börsengang unmittelbar bevorsteht. Bei einer Umsetzung des dargestellten Lösungsansatzes stünde zu befürchten, dass die Scheu mittelständischer Unternehmen, die AG als Rechtsform zu wählen noch mehr zunähme. Dies kann aus volkswirtschaftlicher Sicht - zu nennen ist insbesondere die langfristige Verbesserung der Eigenkapitalausstattung deutscher Unternehmen - nicht gewünscht sein.

Das Modell von Roth, das auf eine einheitliche Kapitalgesellschaft - eine Einheitskapitalgesellschaft - hinausläuft, lässt zwar - was zu begrüßen ist - die Satzungsstrenge unterhalb der Kapitalmarktschwelle entfallen. Es wird dabei jedoch übersehen, dass es nicht darum geht, dem Mittelstand eine Rechtsform mit weitgehender Gestaltungsfreiheit an die Hand zu geben - die gibt es mit der GmbH bereits. Es geht vielmehr darum, einen Trend in eine solche Rechtsform zu stimulieren, die unmittelbar - gegebenenfalls nach einer Satzungsänderung - Eigenkapital über die Börse nachfragen kann.

2. Die Anleger-AG

Hommelhoff hat im Vorfeld der Diskussion um das Gesetzgebungsvorhaben zur kleinen AG das Modell einer Anleger-AG entwickelt.[335] Dabei sollte bei den Gesellschaften, die den Kapitalmarkt in Anspruch nehmen, nach der Struktur der Anteilseigner differenziert werden. Der Anlegerschutz in der Anleger-AG sollte konzeptionell nicht auf den Kleinanleger, sondern auf jene anderen Kapitalanleger ausgerichtet werden, die wohlinformiert ihre Risiken erkennen und danach handeln können.[336]

In einer solchen Aktiengesellschaft könnte dann - so die Begründung - der Schutz der Kapitalanleger auf seine institutionellen Aspekte reduziert werden, während der Individualschutz der Kleinstanleger außer Betracht bleiben dürfe.[337]

---

an die Besonderheiten der Rechtsform stattfinden kann, bevor auf die zusätzlichen Besonderheiten des Kapitalmarktes Rücksicht genommen werden muss.

[335] *Hommelhoff*, in: Semler u.a. (Hrsg.), Reformbedarf im Aktienrecht, S. 65ff.; in AG 1995, 529ff, 538 distanziert *Hommelhoff* sich zwar nicht ausdrücklich von der Anleger-AG, befürwortet jedoch eher ein Drei-Stufen-Modell nach Albach und Lutter.

[336] *Hommelhoff*, in: Semler u.a. (Hrsg.), Reformbedarf im Aktienrecht, S. 65, 74.

[337] *Hommelhoff*, in: Semler u.a. (Hrsg.), Reformbedarf im Aktienrecht, S. 65, 74f.

Diese Differenzierung erlaube es an einigen Stellen die Gestaltungsfreiheit gegenüber dem Grundmodell der AG, das auf den Kleinstanleger und dessen Schutzniveau ausgerichtet sei, zu vergrößern.[338]

Wesentliches Anliegen des Vorschlags zur Anleger-AG ist es, dem „Eigentümerunternehmer" eine Rechtsform zur Verfügung zu stellen, die es ihm auch in einer börsennotierten AG erlaubt, „Herr im Hause" zu bleiben.[339]

Der Vorschlag zur Anleger-AG erinnert an das Drei-Stufen Modell von *Albach* und *Lutter*[340], wobei die Anleger-AG mit der Offenen AG korrespondiert.

Die Unterscheidung nach der Struktur der Anteilseigner auch bei den Kapitalmarktgesellschaften steht nicht im Einklang mit der Konzeption des Anlegerschutzes im deutschen Gesellschafts- und Kapitalmarktrecht. Der Anlegerschutz dient nicht, jedenfalls nicht primär, dem Individualschutz des einzelnen Anlegers, sondern dem Funktionenschutz - dem Schutz des Kapitalmarktes als Institution.[341] Individualschützende Normen, die den intellektuell und wirtschaftlich unterlegenen Kleinaktionär[342] schützen, sind zwar vorhanden, jedoch nur als Mittel zum Zweck des Funktionenschutzes. Ihre Anzahl ist demzufolge entsprechend gering. Der Weg, für die Anleger-AG all diejenigen Vorschriften des AktG zur Disposition der Satzungsgeber zu stellen, die ausschließlich den Kleinaktionär schützen und die für den wohlinformierten Anleger entbehrlich sind, ist daher nicht - jedenfalls nicht als ausschließliches Mittel - geeignet, dem Problem der Satzungsstrenge zu begegnen.[343] Man könnte jedoch überlegen, den Grundgedanken des Vorschlags als einen Teil eines Ansatzes zur Lösung der Satzungsstrenge zu integrieren.

[338] Zu den einzelnen Änderungsmöglichkeiten, vgl. *Hommelhoff*, in: Semler u.a. (Hrsg.): Reformbedarf im Aktienrecht, S. 65, 74; dabei kommt er zu dem Ergebnis, dass auch bei der Herabsetzung des Anlegerschutzniveaus nur weniges gegenüber dem geltenden Aktienrecht rechtspolitische abänderbar ist (*Hommelhoff*, a.a.O. S. 80).

[339] *Hommelhoff*, in: Semler u.a. (Hrsg.), Reformbedarf im Aktienrecht, S. 65, 84.

[340] Hierzu s.o. unter § 4, A.I.

[341] Hierzu s.o. unter: § 2 A. I.

[342] Zu diesen Begriffen, vgl.: *Mülbert*, Aktiengesellschaft, Unternehmensgruppe und Kapitalmarkt, 2. Aufl. 1996, S. 114ff.

[343] So das Resümee von *Hommelhoff*, in: Semler u.a. (Hrsg.): Reformbedarf im Aktienrecht, S. 65, 80. Er sieht jedoch gleichwohl einen Bedarf für eine partielle Öffnung der aktienrechtlichen Satzungsstrenge in Kapitalanleger-Gesellschaften. Ob darüber hinaus eine kapitalmarktferne Privat-AG in das Aktienrecht integriert werden sollte, lässt er angesichts des bevorstehenden Gesetzgebungsvorhabens zur „Kleinen AG" offen, vgl. a.a.O. S. 81f.

III. Teleologische Reduktion des § 23 Abs. 5 AktG

1. Darstellung

Hirte stellt in einer Untersuchung zur aktienrechtlichen Satzungsstrenge bei börsennotierten Gesellschaften dar, dass sich die Berechtigung der Vorschrift des § 23 Abs. 5 AktG und ihr weiter Anwendungsbereich im Hinblick auf die Funktionsfähigkeit des Kapitalmarktes nicht halten lasse. Die Vorschrift sei deshalb mittels einer teleologischen Reduktion restriktiv auszulegen, um so die freie Gestaltung nicht über das Maß hinaus zu beschränken, als es von der materiellen Legitimation des Gesetzes gefordert wird. § 23 Abs. 5 AktG sei eine Mindestnorm, die durchaus durch gleichwertige statutarische Lösungen ersetzt werden dürfe.[344] Rückschlüsse für die nichtbörsennotierte Aktiengesellschaft zieht er nicht.[345]

Bereits bei der Aufzeigung der Reichweite der Vorschrift des § 23 Abs. 5 AktG geht *Hirte* davon aus, dass es schuldrechtliche Gesellschaftervereinbarungen,[346] Konzernbildung[347] sowie die KGaA[348] erlauben, die durch § 23 Abs. 5 AktG gesetzten Grenzen zu unterlaufen.[349]

In der folgenden Untersuchung leitet *Hirte* des weiteren her, dass sowohl die zwingende Ausgestaltung des Aktienrechts,[350] als auch die Standardisierung[351] – die beide als Rechtfertigung für die Vorschrift des § 23 Abs. 5 AktG genannt

---

[344] *Hirte*, in Gestaltungsfreiheit im Gesellschaftsrecht, S. 61ff.

[345] *Hirte* betont lediglich, dass der von ihm konstatierte Befund - die Satzungsstrenge sei nicht kapitalmarktrechtlich legitimiert - Konsequenzen für die börsennotierte AG haben könne. Demgegenüber sei der Schluss, die Satzungsstrenge sei nicht kapitalmarktrechtlich legitimiert und damit erst recht nicht in der nicht börsennotierten AG erforderlich, nicht zu ziehen; Ersatz für die Satzungsstrenge biete nämlich bei der börsennotierten Gesellschaft ein marktmäßiger Kontrollmechanismus eines funktionierenden Kapitalmarktes - ein solcher liege bei der kapitalmarktfernen AG nicht vor; vgl. *Hirte*, in: Gestaltungsfreiheit im Gesellschaftsrecht, S. 61ff, S. 76; vgl. auch: Diskussionsbericht zum Aufsatz von Hirte: *Kleindiek*, in: Gestaltungsfreiheit im Gesellschaftsrecht, S. 99ff, 101f.

[346] *Hirte*, in: Gestaltungsfreiheit im Gesellschaftsrecht, S. 61, 69 f.

[347] *Hirte*, in: Gestaltungsfreiheit im Gesellschaftsrecht, S. 61, 70 f.

[348] *Hirte*, in: Gestaltungsfreiheit im Gesellschaftsrecht, S. 61, 71.

[349] Während *Hirte* zunächst darauf hinweist, dass einem in Anbetracht der Vorschrift des § 23 Abs. 5 AktG das Bild von einer in die Stangen ihres Korsetts gezwängten alten Dame in den Sinn kommen muss, – vgl. dazu *Hirte*, in: Gestaltungsfreiheit im Gesellschaftsrecht, S. 61, 69 – geht er nach einer Darstellung der Umgehungsmöglichkeiten durch schuldrechtliche Gesellschaftervereinbarungen, Konzernbildung und KGaA davon aus, dass es mit der Satzungsstrenge in der Realität nicht so weit her sei und jedenfalls nicht zur Sittenstrenge bei der alten Dame geführt habe, vgl *Hirte* a.a.O. S. 71.

[350] *Hirte*, in: Gestaltungsfreiheit im Gesellschaftsrecht, S. 61, 71 ff.

[351] *Hirte*, in: Gestaltungsfreiheit im Gesellschaftsrecht, S. 61, 79 ff.

werden[352] - im Hinblick auf die Funktionsfähigkeit des Kapitalmarktes nicht unerlässlich sind.

Basierend auf diesem Ergebnis, geht *Hirte* davon aus, dass bereits de lege lata die Vorschrift des § 23 Abs. 5 AktG im Wege teleologischer Reduktion – wie auch die Normen des Verbraucherschutzrechtes - lediglich als Sozialschutznorm zu verstehen sei.[353] Diese – in seinen Augen – veränderte Sichtweise verleitet Hirte zu der weiteren Schlussfolgerung, dass die Regelung des § 23 Abs. 5 AktG – wie auch das gesamte Verbraucherschutzrecht – nur als Mindestnorm verstanden werden muss, die einer abweichenden Satzungsgestaltung nicht entgegen stünde, solange diese nicht vergleichbar der Vorschrift des § 9 Abs. 2 Nr. 1 AGBG[354] gegen wesentliche Grundgedanken der gesetzlichen Regelung, von der abgewichen wird, verstoße.[355]

2. Kritik

Die Untersuchung von *Hirte*, wonach die Vorschrift des § 23 Abs. 5 AktG teleologisch zu reduzieren sei, stellt keinen geeigneten Ansatz zur Lösung des Problems der Satzungsstrenge dar. Es ist bereits im Ansatz unzutreffend, dass die Bedeutung der Satzungsstrenge für die Praxis gering sei, weil man durch Nebenabreden, Konzernbildung oder Formwechsel in eine KGaA die mit ihr einhergehenden Beschränkungen weitgehend abmildern könnte.[356]

Durch schuldrechtliche Nebenabreden wird die Wirkung der Satzungsstrenge nur eingeschränkt abgemildert. Schuldrechtliche Nebenabreden sind Vereinbarungen zwischen sämtlichen oder zumindest einem Teil der Gesellschafter, die sich auf die Rechtsverhältnisse der Gesellschafter und ihrer Gesellschaft beziehen, aber nicht in die Satzung selbst aufgenommen werden.[357] Obwohl die Rechtsprechung – für die GmbH – seit längerem diese Nebenabreden und auch hierauf gestützte Anfechtungsklagen anerkennt, wenn sich sämtliche Gesellschafter an ihr beteiligt haben,[358] besteht namentlich im Schrifttum nach wie vor Unsicherheit über die Zulässigkeit solcher Instrumentalisierungen der schuldrechtlichen Vertragsfreiheit, die ein weit reichendes Ausweichen vor dem zwingenden Aktienrecht ermöglichen.[359] Darüber hinaus darf nicht übersehen wer-

[352] *Hirte*, in: Gestaltungsfreiheit im Gesellschaftsrecht, S. 61, 65.
[353] *Hirte*, in: Gestaltungsfreiheit im Gesellschaftsrecht, S. 61, 82 f.
[354] Entspricht dem heutigen § 307 Abs. 2 Nr. 1 BGB.
[355] *Hirte*, in: Gestaltungsfreiheit im Gesellschaftsrecht, S. 61, 83.
[356] *Hirte*, in: Gestaltungsfreiheit im Gesellschaftsrecht, S. 61, 69 ff.
[357] *Noack*, Gesellschaftervereinbarungen, S. 6 ff.
[358] BGH NJW 1987, 1890, 1892; BGH NJW 1983, 1910, 1911.
[359] Ablehnend: *Hüffer*, AktG § 243 Rdnr. 10, *ders.* in Hachenurg GmbHG § 47 Rdnr. 79; *Raiser*, ebenda Anh. § 47 Rdnr. 142, *Ulmer*, NJW 1987, 1049, 1050 f.; *Lutter/Hommelhoff* Anh. § 47 Rdnr. 48; zustimmend: *Noack.*, Gesellschaftervereinbarungen, S. 162 ff., 168 f.;

den, dass für die Aktiengesellschaft eine höchstrichterliche Entscheidung nicht vorliegt und es sachgerecht ist, zum Schutz vor einer Umgehung zwischen GmbH mit weitgehender Gestaltungsfreiheit einerseits und Aktiengesellschaft mit der beschriebenen Satzungsstrenge andererseits zu differenzieren.[360] Eine Anpassung des Organisationsstatutes mittels schuldrechtlicher Nebenabreden ist daher mit erheblichen Rechtsunsicherheiten verbunden und bindet im Übrigen nur die derzeitigen, nicht jedoch die künftigen Gesellschafter. Gerade diese Rechtsunsicherheit ist jedoch für einen mittelständischen Unternehmer, der über die Frage eines Formwechsels in eine AG oder die Gründung einer AG nachdenkt, nicht hinnehmbar.

Auch durch eine Konzernbildung kann die Wirkung der Satzungsstrenge als Hindernis für die Akzeptanz der AG für den Mittelstand nur bedingt abgemildert werden. Nach den Berechnungen des Instituts für Mittelstandsforschung, Bonn sind 94,8 % aller mittelständischen Unternehmen konzernunabhängig und in keiner Weise mit anderen Unternehmen verflochten.[361] Für die weit überwiegende Zahl der mittelständischen Unternehmen kann daher über die Regelungen des Konzernrechts keine Abmilderung geschaffen werden, da sie nicht als Konzern organisiert sind.

Durch eine Öffnung der KGaA wird – wie nachfolgend noch darzulegen sein wird – ebenfalls keine Rechtslage geschaffen, die die Folgen der Satzungsstrenge für die Aktiengesellschaft relativiert.

Nach alledem kann dem Ausgangsbefund von *Hirte*, es sei mit der Satzungsstrenge in der Realität nicht so weit her,[362] jedenfalls dann nicht gefolgt werden, wenn man die Aktiengesellschaft auch und gerade für den Mittelstand öffnen will.

Darüber hinaus stellt es keinen geeigneten Lösungsansatz dar, aus dem Umstand, dass sich der mit der Satzungsstrenge verfolgte Zweck auch anders realisieren lasse, de lege lata die Vorschrift des § 23 Abs. 5 AktG im Wege teleologischer Reduktion auszulegen. Die Rechtfertigung hierfür, dass die Vorschrift des § 23 Abs. 5 AktG– wie auch die Normen des Verbraucherschutzrechtes - lediglich als Sozialschutznorm zu verstehen seien, mit der weiteren Konsequenz, dass § 23 Abs. 5 AktG – wie auch das gesamte Verbraucherschutzrecht – nur als

---

Happ ZGR 1994, 162 ff.; *Hey*, Freie Gestaltung in Gesellschaftsverträgen und ihre Schranken, 2004, S. 185 f.

[360] Anders: *Hey*, Freie Gestaltung in Gesellschaftsverträgen und ihre Schranken, 2004, S. 185 f., der – ohne nähere Begründung – eine mittelbare Anwendung des § 23 Abs. 5 AktG auch unter dem Gesichtspunkt der Umgehung ablehnt.

[361] *Gunterberg/Wolter*, Unternehmensgrößenstatistik 2001/2002, S. 2f.

[362] *Hirte*, in: Gestaltungsfreiheit im Gesellschaftsrecht, S. 61, 71.

Mindestnorm verstanden werden muss, die einer abweichenden Satzungsgestaltung nicht entgegen stünde, solange diese nicht ähnlich § 9 Abs. 2 Nr. 1 AGBG[363] gegen wesentliche Grundgedanken der gesetzlichen Regelung, von der abgewichen wird, verstoße,[364] ist nicht überzeugend. Im Ergebnis will *Hirte* damit § 23 Abs. 5 AktG entgegen dem Wortlaut im Wege teleologischer Reduktion so auslegen, dass von zwingendem Aktienrecht abgewichen werden darf, wenn mit der alternativen Regelung ein vergleichbarer Schutz erreicht wird.

Die Eigenart einer teleologischen Reduktion besteht darin, dass sie die anzuwendende Vorschrift entgegen ihrem Wortlaut hinsichtlich eines Teils der (planwidrig) von ihr erfassten Fälle für unanwendbar hält, weil ihr Sinn und Zweck, ihre Entstehungsgeschichte und der Gesamtzusammenhang der einschlägigen Regelung gegen eine uneingeschränkte Anwendung sprechen.[365] Dieser Nachweis wurde hier nicht in ausreichendem Maße erbracht.[366] Im Rahmen seiner Untersuchung hat Hirte lediglich hergeleitet, dass die Satzungsstrenge durch Standardisierung die Handelbarkeit der Ware Aktie verbessern soll und damit kapitalmarktrechtlich legitimiert ist.[367] Hieraus ergibt sich, dass der Gesetzgeber sich (bewusst) entschieden hat, Anlegerschutz durch Standardisierung zu verwirklichen. Allein aus dem Umstand, dass sich dieser Anlegerschutz auch auf andere Weise verwirklichen ließe, kann – jedenfalls de lege lata - nicht geschlossen werden, dass die Vorschrift im Wege der teleologischen Reduktion abweichend vom Wortlaut ausgelegt werden darf. Hier sind vielmehr der Wortlaut der Vorschrift sowie seine Entstehungsgeschichte so eindeutig auf eine zwingende Ausgestaltung des Aktienrechts gerichtet,[368] dass von einer bewussten Entscheidung des Gesetzgebers ausgegangen werden muss,[369] die jedoch rechtsdogmatisch eine Auslegung im Wege teleologischer Reduktion verbietet. Auch unter Berücksichtigung jüngerer gesetzgeberischer Aktivitäten liegt eine Lockerung des Gesetzesbefehls für die Bestimmung des § 23 Abs. 5 AktG nicht vor.[370] Ebenso vermag die in diesem Zusammenhang als Begründung herangezogene vermeintlich vergleichbare Rechtslage im Verbraucherschutzrecht, insbesondere unter Hinweis auf den früheren § 9 AGBG nicht zu überzeugen. Diese Vorschrift führt gerade nicht dazu, dass eine Vielzahl von Vorschriften als zwingend festgeschrieben werden, sondern misst diese lediglich daran, ob von

---

[363] Entspricht dem heutigen § 307 Abs. 2 Nr. 1 BGB.
[364] *Hirte*, in: Gestaltungsfreiheit im Gesellschaftsrecht, S. 61, 83.
[365] BVerfG NJW 1997, 2230.
[366] Vgl. auch: Diskussionsbericht zum Aufsatz von Hirte: *Kleindiek*, in: Gestaltungsfreiheit im Gesellschaftsrecht, S. 99ff., 101.
[367] *Hirte*, in: Gestaltungsfreiheit im Gesellschaftsrecht, S. 61, 65.
[368] Hierzu s.o. § 1 B. IV; so auch *Ch. Weber*, Privatautonomie 2000, S. 138.
[369] *Hey*, Freie Gestaltung in Gesellschaftsverträgen und ihre Schranken, 2004, S. 178.
[370] *Hey*, Freie Gestaltung in Gesellschaftsverträgen und ihre Schranken, 2004, S. 179.

dem wesentlichen Grundgedanken der gesetzlichen Regelung abgewichen wird oder nicht. Im Aktienrecht reicht es jedoch entsprechend dem eindeutigen Wortlaut des § 23 Abs. 5 AktG nicht aus, dass eine vergleichbare Lage vorliegt, sondern eben genau diejenige, die das Gesetz vorschreibt.

Nach alledem ist daher eine teleologische Reduktion der Vorschrift des § 23 Abs. 5 AktG in der Weise, wie *Hirte* sie in seiner Untersuchung vorgenommen hat, rechtsdogmatisch nicht haltbar. Ein Konzeptwechsel,[371] wie *Hirte* ihn wünscht bedarf daher einer Entscheidung des Gesetzgebers und ist durch das Instrument der teleologischen Reduktion nicht mehr gedeckt.[372]

B. Börsenhandel von GmbH- und Kommanditanteilen

I. „Zweiter Börsenmarkt"

Mitte der achtziger Jahre veröffentlichte eine von der Landesregierung Baden-Württemberg eingesetzte Kommission einen Bericht „Zweiter Börsenmarkt" über den Börsenhandel von GmbH- und Kommanditanteilen.[373]

Ausgehend von der häufig konstatierten Eigenkapitallücke im deutschen Mittelstand entwickelte die Kommission den Lösungsansatz, mittelständischen Unternehmen in der Rechtsform der GmbH oder KG den Zugang zur Börse zu ermöglichen, ohne dass ein Rechtsformwechsel vorgenommen werden müsste.[374]

1. Darstellung

Der Vorschlag der Kommission „Zweiter Börsenmarkt" lautet dahingehend, die bevorzugten Rechtsformen des Mittelstandes, die GmbH und die KG, börsenfähig auszugestalten und den Handel von GmbH- bzw. Kommanditanteilen auf dem Geregelten Markt und im Freiverkehr auf der Grundlage autonomer Zulassungsbedingungen zum Börsenhandel zuzulassen. Zur Ermöglichung dieses

---

[371] Ein Konzeptwechsel in der Weise, dass § 23 Abs. 5 AktG lediglich als Mindestnorm verstanden werden muss.

[372] Hierzu: *Hey*, Freie Gestaltung in Gesellschaftsverträgen und ihre Schranken, 2004, S. 186 f.; *Hey* betont allerdings auch (a.a.O. S. 181), dass die Auffassung, bei der Rechtsanwendung im Aktienrecht restriktiv vorzugehen und so die freie Gestaltung nicht über das von der materiellen Legitimation des Gesetzes geforderte Maß hinaus zu beschränken, Unterstützung verdiene; ablehnend gegenüber einer teleologischen Reduktion: *Ch. Weber*, Privatautonomie 2000, S. 138.

[373] Kommission „Zweiter Börsenmarkt" – Börsenzugang für kleine und mittlere Unternehmen; hrsg. vom Ministerium für Wirtschaft, Mittelstand und Technologie Baden-Württemberg.

[374] Zusammenfassende Darstellung bei: *Claussen*, GmbHR 1989, 495ff.

Vorhabens – so der Vorschlag – sollte das in § 15 Abs. 3 GmbHG enthaltene Gebot, GmbH-Anteile nur durch notarielle Beurkundung rechtswirksam übertragen zu können, aufgehoben werden.[375] Außerdem sollte es ermöglicht werden, dass GmbH- und KG- Anteile verbrieft und damit handelbar gemacht werden können.[376]

Zur Verwirklichung des gebotenen Anlegerschutzes solle der Gesetzgeber die Börsen beauftragen und ermächtigen, selbst die Voraussetzungen zum Schutz der Kapitalanleger in ihren jeweiligen Zulassungsbedingungen festzulegen.[377] Bemerkenswert an diesem Vorschlag ist, dass für die börsennotierten Gesellschaften auch die GmbH- oder KG-rechtliche Gestaltungsfreiheit gelten sollte, soweit nicht die gesellschaftsrechtlichen Zulassungsbedingungen der Börse entgegenstehen.[378] Einschränkungen sollte diese Gestaltung nicht – wie bei der Aktiengesellschaft – durch den Gesetzgeber, sondern nach Maßgabe von autonomen Zulassungsbedingungen der jeweiligen Börsen erfahren. Diese Zulassungsbedingungen könnten – so der Begründungsansatz –, falls notwendig, schneller, differenzierter und flexibler den jeweiligen Erfordernissen des Börsenhandels angepasst werden, als gesetzliche Regelungen.[379] In diesem Ansatz liegt das eigentlich Neue an dem Vorschlag der Kommission: nicht der Gesetzgeber sollte eine gewisse Standardisierung der gesellschaftsrechtlichen Rahmenbedingungen schaffen, sondern die Börse im Rahmen ihrer jeweiligen Zulassungsbedingungen selbst.

Der Vorschlag der Kommission wurde modifiziert durch einen weiteren Vorschlag der Arbeitsgruppe „Zweiter Börsenmarkt."[380] Im Mittelpunkt des Vorschlags der Arbeitsgruppe „Zweiter Börsenmarkt" steht ein Anlegerverein, dessen Mitgliedschaften verbrieft sind und im Freiverkehr gehandelt werden sollen. Der Anlegerverein – als Medium zwischen GmbH bzw. KG und Publikum - wiederum kann sich dann an Unternehmen unabhängig von ihrer Rechtsform beteiligen.

---

375 Vgl.: Ministerium für Wirtschaft, Mittelstand und Technologie Baden-Württemberg (Hrsg.), Arbeitsgruppe „Zweiter Börsenmarkt", S. 17ff.

376 *Claussen*, GmbHR 1989, 495.

377 Vgl.: *Claussen*, a.a.O.

378 Zur Darstellung des Konzeptes der Kommission „Zweiter Börsenmarkt", *Ministerium für Wirtschaft, Mittelstand und Technologie Baden-Württemberg* (Hrsg.), Arbeitsgruppe „Zweiter Börsenmarkt", S. 4 f.

379 Ministerium für Wirtschaft, Mittelstand und Technologie Baden-Württemberg (Hrsg.), Arbeitsgruppe „Zweiter Börsenmarkt", S. 4.

380 Vgl: Ministerium für Wirtschaft, Mittelstand und Technologie Baden-Württemberg: Arbeitsgruppe „Zweiter Börsenmarkt"

2. Bezug zur Satzungsstrenge

Ausgehend von der These, dass die Satzungsstrenge mittelständische Unternehmen an einem Rechtsformwechsel in die – neben der KGaA – einzige Rechtsform mit Zugang zum Kapitalmarkt hindert, wäre jede weitere Überlegung zur Lösung des Problems der Satzungsstrenge obsolet oder weniger entscheidend, wenn es den mittelständischen Unternehmen in der Rechtsform der GmbH oder KG ermöglicht würde, auch in diesem Rechtskleid Eigenkapital über die Börse nachzufragen.

3. Kritik und Ergebnis

Soviel Charme die Handelbarkeit von GmbH- und KG-Anteilen auf den ersten Blick haben mag, so wird doch ein wesentlicher Regelungsbereich nahezu übersehen: der Anlegerschutz.

Zu Recht sind daher die unter dem Begriff „Zweiter Börsenmarkt" zusammengefassten Modelle in der Literatur angegriffen worden.[381]

Anlegerschutz ist in diesem Zusammenhang der zentrale Aspekt, unter dem für die börsenfähige GmbH und KG Zusatzregelungen geboten sind. Die GmbH und die KG sind keine Publikumsgesellschaften und nach ihrem gesetzlichen Leitbild nicht als solche angelegt. Folgerichtig hatte der Gesetzgeber bislang keinerlei Anlass, in diesen Rechtsformen Anlegerschutz zu etablieren und die Gesellschafter in ihrer speziellen Eigenschaft als Kapitalanleger zu schützen.[382] Eine Korrektur kann zwar – ähnlich wie in den Fällen der Publikumspersonengesellschaft – durch die Rechtsprechung erfolgen, allerdings können bis zur abschließenden höchstrichterlichen Klärung erhebliche Rechtsunsicherheiten bestehen.

Der Vorschlag der Kommission und der Arbeitsgruppe „Zweiter Börsenmarkt" geht in erster Linie dahin, den Börsen bzw. ihren Zulassungsstellen den Auftrag zu erteilen, durch die Ausgestaltung der jeweiligen Zulassungsbedingungen ein hinreichendes Maß an Anlegerschutz zu gewährleisten.

Die Gewährleistung von Anlegerschutz ist jedoch Aufgabe des Gesetzgebers und kann aus rechtspolitischer Sicht nicht privaten Stellen überlassen bleiben. Die Etablierung von Anlegerschutz durch den Gesetzgeber bei GmbHs oder Kommanditgesellschaften würde jedoch in wesentlichen Punkten eine Änderung des für diese Rechtsformen geltenden weitgehend dispositiven Rechts erfordern.

---

[381] *Hommelhoff*, in: ZHR 1989, 181, 191ff.; *Hopt*, in WM 1985, 793, 804; *Reuter*, in: FS für Stimpel, 649.

[382] Zum Anlegerschutz als Prüfmaßstab: *Hommelhoff*, in: ZHR 1989, 181, 191ff.

Wenn jedoch ein Börsenhandel von GmbH- und KG-Anteilen erst eine Anpassung und Etablierung von Anlegerschutz erfordert, so ist es doch sinnvoller, diejenige Gesellschaftsform, die bereits börsenfähig ist, für den Mittelstand zu öffnen, bevor typischerweise kapitalmarktferne Rechtsformen wie die GmbH und die KG börsenfähig gemacht werden sollten.

C. Die Aktienrechtsreform 1994, ihre Ziele und ihre Umsetzung

Unter viel versprechendem Namen ist am 10.08.1994 nach erstaunlich kurzer Vorlaufzeit[383] das „Gesetz für kleine Aktiengesellschaften und zur Deregulierung des Aktienrechts" in Kraft getreten.[384]

Die „kleine Aktiengesellschaft" ist nicht, wie ihre Bezeichnung nahe legen könnte, eine eigenständige Rechtsform und auch kein neuer Typus der Aktiengesellschaft.[385] Das Attribut „klein" darf nicht so verstanden werden, als ginge es gemessen an Umsatz, Bilanzsumme oder Arbeitnehmerzahl um „kleine" Gesellschaften.[386] Vielmehr verbirgt sich hinter diesem Begriff eine Liberalisierung und Entbürokratisierung des bisherigen Aktienrechts insbesondere für solche Aktiengesellschaften, deren Aktien (noch) nicht zum Handel an der Börse zugelassen sind oder deren Aktionäre namentlich bekannt sind - daher kann man allenfalls hinsichtlich der Zahl der Anteilseigner von „kleinen" Gesellschaften sprechen. Wichtige Eckpunkte der Reform sind zwar für alle Aktiengesellschaften geltende, aber vornehmlich auf mittelständische Unternehmen zugeschnittene Gesetzesänderungen. Durch die Änderung des § 2 AktG wurde erstmals die

---

[383] Im Januar 1991 hat eine Koalitionsvereinbarung die Schaffung eines Gesetzes für kleine Aktiengesellschaften zur Aufgabe für die 12. Wahlperiode gemacht. Dennoch kam dieses Vorhaben nicht recht voran. Erst als es in den Maßnahmenkatalog des Aktionsprogramms für mehr Wachstum und Beschäftigung (BT-Drucks. 12/6625 v. 19.1.1994, S. 5; Bundestagsdebatte vom 20.1.1994) aufgenommen wurde, änderte sich dies. Bereits am 26.1.1994 beschloss das Bundeskabinett, einen Entwurf des Justizministers den Koalitionsfraktionen als Formulierungshilfe zur Verfügung zu stellen. Dieser wurde am 1.2.1994 als Initiativantrag eingebracht (BT-Drucks. 12/6721 v. 1.2.1994). Am 2.8.1994 ist das Gesetz verabschiedet worden, am 10.8.1994 in Kraft getreten. *Heckschen*, in DNotZ 1995, 275 spricht angesichts dieser für Gesetzgebungsvorhaben dieser Größenordnung kurzen Vorlaufzeit von „Eiltempo".

[384] Gesetz v. 2.8.1994, BGBl 1994 I, S. 1961.

[385] *Seibert/Köster/Kiem*, Die kleine AG, S. 23.

[386] vgl.: *Seibert/Köster/Kiem*, Die kleine AG, S. 24; es gibt kein einheitliches Abgrenzungskriterium für die „kleine Aktiengesellschaft"; der Gesetzestext selbst erwähnt diesen Begriff nicht einmal; insbesondere spielen die für Rechnungslegungs- und Prüfungspflichten geltenden Größenunterteilungen der §§ 316 Abs. 1 i.V.m. § 267 Abs. 1 HGB keine Rolle; lediglich bei der Mitbestimmung wird auf die Zahl der Arbeitnehmer abgestellt.

Einpersonen-Gründung zulässig.[387] Wichtige Erleichterungen wurden im Zusammenhang mit der Einberufung und Abhaltung von Hauptversammlungen geschaffen – so kann statt einer zuvor vorgeschriebenen öffentlichen Einberufung ein Einberufung durch eingeschriebenen Brief erfolgen,[388] Ladungsmängel jedweder Art können durch eine Vollversammlung geheilt werden.[389] Hauptversammlungsbeschlüsse sind gemäß § 130 AktG nicht mehr in jedem Fall, sondern nur noch bei Grundlagenbeschlüssen notariell zu beurkunden.[390] Aktiengesellschaften mit weniger als 500 Arbeitnehmern wurden von der unternehmerischen Mitbestimmung im Aufsichtsrat befreit.[391]

I. Ziele der Reform

Die eigentliche Entstehung der politischen Reformidee einer Vereinfachung des Aktienrechts unter dem Schlagwort „Kleine AG" geht bereits auf das Jahr 1985 zurück.[392]

Die Ziele der Reform lassen sich kurz zusammenfassen: Die Attraktivität der AG sollte gesteigert, der breite Strom des Mittelstandes zumindest teilweise in die AG umgeleitet werden.[393] Mittelständischen Unternehmen sollte endlich ein adäquater Zugang zu eben der Rechtsform eingeräumt werden, die die direkte Aufnahme von Risikokapital ermöglicht.[394]

Als Folge versprach man sich eine Verbesserung der Eigenkapitalausstattung sowie eine Verlängerung der Kurszettel deutscher Börsen und damit eine Stärkung des Finanzplatzes Deutschland.[395]

Überdies wollte man mit der Öffnung der AG eine Rechtsform zur Wahl für Unternehmen im Generationswechsel zur Verfügung stellen sowie einem weiteren Konzentrationsprozess im Mittelstand entgegenwirken.[396]

---

[387] Hierzu statt vieler: *Seibert/Köster/Kiem*, Die kleine AG, S. 37 ff.

[388] Hierzu statt vieler: *Seibert/Köster/Kiem*, Die kleine AG, S. 68 ff.

[389] Hierzu statt vieler: *Seibert/Köster/Kiem*, Die kleine AG, S. 80 ff., 83 ff.

[390] Hierzu statt vieler: *Seibert/Köster/Kiem*, Die kleine AG, S. 89 ff.

[391] Hierzu statt vieler: *Seibert/Köster/Kiem*, Die kleine AG, S. 129 ff.; nach der Formulierung von *Hommelhoff* vor der Umsetzung in 1994 „liegt die unternehmerische Mitbestimmung als gewaltiger Fels auf dem Weg kleinerer und mittlerer Unternehmen mit weniger als 500 Arbeitnehmern zum Kapitalmarkt." *Hommelhoff*, in: Semler u.a. (Hrsg.): Reformbedarf im Aktienrecht, 65, 67, 77.

[392] Zur Entwicklung der Diskussion um die „kleine AG" und den Initiativen des DIHT, vgl.: *Hahn*, DB 1994, 1659, 1660.

[393] *Leutheusser-Schnarrenberger*, in: Presseerklärung des BMJ, Recht 7/94 v. 26.1.1994.

[394] Vgl.: *Hahn*, GmbHR R 17; *Kindler*, NJW 1994, 3041;

[395] Zur geringen Anzahl börsennotierter Unternehmen, vgl.: *Claussen*, AG 1991, 10, 17f.; *Fritsch*, Mehr Unternehmen an die Börse 1978.

Darüber hinaus sollte das Gesetz zur kleinen AG auch der Deregulierung des Aktienrechts dienen, wonach dieses von als überholt oder einfach als verfehlt erkannten Restriktionen befreit werden sollte.[397] Diese Deregulierung war nicht zuletzt unter dem europäischen Harmonisierungsaspekt geboten. Die europäische Union hat sich bislang bei ihrer Richtliniengebung am hohen deutschen Niveau des Gesellschaftsrechts orientiert, mit der Folge, dass in den anderen EU-Ländern die Regelungen verschärft wurden.[398] Das Gesetzgebungsvorhaben zur kleinen AG wollte eine Weiterentwicklung des Unternehmensrechts nicht wie bisher mit einer weiteren Perfektionierung, sondern mit einer Vereinfachung erreichen.[399]

Umsetzen wollte man die Ziele durch eine Stärkung der Satzungsautonomie hinsichtlich der Gewinnverwendung, Zulassung der Einpersonengründung sowie durch eine Vereinfachung der Einberufung der Hauptversammlung. Ferner soll die kleine AG unter 500 Arbeitnehmern hinsichtlich der Mitbestimmung der GmbH gleichgestellt werden. Die Aktiengesellschaften sollen insgesamt durch einzelne Vereinfachungen leichter handhabbar und die Satzungsfreiheit erweitert werden.

II. Gesetz für kleine Aktiengesellschaften und zur Deregulierung des Aktienrechts

1. Die Umsetzung

Das „Gesetz für kleine Aktiengesellschaften und zur Deregulierung des Aktienrechts“ sieht im wesentlichen folgende Änderungen gegenüber dem Aktiengesetz 1965 vor:

Nach § 2 AktG ist die Einpersonengründung zulässig.[400]

---

[396] Sitzungsbericht des Deutschen Bundestages vom 25.5.1994, BT-Drucks. 12/7848, S. 8.

[397] In der Begründung des Gesetzesentwurfes der Fraktionen CDU/CSU und F.D.P. heißt es: „Das deutsche Aktienrecht ist im Laufe der Zeit zu perfektionistisch geworden; eine Vereinfachung ist daher erforderlich,“ vgl. BT-Drucks. 12/6721 v. 1.2.1994.

[398] Vgl.: *Hahn*, GmbHR, R 17.

[399] Bei einem Symposion im Januar 1993 in Brüssel zum Thema „Die Unternehmensübertragung“ wurde als Anregung unterbreitet, die Richtlinien zur Harmonisierung des Aktienrechts nicht nur an der Regelungsdichte des deutschen Aktienrechts zu orientieren, sondern an einem zweistufigen Modell, der kleinen (privaten) AG und der börsennotierten Publikums-AG; vgl. *Schmidt/Müller-Eising/Gayk*, ZIP 1993, 1830, 1831.

[400] Nach der früheren Rechtslage waren fünf Gründer erforderlich. Da sowohl die Einpersonen-AG als solche, als auch die Strohmann-Gründung, bei der vier der fünf Gründer auf Rechnung des späteren Alleinaktionärs mitwirken und nach Eintragung der Gesellschaft ihre Anteile auf den einen Aktionär übertragen, auch vor der Änderung als zulässig erachtet

Das Gesetz enthält mehrere Erleichterungen für die Einberufung und Abhaltung der Hauptversammlung.[401]

Bei der Gewinnverwendung wird den Aktionären eine größere Satzungskompetenz eingeräumt. Durch die Änderung in § 58 Abs. 2 Satz 2 AktG kann bei nicht börsennotierten Gesellschaften die Befugnis von Vorstand und Aufsichtsrat, einen Teil des Jahresüberschusses in andere Gewinnrücklagen einzustellen, beschränkt werden.[402] Damit wurde in einem kleinen, aber nicht unwichtigen Teilbereich Satzungsautonomie geschaffen bzw. eine abweichende Satzungsgestaltung im Sinne von § 23 Abs. 5 AktG ausdrücklich zugelassen.

Eine ganz entscheidende Neuerung liegt zudem in der Freistellung von Aktiengesellschaften mit weniger als 500 Arbeitnehmern von der Mitbestimmung.[403]

---

wurden (vgl.. *Hüffer*, AktG, 2. Aufl, § 2 Rdnr. 14,16.), wurde im Ergebnis keine neue Rechtslage geschaffen, sondern lediglich der Aufwand in der Praxis vermindert. Flankiert wird die Zulässigkeit der Einpersonengründung durch § 36 Abs. 2, S.2 AktG, nach dem der einzelne Gründer für den Teil der Geldeinlage, der den eingeforderten Betrag übersteigt, „eine Sicherung zu bestellen hat". Als Umsetzung der Art. 3 und 6 der 12. gesellschaftsrechtlichen Richtlinie vom 21.12.1989, [(89/667/EWG), Abl. EG Nr. L 395 v. 30.12.1989, S. 40ff.] wurde, um dem gesteigerten Informationsbedürfnis des Rechtsverkehrs Rechnung zu tragen § 42 AktG geändert.

[401] Der neue § 121 Abs. 4 AktG lässt für den Fall, in dem die Aktionäre der Gesellschaft namentlich bekannt sind, die Einberufung der Hauptversammlung sowie die Bekanntmachung von Tagesordnung und Minderheitsverlangen mittels eingeschriebenen Briefes zu. Nach § 121 Abs. 6 n. F. AktG kann die Hauptversammlung, wenn alle Aktionäre erschienen oder vertreten sind - sog. Vollversammlung - Beschlüsse ohne Einhaltung der Einberufungsformalien treffen. § 130 Abs. 1 s.3 AktG n. F. schränkt die Notwendigkeit der notariellen Niederschrift über die Hauptversammlung nunmehr für nicht börsengängige Aktiengesellschaften wesentlich ein. Vgl. im Einzelnen: *Blanke*, BB 1994, 1505, 1509f.

[402] In dem Regelfall, dass Vorstand und Aufsichtsrat den Jahresabschluss feststellen (§ 172 AktG), können diese einen Teil des Jahresüberschusses, höchstens aber die Hälfte in andere Gewinnrücklagen einstellen (§ 58 Abs. 2 Satz 1 AktG). Vor Inkrafttreten des Gesetzes für kleine Aktiengesellschaften und zur Deregulierung des Aktienrechts konnte die Satzung die Verwaltung ermächtigen, sogar noch mehr als die Hälfte des Jahresüberschusses zu thesaurieren, sie konnte die Befugnis der Verwaltung zur Rücklagenbildung jedoch nicht beschneiden. Dies ist nunmehr möglich.

[403] Die Regelung der Mitbestimmung war der Hauptstreitpunkt im Gesetzgebungsverfahren. Der Aufsichtsrat einer AG war vorher grds. mit einem Drittel Arbeitnehmervertreter zu besetzen (§ 76 Abs. 1 BetrVG 1952). Eine Ausnahme bestand lediglich nach § 76 Abs. 6 S. 1 BetrVG 1952. Danach war der Aufsichtsrat ausnahmsweise nicht mitbestimmt, wenn die AG weniger als 500 Arbeitnehmer beschäftigte und eine Familiengesellschaft i.S. d. § 76 Abs. 6 S. 2 BetrVG 1952 war. Die GmbH mit unter 500 Arbeitnehmern war demgegenüber stets mitbestimmungsfrei. Die Novellierung des AktG hat dieser Ungleichbehandlung ein Ende gesetzt. Gem. § 76 Abs. 6 BetrVG 1952 n.F. unterliegen Aktiengesellschaften

Darüber hinaus wurden einige Randkorrekturen vorgenommen, wie etwa der Verzicht auf die „Doppelwahl" der Arbeitnehmervertreter im Aufsichtsrat bei Sachgründungen oder die Möglichkeit einer satzungsmäßigen Beschränkung des Verbriefungsanspruchs der Aktionäre.[404]

Ein weiteres Kernstück des Gesetzes ist die Erleichterung des Bezugsrechtsausschlusses bei Barkapitalerhöhungen im neuen § 186 Abs. 3 S. 4 AktG.[405]

2. Bezug zur Satzungsstrenge

Obwohl man mit dem Gesetz für kleine Aktiengesellschaften und zur Deregulierung des Aktienrechts die Satzungsfreiheit erweitern wollte,[406] geschah dies tatsächlich nur in zwei Punkten:

Den Aktionären wurde in § 58 Abs. 2 S. 2 AktG n. F. eine größere Satzungskompetenz hinsichtlich der Gewinnverwendung eingeräumt.[407]

Weiterhin darf gemäß § 10 Abs. 5 AktG n. F. der Anspruch auf Einzelverbriefung der Aktien in der Satzung ausgeschlossen werden.

Der Grundsatz der Satzungsstrenge selbst blieb durch die Reformen unangetastet.[408]

---

unter 500 Arbeitnehmer nicht mehr der Mitbestimmung, wenn sie erst am Tag des Inkrafttretens des Gesetzes oder später im Handelsregister eingetragen werden.

[404] Zu diesen Änderungen vgl.: *Blanke*, BB 1994, 1505ff.; *Hahn*, DB 1994, 1659ff..

[405] Hierzu: *Blanke*, BB 1994, 1505, 1512.

[406] Vgl.: Begründung des Gesetzesentwurfes der Fraktionen CDU/CSU und F.D.P, BT-Drucks. 12/6721 v. 1.2.1994, S. 1.

[407] Nach dem bis zur Reform 1994 geltenden Recht waren Vorstand und Aufsichtsrat befugt, mindestens 50 % des Jahresüberschusses in die Gewinnrücklagen einzustellen (§§ 172, 58 Abs. 2 S. 1 AktG). Nur über die Verwendung der restlichen (max.) 50% konnte die Hauptversammlung entscheiden. Bei einem aus reinen Kapitalanlegern bestehendem Aktionärskreis, wie dies bei Publikumsgesellschaften der Regelfall ist, macht diese strenge Kompetenzaufteilung im Interesse der Sicherung und Stärkung der Finanzkraft des Unternehmens Sinn. Bei Aktiengesellschaften mit kleinerem Aktionärskreis kann jedoch davon ausgegangen werden, dass dieser aufgrund eines stärkeren unternehmerischen Engagement für „seine" Gesellschaft auch eine größere Verantwortung für die Ausschüttungs- und Rücklagenpolitik der Gesellschaft übernimmt. Daher ist es gerechtfertigt - so die amtliche Begründung (BT-Drucks. 12/6721 v. 1.2.1994, S. 8) - den unternehmerischen Inhabern eine größere Kompetenz hinsichtlich der Gewinnverwendung einzuräumen. Demgemäß sieht das neue Recht vor, dass in diesen Fällen in der Satzung die Befugnis der Verwaltung zur Rücklagenbildung (zugunsten der Hauptversammlung) auch auf weniger als die „gesetzlichen" 50% beschränkt werden kann.

[408] *Hommelhoff*, AG 1995, 529, 530; *Priester*, BB 1996, 333, 337.

Die nicht näher begründete Auffassung von Seibert, nach der man die Anordnungen der Satzungsstrenge in § 23 Abs. 5 AktG bei kleinen AG nachsichtiger auslegen könne als bei der Publikumsgesellschaft,[409] vermag nicht zu überzeugen. Es fehlt im „Gesetz für kleine Aktiengesellschaften und zur Deregulierung des Aktienrechts" jede Grundlage dafür, dass Abweichungen oder Ergänzungen über den in § 23 Abs. 5 AktG gesteckten Rahmen hinaus zulässig wären.

Man darf jedoch nicht übersehen, dass durch die zahlreichen Erleichterungen, die das Gesetz gerade für nicht börsennotierte Aktiengesellschaften vorsieht, die Auswirkungen der Satzungsstrenge abgeschwächt werden.

Zwar blieb durch das Gesetz zur kleinen AG der zwingende Charakter des Aktienrechts erhalten. Aber dadurch dass das Gesetz selbst an einigen Stellen Erleichterungen für nicht börsennotierte Gesellschaften bzw. für Gesellschaften, deren Aktionäre namentlich bekannt sind, vorsieht, ist das Korsett, in das das Gesetz die Unternehmen nach wie vor zwingt, ein wenig lockerer geworden. Seit der Reform 1994 geht das Aktiengesetz nicht mehr einzig vom Leitbild des börsennotierten Großunternehmens aus, sondern offensichtlich auch von Gesellschaften, deren Aktien zum Handel an der Börse nicht zugelassen sind. Hierin eine Abkehr des Gesetzgebers vom Leitbild der AG als Großunternehmen zu sehen, wäre jedoch verfehlt.

III. Die Ziele der Reform und ihre tatsächliche Umsetzung

Ruft man sich nochmals die Ziele der Reform ins Gedächtnis - insbesondere Öffnung der AG für mittelständische Unternehmen und Deregulierung des Aktienrechts durch Stärkung der Satzungsautonomie - wird man feststellen müssen, dass die von der Reform gesteckten Ziele nicht erreicht wurden.

Gewiss haben sich einige Erleichterungen beispielsweise bei der Einberufung und Abhaltung der Hauptversammlung ergeben. Darin jedoch eine Öffnung der AG für den Mittelstand zu sehen, ist angesichts der eher marginalen Anpassung dieser Rechtsform an die Bedürfnisse des Mittelstandes verfehlt. Vielmehr blieb das Aktiengesetz 1965 - zugeschnitten auf Großunternehmen - in seiner wesentlichen Grundaussage unberührt, seine (fehlende) Eignung für den Mittelstand unverändert.[410]

Wie halbherzig die Reform erfolgte, wird schon allein an der Tatsache deutlich, dass sich die Bezeichnung „Kleine AG" außer in der Überschrift des Gesetzes

---

[409] *Seibert*, ZIP 1994, 247, 248.

[410] Auch die obige (§ 3) Untersuchung, die eine fehlende Eignung der AG als Rechtform für den Mittelstand testierte, wurde nach dem „Gesetz für kleine Aktiengesellschaften und zur Deregulierung des Aktienrechts" unternommen.

nirgendwo im AktG findet - der Verdacht eines „Etikettenschwindels“ drängt sich auf.[411]

Trotz aller Kritik darf ein Gesichtspunkt nicht übersehen werden: Das „Gesetz für kleine Aktiengesellschaften und zur Deregulierung des Aktienrechts“ war eine enorme Werbekampagne für die Aktiengesellschaft - die AG ist in aller Munde, ihre Anzahl in Deutschland stieg deutlich.[412]

Während vor dem Reformgesetz von 1994 mit der AG (zu Recht) eine Rechtsform für Großunternehmen verbunden wurde, hat unter dem Schlagwort „kleine AG“ ein Umdenken stattgefunden. Gerade aus der beratenden Praxis wird berichtet, dass von mittelständischen Unternehmern bei der Rechtsformwahl neben den klassischen Rechtsformen GmbH und GmbH & Co KG vermehrt die kleine AG gewünscht wird. Ob die AG für diese Unternehmen dann letztlich eine geeignete Rechtsform ist, ist eine andere Frage.

D. Der GmbH & Co KGaA-Beschluss des BGH vom 24.02.1997

Eine interessante Variante zu den bisherigen Lösungsansätzen könnte die Rechtsform der Kommanditgesellschaft auf Aktien sein. Die KGaA scheint in ihrer nach dem KGaA - Beschluss des Bundesgerichtshofes möglichen Ausgestaltung mit einer GmbH & Co KG als Komplementärin in nahezu idealer Weise den Zugang zum Kapitalmarkt mit der für Personengesellschaften typischen Gestaltungsfreiheit zu verbinden.

Die Kommanditgesellschaft auf Aktien ist eine Gesellschaft mit eigener Rechtspersönlichkeit, bei der mindestens ein Gesellschafter vorhanden ist, der den Gesellschaftsgläubigern unbeschränkt haftet (persönlich haftender Gesellschafter), während die übrigen Gesellschafter an dem in Aktien zerlegten Grundkapital beteiligt sind, ohne persönlich für die Verbindlichkeiten der Gesellschaft zu haften (Kommanditaktionäre).[413] Anders als die Kommanditgesellschaft ist die KGaA juristische Person und als solche rechtsfähig, parteifähig und insolvenzfähig Ihrer Struktur nach ist die KGaA eine Mischform zwischen KG und AG.[414]

---

[411] vgl. z.B. *Schaber*, GmbHR 1995, R 1.

[412] Hierzu s.o. unter § 3 A. Allein in den Jahren von 1995 bis August 2003 stieg die Anzahl von 3789 um 11.396 auf insgesamt 15.176 Aktiengesellschaften; vgl. DAI-Factbook des Deutschen Aktieninstituts, Stand November 2003, S. 01-1.

[413] vgl. Legaldefinition in § 278 AktG.

[414] Wie die KG hat die KGaA zwei Arten von Gesellschaftern, nämlich solche die persönlich haften (Komplementäre) und solche, die dies nicht tun (Kommanditaktionäre) - demgegenüber verbindet sie die Gründungsvorschriften, die Kapitalstruktur, die Börsenfähigkeit der

I. Vorherige Rechtslage

Der Grund für die geringe Akzeptanz der KGaA wurde lange Zeit darin gesehen, dass nicht geklärt war, ob eine Kapitalgesellschaft[415] die Stellung des Komplementärs einnehmen darf - und somit eine Haftungsbeschränkung erreicht werden kann - oder ob mit dieser Rechtsform, wie es das Gesetz vorsieht, zwingend die unbeschränkte Haftung mindestens einer natürlichen Person verbunden ist.

Entscheidende und stark umstrittene Frage war es, ob man sich bei der KGaA in gleicher Weise wie bei der Kommanditgesellschaft[416] von dem Leitbild des Gesetzgebers, der sich unter dem persönlich haftenden Gesellschafter eine natürliche Person vorstellte, lösen kann.[417] Die Argumente der jeweils vertretenen Auf-

---

Anteile und nicht zuletzt die Verankerung im Aktiengesetz mit der Aktiengesellschaft. Auf die KGaA sind neben den in den §§ 278-290 AktG geregelten Sondervorschriften die Bestimmungen des HGB über die Kommanditgesellschaft und die des Aktiengesetzes über die Aktiengesellschaft entsprechend den Verweisungen in § 278 Abs. 2 AktG einerseits und § 278 Abs. 3 AktG andererseits anzuwenden. Die personengesellschaftsrechtliche Komponente führt dazu, dass bei der KGaA in wesentlicher Beziehung, nämlich im Hinblick auf das Verhältnis der persönlich haftenden Gesellschafter untereinander und zu den Kommanditaktionären Vertragsfreiheit herrscht und das aktienrechtliche Prinzip der Satzungsstrenge hier nicht gilt. Die aktienrechtliche Komponente bei der KGaA führt dazu, dass eine Hauptversammlung und ein Aufsichtsrat wie bei der AG zwingend vorgeschrieben sind - insofern findet § 23 Abs. 5 AktG Anwendung - und es gibt keine Satzungsautonomie.

[415] Das Problem wurde und wird unter dem Schlagwort der „Kapitalgesellschaft & Co KGaA" diskutiert, wobei man sich darüber klar sein muss, dass es sich in grundsätzlicher Hinsicht um das allgemeine Problem der Komplementärfähigkeit handelt, denn auch für Stiftungen, Vereine, Genossenschaften und vor allem Personengesellschaften - nicht zuletzt die GmbH & Co KG - stellt sich die Frage, ob dies zulässige Komplementärinnen einer KGaA sind. Lediglich *Mertens*, in FS für Ritter S. 731ff. spricht von einer „Handelgesellschaft KGaA".

[416] Die GmbH & Co KG ist seit dem Beschluss des Reichsgerichtes v. 4.4.1922 (RGZ 105, 101ff.) anerkannt. Die Gestaltungspraxis macht seither von der GmbH & Co KG wie von einer gesetzlichen Rechtsform Gebrauch. Zahlreiche Gesetzesänderungen beziehen sich auf diese Gestaltungsform.

[417] Im Rahmen der Diskussion sprachen sich für die Komplementärfähigkeit der juristischen Person aus: *Graf*, Die Kapitalgesellschaft & Co KGaA, S. 93ff, 141ff. , 196ff. , 239ff. ; *Sethe*, Die personalistische Kapitalgesellschaft mit Börsenzugang; *ders.*, ZIP 1996, 2053, 166ff.; *Hüffer*, AktG 2. Aufl. § 278 Rdnr. 9a; *Hennerkes/May*, DB 1988, 537ff; BB 1988, 2393ff.; *Hesselmann*, GmbHR 1988, 472; *Strieder*, DB 1996, 2065; *Strieder/Habel*, BB 1995, 1857ff.; *Priester*, ZHR 160 (1996), 254ff.; *Hartel*, DB 1992, 2329 (2331f.); *Schürmann/Groh*, BB 1995, 684, 685; *Claussen*, FS für Heinsius, S. 49; *ders.*, GmbHR 1996, 73, 76ff.; im Ergebnis auch: *Baumann/Kusch*, FS für Boujoung, S. 3ff.; *Mertens*, FS für Ritter, S. 731ff.; Gegen die Komplementärfähigkeit sprachen sich aus: *Binz/Sorg*, BB 1988, 2041ff.; *dies.*: DB 1997, 313; *Kallmeyer*, DStR 1994, 980; *K. Schmidt*, ZHR 160 (1996), 276ff; ders.: Gesellschaftsrecht, § 32 III. 2, S. 977f. Die Rechtsprechung hat sich letztmals

fassungen finden sich übersichtlich in kontroversen Aufsätzen von *Priester*[418] und *Karsten Schmidt*.[419]

II. Darstellung des Beschlusses

Die geschilderte Rechtsunsicherheit wurde durch die Entscheidung des BGH vom 24.02.1997[420] beseitigt - die Praxis kann nunmehr sicher davon ausgehen, dass sowohl eine GmbH als auch eine GmbH & Co KG[421] alleinige Komplementärin einer KGaA sein können.[422] Die einzigen Einschränkungen, die der BGH der Gestaltungsfreiheit bei der KGaA gesetzt hat liegen darin, dass Satzungsgestaltungen zu Lasten der Kommanditaktionäre nur in engeren Grenzen als bei der gesetzestypischen KGaA zuzulassen wären.[423] Darüber hinaus ist

---

vor der Entscheidung vom 24.02.1997 in der EURO-KAI KGaA mit der Streifrage beschäftigt; vgl.: OLG Hamburg v. 5.12.1968, AG 1969, 259 = NJW 1969, 1030; in dieser Entscheidung befürwortete das Gericht zwar die Zulässigkeit einer GmbH & Co KG als Komplementärin, allerdings existierte im zu würdigenden Fall neben der KG zusätzlich eine natürliche Person als Komplementär. In der aus anderen Gründen berühmt gewordenen „Holzmüller-Entscheidung" (BGHZ 83, 122, 133) hatte der BGH es zwar mit einer GmbH & Co KGaA zu tun, nahm aber mangels Entscheidungserheblichkeit zur Zulässigkeit dieser Gestaltung keine Stellung. Gegenüber dem vom Kläger erhobenen Einwand der Unzulässigkeit einer GmbH & Co KGaA verwies der BGH auf den Weg der Nichtigkeitsklage gem. § 275 Abs. 1 AktG.

[418] in ZHR 160 (1996), 250-264.

[419] in ZHR 160 (1996), 265-287.

[420] vgl. BGH v. 24.2.1997, -II ZB 11/96; BGHZ 134, 392=AG 1997, 370 = BB 1997, 1220 = DB 1997, 1219 = GmbHR 1997, 595 = NJW 1997, 1923 = ZIP 1997, 1027.

[421] Die atypische Ausgestaltung mit einer GmbH & Co KG als Komplementärin hat vor allem Vorteile bei der Besteuerung und der Unternehmensnachfolge; vgl.: *Niedner/Kusterer*, DB 1997, 2010 ff.; *Schürmann/Groh*, BB 1995, 684; *Gail/Düll/Heß-Emmerich/Fuhrmann*, GmbHR 1997, 1040; *Fischer*, DStR 1997, 1519, 1523; *Wotschofsky/Sauter*, StB 2003, 329.

[422] Gleichwohl hat die bis zur Entscheidung des BGH existierende Rechtsunsicherheit einige Unternehmen nicht davon abgehalten, die Rechtsform der GmbH & Co KGaA mit einer GmbH & Co KG als Komplementärin zu wählen. Auch die Registergerichte haben diese Unternehmen in das Handelsregister eingetragen; Beispiele solcher Unternehmen sind: Willy Bogner GmbH & Co KGaA, München (HRB 104636); effeff Fritz Fuss GmbH & Co KGaA, Albstadt (HRB 991); Nolte moebel-industrie Holding GmbH & Co KGaA, Germersheim (HRB 1485 Germersheim, Landau i.d. Pfalz).

[423] Als allgemeine Richtlinie verweist der Senat in diesem Zusammenhang auf die Rechtsprechung des Bundesgerichtshofes zu den Publikumskommanditgesellschaften. Eine Darstellung der vornehmlich in den siebziger Jahren zu den als GmbH & Co KG organisierten Abschreibungsgesellschaften ergangenen Rechtsprechung unter dem Stichwort „Publikums KG" findet sich bei *Kübler*, Gesellschaftsrecht, § 20 III; Grundlegend auch *H.P. Westermann*, FS für Stimpel, S. 69ff.

zum Schutz des Rechtverkehrs in der Firma ein Zusatz aufzunehmen, der darauf hinweist, dass Komplementärin keine natürliche Person ist.[424]

Mit dem Beschluss - dessen Inhalt und dogmatische Begründung im Rahmen dieser Untersuchung nicht weiter erörtert werden sollen[425] - ist der BGH seiner Linie treu geblieben, Neuentwicklungen zwar auf den Prüfstand von Anlegerschutz und Gläubigerschutz zu stellen, ohne dabei jedoch einer vorgegebenen Typologie von Rechtsformen zu folgen und kautelarjuristische Gestaltungen per se auszuschließen. Letztlich geht es nämlich bei der Frage, ob nur natürliche Personen die Stellung eines Komplementärs einnehmen können oder auch juristische Personen bzw. Handelsgesellschaften, um das Gesellschaftsrechtsverständnis als solches: orientiert man sich an Typenzwang und Typengesetzlichkeiten der einzelnen Rechtsformen oder weist man diese Orientierung, soweit sie nicht eindeutig durch das Gesetz vorgegeben ist, zugunsten der Organisationsautonomie der Gesellschafter zurück und konzentriert sich allein darauf, konkrete Schutzinteressen von Gläubigern, Minderheiten oder weiteren schutzbedürftigen Personenkreisen durchzusetzen.

III. Der KGaA-Beschluss des BGH als Lösung des Problems der Satzungsstrenge?

Ausgehend von dem Ansatz, dass die Einräumung von mehr Gestaltungsfreiheit für die AG den Sinn haben soll, diese Rechtsform für mittelständische Unternehmen attraktiver zu machen und diesen Unternehmen eine börsengängige Gesellschaft zur Verfügung zu stellen, stellt sich die Frage, ob nach dem KGaA-Beschluss überhaupt noch ein Bedürfnis für eine aktienrechtliche Lösung besteht.

Die GmbH & Co KGaA eröffnet ihren Gesellschaftern weitgehende Gestaltungsfreiheit. Anders als die AG, bei der wegen des Grundsatzes der Satzungsstrenge das Organisationsstatut der Gesellschaft fast ausschließlich zwingendem Recht unterliegt, finden bei der KGaA für das Rechtsverhältnis der persönlich haftenden Gesellschafter untereinander und gegenüber der Gesamtheit der

---

[424] Der BGH hat in seiner Entscheidung diesen Hinweis zunächst in entsprechender Anwendung des § 19 Abs. 5 HGB gefordert. Zwischenzeitlich hat auch der Gesetzgeber reagiert. Das Handelsrechtsreformgesetz BT Drucks. 13/10332 v. 1.4.1998 fasst in Art 9 Nr. 5 § 279 Abs. 2 AktG wie folgt neu: „Wenn in der Gesellschaft keine natürliche Person persönlich haftet, muss die Firma, auch wenn sie nach § 22 des Handelsgesetzbuches oder nach anderen gesetzlichen Vorschriften fortgeführt wird, eine Bezeichnung enthalten, welche die Haftungsbeschränkung kennzeichnet."

[425] Entscheidungsbesprechungen finden sich bei *Haase*, GmbHR 1997, 917; *Hennerkes/Lorz*, DB 1997, 1388; *Ladwig/Motte*, DStR 1997, 1539; *Niedner/Kusterer*, DB 1997, 1451; *Strieder/Habel*, BB 1997, 1375.

Kommanditaktionäre sowie gegenüber Dritten die weitgehende Gestaltungsfreiheit ermöglichenden Vorschriften des HGB über die Kommanditgesellschaft Anwendung (§ 278 Abs. 2 AktG). Nur im Übrigen, d.h. insbesondere auf das Verhältnis der Aktionäre und der Mitglieder des Aufsichtsrats jeweils untereinander sowie auf das Rechtsverhältnis zwischen dem Aufsichtsrat und der Hauptversammlung sowie den persönlich haftenden Gesellschaftern, finden auch für die KGaA die restriktiven Regelungen des Aktienrechts Anwendung. Bei der KGaA herrscht damit im Rahmen der personalen Führungsstruktur Gestaltungsfreiheit, durch die sich diese Rechtsform schnell und flexibel an veränderte Situationen wirtschaftlicher oder personeller Natur anpassen kann.[426] Gerade diese Gestaltungsfreiheit ermöglicht es einer Unternehmerpersönlichkeit - anders als bei der Aktiengesellschaft -, ihren Einfluss zu sichern, sie kann „Herr im Hause" bleiben.[427] Gleichzeitig können Unternehmen in der Rechtsform der KGaA bei entsprechendem Bedarf Eigenkapital über die Börse nachfragen. Abgerundet werden die Vorteile der GmbH & Co KGaA durch mitbestimmungsrechtliche Privilegien.[428]

Auf den ersten Blick scheint die KGaA in ihrer Ausprägung, die sie durch die Rechtsprechung des BGH erhalten hat, die Lösung zur Verbesserung der Eigenkapitalausstattung insbesondere mittelständischer Unternehmen zu sein: die

---

426 Vgl.: *Haase*, GmbHR 1997, 917 (920).

427 Im Gegensatz zum Vorstand als „gekorener" Geschäftsführer der AG, braucht der persönlich haftende Gesellschafter der KGaA als „geborener" Geschäftsführer weder seine Abberufung durch den Aufsichtsrat, noch die Einengung in der Geschäftsführung durch von Seiten des Aufsichtsrats initiierten zustimmungspflichtigen Geschäften, die über den satzungsmäßigen Rahmen solcher Geschäfte hinausgehen, zu befürchten. Daran ändert sich im Grundsatz nichts, wenn die Komplementärfunktion von einer GmbH & Co KG wahrgenommen wird - vgl. bspw. *Haase*, GmbHR 1997, 917, 922 . Ebenso wenig ist es für die geschilderte starke Stellung des persönlich haftenden Gesellschafters beachtlich, wenn zur Verbreiterung der Eigenkapitalbasis im Wege der Erhöhung des Aktienkapitals neue Kommanditaktionäre in die Gesellschaft aufgenommen werden. Die Stellung des persönlich haftenden Gesellschafters ist unabhängig von der Gewichtung des finanziellen Engagements des persönlich haftenden Gesellschafters und der Kommanditaktionäre.

428 Die Konsequenz des „geborenen" Geschäftsführers bei der KGaA ist die fehlende Personalkompetenz des Aufsichtsrates - er hat auf die Bestellung, Abberufung und Zusammensetzung des Geschäftsführungsorgans keinen Einfluss. Beschränkt ist auch die Überwachungstätigkeit des Aufsichtsrats: er darf weder die Vornahme bestimmter Rechtsgeschäfte von seiner Zustimmung abgängig machen, noch kann er eine Geschäftsordnung für die Geschäftsführung erlassen. Dem Aufsichtsrat verbleiben daher lediglich die Informations- und Prüfungsrechte aus den §§ 90, 111 Abs. 2 AktG. Weiterhin fehlt bei der KGaA eine Verpflichtung zur Bestellung eines Arbeitsdirektors. Der Aufsichtsrat einer KGaA hat - sofern die Satzung ihm keine stärkere Position einräumt - mehr die Stellung eines Informationsgremiums, das die Unternehmenspolitik zwar beurteilt und bewertet, diese jedoch nicht verändern oder korrigieren kann. Vgl.: *Hennerkes/Lorz*, DB 1997, 1388 (1389).

KGaA ist eine flexible und für mittelständische Unternehmen attraktive Rechtsform mit Kapitalmarktzugang.

Und dennoch stellt die KGaA keine Patentlösung zur Verbesserung der Eigenkapitalausstattung deutscher Unternehmen dar:

Die KGaA ist kompliziert und erfordert eine komplexe Struktur. In ihrer aus steuerrechtlichen Gesichtspunkten gebotenen Ausgestaltung mit einer GmbH & Co KG als persönlich haftende Gesellschafterin ist eine Verbindung von drei Gesellschaften erforderlich.[429] Die Gesellschaftsverträge müssen aufeinander abgestimmt werden. Darüber hinaus ist bereits die KGaA eine Mischform von AG und KG - die Erfahrungen mit den hieraus resultierenden Folgeproblemen sind gering. Dabei wird es ebenso wie bei der GmbH & Co KG eine längere Zeit in Anspruch nehmen, bis Gesetzgebung, Rechtsprechung und Literatur ein hinreichendes Maß an Rechtssicherheit geschaffen und die GmbH & Co KGaA in das Gesellschafts- und Kapitalmarktrecht eingebettet haben.

In diesem Zusammenhang ist vor allem auf Unwägbarkeiten im Bereich des Anlegerschutzes hinzuweisen. Fast beiläufig heißt es in der BGH-Entscheidung vom 24.02.1997, man könne zudem erwägen, Satzungsgestaltungen zu Lasten der Kommanditaktionäre nur in engeren Grenzen zuzulassen als bei der gesetzestypischen KGaA.[430] Beispielhaft nennt der BGH die Einschränkung der den Kommanditaktionären nach dem Gesetz zustehenden Mitwirkungsbefugnisse bei außergewöhnlichen Geschäften und verweist grundsätzlich auf die Rechtsprechung zu den Publikumskommanditgesellschaften.[431]

Es wird daher die Satzung der KGaA - jedenfalls bei einer börsennotierten Gesellschaft - einer Inhaltskontrolle zu unterziehen sein.[432] Der Hinweis auf die Rechtsprechung zur Publikums-KG gibt zwar die Richtung vor, es bleibt jedoch abzuwarten, welche konkrete Ausgestaltung für die KGaA - im Hinblick auf die Rechtsstellung der Kommanditaktionäre und damit im Hinblick auf Anlegerschutzgesichtspunkte - in Zukunft als zulässig erachtet werden wird. Es lässt

---

[429] Vgl: *Niedner/Kusterer*, DB 1997, 2010ff.; *Schürmann/Groh*, BB 1995, 684; *Gail/Düll/Heß-Emmerich/Fuhrmann*, GmbHR 1997, 1040; *Fischer*, DStR 1997, 1519, 1523.

[430] BGH a.a.O.

[431] Eine Darstellung der vornehmlich in den siebziger Jahren zu den als GmbH & Co KG organisierten Abschreibungsgesellschaften ergangenen Rechtsprechung unter dem Stichwort „Publikums KG" findet sich bei *Kübler*, Gesellschaftsrecht, § 20 III; Grundlegend auch *H.P. Westermann*, FS für Stimpel, S. 69ff.

[432] Dies selbstverständlich nur, wo aufgrund der Anwendung des KG-Rechtes Spielraum bei der Satzungsgestaltung besteht. Lässt zwingendes Aktienrecht (§ 278 Abs. 3 i.V.m. § 23 Abs. 5 AktG) ohnehin keinen Raum für privatautonome Gestaltungen, so bedarf es auch keiner Inhaltskontrolle.

sich bereits jetzt feststellen, dass der börsennotierten KGaA die für Personengesellschaften typische Gestaltungsfreiheit nicht in vollem Umfang zuerkannt wird, sondern nur unter dem Vorbehalt der ausreichenden Berücksichtigung des Anlegerschutzes.[433] Im Interesse eines für den Kapitalmarkt unverzichtbaren Minimums an Rechtssicherheit wird die Börsenpraxis darauf angewiesen sein, eine Reihe von unverbindlichen Mustersatzungen zur Verfügung zu stellen, die dem Anlegerschutz hinreichend Rechnung tragen.[434]

Die Emissionsfähigkeit wird teilweise gegenüber der AG nicht zuletzt wegen des bei der AG herrschenden hohen Anlegerschutzniveaus und wegen des geringen Bekanntheitsgrades der KGaA als beschränkt angesehen.[435] Es darf daher bei der Rechtsformwahl nicht übersehen werden, dass aufgrund der geringen Erfahrungen mit börsennotierten Kommanditgesellschaften auf Aktien eine erhebliche Rechtsunsicherheit dahingehend besteht, ob das Anlegerpublikum diese Anlageform annehmen wird. Ebenso wenig können derzeit Aussagen darüber getroffen werden, ob bei der Bewertung Kursabschläge aufgrund der aus der Sicht der Kommanditaktionäre starken Stellung der Komplementärin bzw. ihrer Gesellschafter erforderlich werden.[436]

Schließlich ist die KGaA insbesondere bei Tätigkeiten im Ausland nicht zu empfehlen. Diese Rechtsform ist schon in Deutschland nahezu unbekannt – dies gilt umso mehr im Ausland.

Nach alledem ist die KGaA mit den Möglichkeiten, die dieser Rechtsform durch den Beschluss des BGH vom 24.02.1997 eröffnet wurden, eine bemerkenswerte Neuentwicklung auf dem Gebiet des Gesellschaftsrechts. Besonders interessant dürfte es sein zu beobachten, ob die Erfahrungen mit der KGaA den Beweis dafür liefern werden, dass sich Gestaltungsfreiheit und Kapitalmarktzugang nicht gänzlich ausschließen.

Doch in diesem Zusammenhang von einem „Roma locuta causa finita“ zu sprechen,[437] ist sicherlich verfehlt. Lediglich die Frage der Komplementärfähigkeit einer GmbH oder einer GmbH & Co KG wurde durch den BGH abschließend

---

[433] Hierzu *Ihrig/Schlitt*, in: ZHR Beiheft „Die GmbH & Co KGaA nach dem Beschluss BGHZ 134, 392“, S. 33, 61ff.

[434] So der Vorschlag von *Hommelhoff*, in: ZHR Beiheft „Die GmbH & Co KGaA nach dem Beschluß BGHZ 134, 392“, S. 10, 28f.; ebenso: *Ladwig/Motte*, DStR 1997, 1539, 1541f.; *Hennerkes/Lorz*, DB 1997, 1388, 1391.

[435] vgl.: *Koch/Wegemann*: Praktikerhandbuch Börseneinführung, S. 82; Bedenken auch bei: *Ladwig/Motte*, DStR 1997, 1539, 1541; *Binz/Sorg*, DB 1997, 313, 317.

[436] Hierzu: *Ladwig/Motte*, DStR 1997, 1539, 1541.

[437] So die Kommentierung von *Hennerkes/Lorz*, in, DB 1997, 1388 zu der Zulassung der GmbH & Co KGaA durch den BGH.

geklärt. Ansonsten ist die nicht unerhebliche Rechtsunsicherheit bei der Behandlung der KGaA jedenfalls momentan eher abschreckend für mittelständische Unternehmen. So überrascht es auch nicht, dass seit dem Beschluss des BGH im Jahr 1997 die KGaA zwar Gegenstand zahlreicher Publikationen war, jedoch nahezu keine weiteren Unternehmen eine Umwandlung in die GmbH & Co KGaA wagten.[438] Hieran zeigt sich ein weiterer wichtiger Aspekt: es ist nicht allein entscheidend, ob eine konkrete Rechtsform – hier die GmbH & Co KGaA - theoretisch geeignet wäre, sondern ob sie auch in der Praxis akzeptiert und vom Rechtsverkehr angenommen wird. Leider ist die KGaA ein Exot geblieben.

An dieser Stelle lässt sich bereits soviel festhalten: so wünschenswert eine Integration der GmbH & Co KGaA in die deutsche Unternehmenslandschaft auch ist, nicht zuletzt, weil diese Rechtsform langfristig geeignet ist, die Eigenkapitalausstattung zu verbessern, so wenig wird dadurch eine Öffnung der Aktiengesellschaft für mittelständische Unternehmen entbehrlich.

Die Aktiengesellschaft ist die klassische Rechtsform mit Kapitalmarktzugang. Mit ihr sind ein gewisses Standing und Seriositätsgewähr verbunden. Darüber hinaus ist die Rechtsform der Aktiengesellschaft international bekannt. Gerade im Zuge der Europäisierung oder sogar Globalisierung wird es sicherlich einfacher und mit einer größeren Akzeptanz verbunden sein, auf ausländischen Finanzmärkten Titel einer AG statt solche einer KGaA zu platzieren. Gleiches gilt für den Geschäftsverkehr solcher Gesellschaften auf dem internationalen Markt.

Sowohl eine aktienrechtliche Lösung, wie sie Gegenstand dieser Arbeit ist, als auch eine Weiterentwicklung des Rechts der GmbH & Co KGaA sollten nebeneinander verfolgt werden, ohne dass eine Variante die andere entbehrlich machen würde.

E. Die Europäische Aktiengesellschaft

Die Europäische Aktiengesellschaft – Societas Europaea oder kurz SE – blickt auf eine über dreißigjährige Entwicklungsgeschichte zurück.

Am 8. Oktober 2001 verabschiedet der Rat der Europäischen Union – nach mehr als dreißigjähriger Vorlaufzeit - die Verordnung über das Statut der Europäischen Aktiengesellschaft (SE).[439] Flankiert wurde diese Verordnung von der Richtlinie 2001/86/EG zur Ergänzung des Statuts der Europäischen Gesellschaft

---

[438] *Wotschofsky/Sauter*, StB 2003, 329.

[439] Verordnung EG Nr. 2157/2001, ABl. EG vom 10.11.2001 L 294 über das Statut der Europäischen Aktiengesellschaft (SE).

hinsichtlich der Beteiligung der Arbeitnehmer.[440] Seit dem 8. Oktober 2004 kann in allen Mitgliedsstaaten eine SE gegründet werden. An sich sollte bis zu diesem Zeitpunkt auch die SE-Richtlinie in nationales Recht umgesetzt sein. In Deutschland erfolgte dies erst am 29.12.2004 mit Inkrafttreten des Gesetzes zur Einführung der Europäischen Gesellschaft (SEEG).[441]

Das Ziel einer europaübergreifenden supranationalen Rechtsform wurde allerdings nur teilweise erreicht. Die SE-Verordnung bietet zwar einen einheitlichen Rahmen für die SE, füllt diesen jedoch nur in beschränktem Maße aus. Die Europäischen Rechtsakte enthalten für die SE nur unvollständige Regelungen. Auf europäischer Ebene geregelt sind neben einigen weiteren Details im Wesentlichen die Gründung der SE, ihre Organstruktur, die Sitzverlegung sowie Ausschnitte aus der Mitarbeiterbeteiligung.[442] Für die übrigen gesellschaftsrechtlichen Fragen verweist die SE-Verordnung auf das nationale Recht des Mitgliedsstaates, in dem die SE ihren Sitz unterhält.[443] Eine SE mit Sitz in Deutschland wird daher vom deutschen Aktienrecht und der dort herrschenden Satzungsstrenge bestimmt.

Zur Gestaltungsfreiheit der Satzungsgeber in der SE enthält die SE-Verordnung in Art. 9 Abs. 1 lit. b) zudem eine Bestimmung, wonach die Europäische AG den Bestimmungen ihrer Satzung allein soweit unterliegt, wie dies die SE-Verordnung ausdrücklich zulässt. Damit enthält die SE-Verordnung eine Satzungsstrenge, die der deutschen vergleichbar ist oder sogar noch über diese hinausgeht.[444] Die SE als Vorbild für eine gestaltungsoffenere Aktiengesellschaft scheidet daher aus.

Hinzu kommt, dass die Gründungsunternehmen einen je nach Gründungsszenario unterschiedlichen Bezug zu mehreren Mitgliedstaaten haben müssen.[445] Dieser Mehrstaatenbezug dürfte gerade mittelständicshe Unternehmen, die überwiegend national tätig sind, abschrecken.

Gleichwohl lässt sich in einem Teilbereich des SE-Statuts ein Lösungsansatz für das deutsche Problem der Satzungsstrenge entnehmen, der von manchen als das „eigentlich Revolutionäre" am gesamten SE-Projekt gesehen wird: vorgesehen

[440] ABl. EG Nr. L 294 vom 10.11.2001/22.
[441] BGBl. I, S. 3678.
[442] *Thümmel*, Die Europäische Aktiengesellschaft (SE), S. 21.
[443] *Thümmel*, Die Europäische Aktiengesellschaft, S. 22.
[444] *Hommelhoff*, FS Ulmer, 2003, S. 267, 272, *Lutter*, BB 2002, 1.
[445] Mindestens zwei Gründer müssen einen Bezug zu mehreren Mitgliedsstaaten aufweisen (Mehrstaatenbezug). Soweit nur ein Gründer erforderlich ist – z.B. bei der formwechselnden Umwandlung – ist der Mehrstaatenbezug bei diesem erforderlich; vgl.: *Thümmel*, Die Europäische Aktiengesellschaft (SE), S. 26.

ist ein Wahlrecht zwischen monistischem Board Modell nach Schweizer oder amerikanischem Vorbild einerseits und dem dualistischem System nach deutschem Vorbild andererseits.[446] Inwieweit ein vergleichbares Wahlrecht auch in einer deutschen Aktiengesellschaft wünschenswert wäre, wird nachfolgend noch näher behandelt werden.[447]

F. Fazit

Der Befund ist eindeutig: es gab verschiedene Versuche, die Akzeptanz der AG für den Mittelstand zu steigern oder auf anderem Wege eben diesen Unternehmen eine passende Rechtsform zur Seite zu stellen. Das Ergebnis ist jedoch – wie dargestellt – eher ernüchternd. Die nicht aktienrechtlichen Lösungen scheitern in erster Linie daran, dass sie kein hinreichendes Maß an Anlegerschutz gewährleisten. Die aktienrechtlichen Lösungen scheitern daran, dass der Mut zu einer vollständigen Überarbeitung des Aktienrechts fehlte und lediglich hier und da Randkorrekturen vorgenommen wurden.

---

[446] *Thümmel*, Die Europäische Aktiengesellschaft (SE), S. 77.

[447] Hierzu s.u. unter § 6 C. II.

2. Teil: Rechtsvergleichende Überlegungen

§ 5 Rechtsvergleichende Anregungen: Das Schweizerische Aktienrecht

A. Rechtstatsachen – die Popularität der schweizerischen Aktiengesellschaft

Die Aktiengesellschaft ist in der Schweiz – im krassen Gegensatz zu Deutschland – die bei weitem häufigste gesellschaftsrechtliche Form für unternehmerische Tätigkeiten. Ende 2002 gab es in der Schweiz 173.332 Aktiengesellschaften, aber nur 61.442 GmbHs.[448] Die schweizerische AG dient als „Mädchen für alles" für die verschiedenartigsten wirtschaftlichen Bedürfnisse[449] und kommt für den kleinen Einpersonenbetrieb, die Familiengesellschaft, das Tochterunternehmen im Konzern oder das Stammhaus weltweit tätiger Unternehmen gleichermaßen zum Einsatz.[450] Dieser universelle Einsatz einer einzigen Rechtsform ist umso bemerkenswerter, als das schweizerische Aktienrecht an der Einheit des Aktienrechts festhält und für sämtliche Aktiengesellschaften gleiches Aktienrecht gilt.[451] Nur ganz vereinzelt wird nach Größe und volkswirtschaftlicher Bedeutung differenziert.[452]

Die Gründe liegen in der Beschränkung der Leistungspflicht der Gesellschafter und der Beschränkung der Haftung auf das Gesellschaftsvermögen. Die Aktien sind zudem fungibel. Die Aktiengesellschaft dient als Kapitalsammelstelle sowie zur Kapitalbeschaffung, sei es dass dieses Kapital über die Börse nachgefragt wird, sei es durch den Kauf und Verkauf von Aktien auf dem nicht organisierten Kapitalmarkt. Weiterer Vorteil ist das Prinzip der Drittorganschaft.

---

[448] Nachweise aus dem Schweizerischen Handelsamtsblatt vom 04.01.2003, S. 58 bei: *Meier-Hayoz/Forstmoser*, Schweizerisches Gesellschaftsrecht, 2004, S. 661.

[449] So: *Forstmoser/Meier-Hayoz/Nobel*, Schweizerisches Aktienrecht, 1996. § 29 Rdnr. 10; *Forstmoser*, ZGR 2003, S. 688, 691.

[450] *Forstmoser*, ZGR 2003, S. 688, 691.

[451] Obwohl in den Diskussionen um die schweizerische Aktienrechtsreform die Frage aufgeworfen wurde, ob der Gesetzgeber der gewaltigen Vielfalt der aktienrechtlichen Realität Rechnung tragen und die unterschiedlichen Realtypen der AG statt in einer einheitlichen Ordnung in verschiedenen Formen von Aktiengesellschaften regeln sollte, hielt man im Grundsatz an der Einheit des Aktienrechts fest, dazu: *Forstmoser/Meier-Hayoz/Nobel*, Schweizerisches Aktienrecht, 1996. § 2 Rdnr. 60 f.

[452] Nur an wenigen Stellen wird die Einheit des Aktienrechts durch Sondervorschriften für Großgesellschaften durchbrochen, so bei der Pflicht zur Konzernrechnung (OR 663e ff.), bei den Offenlegungsvorschriften hinsichtlich der Jahres- und Konzernrechnung und des Aktionariats (OR 697h, OR 663c) bei der Abschlussprüfung (OR 727b) und bei den Vinkulierungsmöglichkeiten von Namensaktien (OR 685a ff.). Sondervorschriften für kleine personenbezogene Aktiengesellschaften fehlen.

Bis hierher liest sich die Auflistung der Vorteile der schweizerischen Aktiengesellschaft wie diejenige für die deutsche.[453]

Während man anschließend bei der deutschen Aktiengesellschaft jedoch die entscheidenden Nachteile der AG, nämlich ihre Unflexibilität, ihren zwingenden Charakter und ihre hohe Regelungsdichte aufzählen müsste, lässt sich die Auflistung der Vorteile der schweizerischen Aktiengesellschaft fortführen.

Charakteristisch für die schweizerische Ordnung ist zum einen die große Flexibilität mit viel Spielraum für privatautonome Gestaltungen. Zum anderen weist das Aktienrecht in der Schweiz mit lediglich 143 Paragraphen im Obligationenrecht eine erfreuliche Regelungsknappheit auf.[454]

Trotz des beeindruckenden Zahlenmaterials darf nicht übersehen werden, dass die GmbH in der Schweiz – nach umfassender Reform des Aktienrechts im Jahr 1991[455] – in den letzten 13 Jahren einen wahren Boom erlebt hat. Während sich Ende 1991 nur 2.769 Gesellschaften dieser Rechtsform bedienten[456] und die GmbH in der Schweiz somit eine eher zu vernachlässigende Rolle spielte, ist ihre Zahl als Folge der vom Reformgesetzgeber eingeführten verschärften Anforderungen an die AG auf 61.442 Gesellschaften angestiegen[457] - mit weiterhin steigender Tendenz.[458] Noch immer aber ist die AG die bei weitem häufigste Rechtsform für irgendeine wirtschaftliche Tätigkeit, auch für Kleinstunternehmen.[459]

---

[453] Vgl. zur Begründung der Popularität der schweizerischen Aktiengesellschaft: *Schneider*, Seite 2 ff.

[454] Zum Vergleich: In Deutschland besteht das Aktienrecht aus den §§ 1-410.

[455] Zur Reform im Jahr 1991 vgl statt vieler: *Forstmoser/Meier-Hayoz/Nobel*, Schweizerisches Aktienrecht, 1996. § 4 Rdnr. 56 ff.

[456] Nachweise bei: *Forstmoser*, ZGR 2003, S. 688, 692.

[457] Nachweise aus dem Schweizerischen Handelsamtsblatt vom 04.01.2003, S. 58 bei: *Meier-Hayoz/Forstmoser*, Schweizerisches Gesellschaftsrecht, 2004, S. 661.

[458] *Forstmoser*, ZGR 2003, S. 688, 692; ebenso: *Meier-Hayoz/Forstmoser*, Schweizerisches Gesellschaftsrecht, 2004, § 18 Rdnr. 100; dort wird die Anzahl der GmbHs im September 2003 bereits auf über 65.000 geschätzt und es erfolgt der Hinweis, dass neue Körperschaften heute routinemäßig als GmbHs und nur ausnahmsweise als Aktiengesellschaften gegründet werden.

[459] Zur grundsätzlichen Eignung der AG für kleine Gesellschaften: *Meier-Hayoz/Forstmoser*, Schweizerisches Gesellschaftsrecht, 2004, § 16 Rdnr. 485 ff.

B. Charakteristika der Schweizerischen Aktiengesellschaft

I. Gestaltungsfreiheit

Im schweizerischen Aktienrecht herrscht im Grundsatz eine dem deutschen GmbH-Recht vergleichbare Gestaltungsfreiheit.[460] Das schweizerische Aktienrecht ist äußerst flexibel ausgestaltet und nicht zwingend auf einen bestimmten Unternehmenstypus festgelegt. Die gesetzlichen Vorschriften sind dispositiv und können an die Bedürfnisse des Unternehmens angepasst werden.

Das Gesetz schreibt drei Organe, die Generalversammlung (OR 698 ff.), den Verwaltungsrat (OR 707 ff.) und die Revisionsstelle (OR 727 ff.) zwingend vor.

1. Flexibilität des schweizerischen Aktienrechts am Beispiel des Verwaltungsrates

Der Verwaltungsrat ist nach dispositiven Recht das geschäftsführende Organ der Gesellschaft. In OR 716 Abs. 3 hießt es hierzu: „Soweit die Geschäftsführung nicht übertragen worden ist, steht sie allen Mitgliedern des Verwaltungsrates gemeinsam zu." Diese Regelung ist auf die in der Praxis sehr zahlreichen „Personengesellschaften in der Rechtsform der AG" ausgerichtet.[461] Für große Gesellschaften ist die Gesamtgeschäftsführung durch den Verwaltungsrat gänzlich ungeeignet, und zumindest die laufende Geschäftsführung muss schon bei mittelgroßen Gesellschaften delegiert werden. Gerade hierbei zeichnet sich das schweizerische Recht durch große Flexibilität aus: Nach OR 716b Abs. 1 können die Statuten den Verwaltungsrat ermächtigen, die Geschäftsführung nach Maßgabe eines Organisationsreglements ganz oder zum Teil an einzelne Mitglieder oder an Dritte zu übertragen. Gemäß OR 718 Abs. 2 kann der Verwaltungsrat die Vertretung einem oder mehreren Mitgliedern (Delegierten) oder Dritten (Direktoren) übertragen. Dadurch ist es möglich, die Organisation den Bedürfnissen des Unternehmens anzupassen und von dem reinen Monismus, wonach der Verwaltungsrat die Geschäftsführung vollständig selbst ausübt, abzuweichen.

Möglich sind im Wesentlichen drei Ausgestaltungskonzepte:[462]

a) Umsetzung des „Board"- Systems

Zum einen kann die Geschäftsführung und Vertretung einzelnen „internen" Mitgliedern des Verwaltungsrates zugewiesen werden. Diese sind dann hauptamt-

---

[460] Vgl. *Forstmoser/Meier-Hayoz/Nobel*, Schweizerisches Aktienrecht, § 2, N 3 ff.

[461] Vgl.: *Meier-Hayoz/Forstmoser*, Schweizerisches Gesellschaftsrecht, 2004, § 16 Rdnr. 348.

[462] Zu den einzelnen Ausgestaltungen: *Meier-Hayoz/Forstmoser*, Schweizerisches Gesellschaftsrecht, 2004, § 16 Rdnr. 447 ff.

lich tätig, während weitere „externe" Mitglieder im Wesentlichen eine Überwachungsfunktion erfüllen. Eine solche Organisation entspricht mehr oder weniger dem amerikanischem „Board-System".[463]

Als Variante dieses Systems können auch Teile der Geschäftsführung (bspw. Einkauf, Produktion, Verkauf) delegiert werden, während andere Aufgaben (etwa Finanzen) beim Verwaltungsrat verbleiben.

b) Annäherung an das dualistische deutsche System

Als weitere Möglichkeit können die Geschäftsführung und Vertretung (im Rahmen des gesetzlich Zulässigen) weitgehend an nicht dem Verwaltungsrat angehörige Direktoren delegiert werden, während dem Verwaltungsrat als Ganzem überwiegend Aufsichtsfunktionen verbleiben. Damit kann das dualistische System nach deutschem Vorbild – Zweiteilung in ein geschäftsführendes Organ und ein Aufsichtsorgan – nachempfunden werden, freilich nicht mit der Konsequenz eines eigentlichen Aufsichtsratssystems, da gewisse Kompetenzen mit Geschäftsführungscharakter – wie nachfolgend noch näher erläutert wird – beim Verwaltungsrat bleiben müssen.[464]

c) Machtkonzentration bei einem „President Directeur Général"

Schließlich können auch einem Delegierten des Verwaltungsrates weitestgehende Befugnisse eingeräumt werden und ihm kann zugleich das Amt des Verwaltungsratspräsidenten zukommen. Dies entspricht in etwa dem klassischen französischen Modell des „Président Directeur Général", wobei aber nicht dieselbe Machtfülle in der Hand einer Einzelperson vorgesehen werden kann wie nach französischem Recht.[465]

2. Schranken der privatautonomen Gestaltung

Nach schweizerischem Recht kann somit die Geschäftsführung vom Verwaltungsrat übertragen werden, sie muss es aber nicht. Die Übertragung ist entweder möglich an einzelne seiner Mitglieder oder an Dritte. Die Aktionäre müssen in den Statuten (in deutscher Terminologie: „der Satzung") eine Ermächtigung zur Kompetenzdelegation vorsehen.[466] Im Rahmen dieser Ermächtigung kann der Verwaltungsrat die Geschäftsführung oder Teile derselben delegieren. Ob er

---

[463] Zu der beschriebenen Ausgestaltung: *Meier-Hayoz/Forstmoser*, Schweizerisches Gesellschaftsrecht, 2004, § 16 Rdnr. 452; *Forstmoser*, in ZGR 2003, 688, 699.

[464] Zu der beschriebenen Ausgestaltung: *Meier-Hayoz/Forstmoser*, Schweizerisches Gesellschaftsrecht, 2004, § 16 Rdnr. 453; *Forstmoser*, in ZGR 2003, 688, 699, 702.

[465] Zu der beschriebenen Ausgestaltung: *Meier-Hayoz/Forstmoser*, Schweizerisches Gesellschaftsrecht, 2004, § 16 Rdnr. 454; *Forstmoser*, in ZGR 2003, 688, 699 f.

[466] OR 716 b Abs. 1.

hiervon Gebrauch macht, liegt in seinem Ermessen. Die Anpassung der Organisation der aktienrechtlichen Exekutive bleibt daher in weitem Umfang möglich.

Allerdings sieht das Gesetz in OR 716a Abs. 1 gewisse Schranken vor, wonach bestimmte Aufgaben dem Verwaltungsrat unübertragbar und unentziehbar zugewiesen sind. Zu diesen Aufgaben gehören die Oberleitung der AG im Sinne einer Festlegung der Unternehmensstrategie, die Oberaufsicht über die Gesellschaft, die Festlegung ihrer Organisation, die Planung – insbesondere durch den Einsatz der finanziellen Mittel -, die maßgebenden personellen Entscheidungen, der Verkehr mit den Aktionären und schließlich die Benachrichtigung des Richters im Fall der Überschuldung.[467]

Die Grundordnung des deutschen Aktienrechts, wonach der Vorstand gemäß § 76 Abs. 1 AktG die Gesellschaft unter eigener Verantwortung zu leiten hat und dem Aufsichtsrat im Wesentlichen Überwachungsfunktionen zukommen, ist daher in der Schweiz nicht umsetzbar. Dem Verwaltungsrat verbleibt vielmehr auch dann, wenn er seine Funktionen auf das gesetzlich zulässige Minimum reduziert, ein weit größerer Aufgabenbereich als dem deutschen Aufsichtsrat. Dieser hat – von der Bestellung des Vorstands und der Beschlussfassung über bestimmte ihm zur Zustimmung vorzulegende Geschäfte abgesehen – kaum Entscheidungskompetenzen, während der Verwaltungsrat des schweizerischen Rechts auch bei größtmöglicher Kompetenzdelegation die grundlegenden unternehmerischen Entscheidungen selbst treffen muss.[468]

II. Leitbild

Trotz der Offenheit des Aktienrechts hat der Gesetzgeber sich bei der Ausgestaltung des Aktienrechts an mittelgroßen Publikumsgesellschaften orientiert.[469] Das Leitbild lässt sich bei dieser Betrachtungsweise wie folgt skizzieren:

„Die Aktiengesellschaft ist eine wirtschaftliche Zwecke verfolgende und nach Gewinn strebende, kapitalbezogen strukturierte Publikumsgesellschaft mit relativ großem Grundkapital und relativ großem Geschäftsvolumen, die eine veränderliche Vielzahl selbständig handelnder mit der Gesellschaft nur durch ihre Kapitalbeteiligung verbundener Aktionäre aufweist.“[470]

---

[467] Vgl. *Meier-Hayoz/Forstmoser*, Schweizerisches Gesellschaftsrecht, 2004, § 16 Rdnr. 455 ff.; *Forstmoser*, in ZGR 2003, 688, 700 ff.

[468] *Forstmoser*, in ZGR 2003, 688, 702.

[469] *Forstmoser/Meier/Hayos/Nobel*, Schweizerisches Aktienrecht, § 2 N 13, wobei diese Auffassung nicht unumstritten ist, vgl.. *Forstmoser/Meier/Hayos/Nobel*, a.a.O.

[470] Vgl. *Forstmoser/Meier/Hayos/Nobel*, Schweizerisches Aktienrecht, § 2 N 14.

Durch diese Umschreibung erfolgt eine Abgrenzung gegenüber Erscheinungsformen wie der personenbezogenen Aktiengesellschaft, der nicht wirtschaftlichen Aktiengesellschaft und der Kleinstgesellschaft.[471]

Obwohl der Gesetzgeber bei der Ausgestaltung des Aktienrechts vor allem die Publikumsgesellschaft vor Augen hatte,[472] ist diese Ausrichtung im schweizerischen Recht nur beschränkt realisiert worden,[473] so dass diesem Typusmerkmal keine allzu große Bedeutung beigemessen werden kann. Dies gilt insbesondere vor dem Hintergrund, dass die Aktiengesellschaft in der Schweiz gerade nicht nur für Großunternehmen als Rechtsform gewählt wurde, sondern – wie dargelegt – als Allroundinstrument für Gesellschaften unterschiedlichster Struktur und Größe fungiert.

So ist der Gesetzgeber den Weg gegangen, das Aktienrecht im Grundsatz flexibel auszugestalten und somit für die unterschiedlichsten Realtypen vom Kleinst- bis zum Großunternehmen den Zugang zu dieser Rechtsform zu ermöglichen und andererseits dieses für alle Gesellschaften gleichermaßen geltende Recht durch Sondervorschriften für Großgesellschaften an verschiedenen Stellen anzureichern.[474] Nach alledem ist das Schweizerische Aktienrecht zwar auch, aber eben nicht nur auf Großunternehmen ausgerichtet.[475] Bereits an dieser Stelle lässt sich somit festhalten, dass dem schweizerischen Aktienrecht eine ganz andere Konzeption als dem deutschen zugrunde liegt: Die Basis der aktienrechtlichen Regelungen, die für alle Gesellschaften gleichermaßen gilt, ist schlank und flexibel. Für Großunternehmen gelten einige Sonderregelungen. Die Organisationsstruktur lässt sich weitgehend an Größe und Bedürfnisse des Unternehmens anpassen. Eine Standardisierung der Aktie und der mit ihr verbrieften Rechte wie im deutschen Recht bzw. eine weitgehend zwingende Ausgestaltung des Aktienrechts – beides Folgen der deutschen Satzungsstrenge - sind dem schweizerischen Recht fremd.

---

[471] Vgl. *Forstmoser/Meier-Hayos/Nobel*, a.a.O.

[472] *Forstmoser/Meier-Hayoz/Nobel*, Schweizerisches Aktienrecht, § 2 N 21.

[473] Vgl. dazu: *Forstmoser/Meier-Hayoz/Nobel*, Schweizerisches Aktienrecht, § 2 N 58.

[474] So bei der Pflicht zur Konzernrechnung (OR 663e ff.), bei den Offenlegungsvorschriften hinsichtlich der Jahres- und Konzernrechnung und des Aktionäre (OR 697h, OR 663c) bei der Abschlussprüfung (OR 727b) und bei den Vinkulierungsmöglichkeiten von Namensaktien (OR 685a ff.).

[475] Die AG in der Schweiz ist sowohl für Großgesellschaften, als auch für kleine Gesellschaften geeignet; hierzu: *Meier-Hayoz/Forstmoser*, Schweizerisches Gesellschaftsrecht, 2004, § 16 Rdnr. 484, 485 ff.; gleichwohl wurde in der letzten Aktienrechtsreform im Jahr 1991 verstärkt auf die Bedürfnisse der größeren Unternehmen Rücksicht genommen, was seitdem zu einem Zuwachs von Neugründungen in der Rechtsform der GmbH geführt hat, vgl. dazu: *Meier-Hayoz/Forstmoser*, Schweizerisches Gesellschaftsrecht, 2004, § 16 Rdnr. 493.

C. Verwirklichung von Anlegerschutz in der Schweiz

I. Bedeutung der Fragestellung

Wie die vorstehenden Ausführungen gezeigt haben, fehlt eine dem deutschen Grundsatz der Satzungsstrenge vergleichbare Regelung in der Schweiz. Vielmehr zeigt das schweizerische Aktienrecht eine erfreuliche Flexibilität und Regelungsknappheit. Die entscheidende Frage in diesem Zusammenhang ist jedoch, wie in der Schweiz Anlegerschutz realisiert wird, der in Deutschland als Legitimation der Satzungsstrenge herangezogen wird. Auf der Grundlage dieser rechtsvergleichenden Überlegung soll sodann versucht werden, den Ansatz einer Lösung des Problems der Satzungsstrenge zu entwickeln.

II. Anlegerschutz in der Schweiz

1. Konzeption von Anlegerschutz / Kapitalmarktrecht in der Schweiz

Das Kapitalmarktrecht in der Schweiz ist – ebenso wie in Deutschland[476] - darauf ausgerichtet, die notwendigen rechtlichen Vorkehrungen für das Funktionieren des Marktes und den Handel von Kapitalmarktpapieren bereitzustellen. Im Mittelpunkt steht die Gewährleistung der Bedingungen eines effizienten Kapitalmarktes.[477]

Das schweizerische Recht versteht Kapitalmarktrecht nicht primär als Anlegerschutzrecht im Sinne des Individualschutzes, sondern auch hier ist Individualschutz Mittel zum Zweck des Funktionenschutzes, da das Vertrauen der Anleger in die Stabilität und Integrität des Kapitalmarktes nur mit einem Mindestmaß an individuellem Anlegerschutz geschaffen werden kann.[478] Das Bundesgesetz über die Börsen und den Effektenhandel (BEHG) bezeichnet folgerichtig in Art. 1 als Teil seiner Zielsetzung die Schaffung eines Rahmens „um die Funktionsfähigkeit der Effektenmärkte zu gewährleisten.“

Das am Funktionenschutz orientierte Verständnis von Kapitalmarktrecht und Anlegerschutz ist somit vergleichbar mit der diesbezüglichen Rechtslage in Deutschland.[479]

2. Mittel des Anlegerschutzes

Anders als in Deutschland ist das Aktienrecht in der Schweiz weitgehend flexibel und an die Bedürfnisse des jeweiligen Unternehmens anpassbar. Ein der

---

[476] Vgl. dazu oben unter § 2. A. I.
[477] Vgl. *Werlen*, SZW 1995, 270, 275.
[478] Vgl. *Werlen*, a.a.O.
[479] Hierzu s.o. unter § 2. A. I.

deutschen Satzungsstrenge vergleichbarer Grundsatz ist dem schweizerischen Recht fremd. Da Anlegerschutz offensichtlich nicht mit einer Standardisierung der Aktie und der mit ihr verbrieften Rechte verwirklicht wird, stellt sich die Frage, wie in der Schweiz Anlegerschutz – mit dem Ziel, die Funktionsfähigkeit der Kapitalmärkte zu gewährleisten – verwirklicht wird.

Mittel des schweizerischen Anlegerschutzes sind – wie nachfolgend näher dargestellt werden wird – zum einen kapitalmarktrechtliche Regelungen, zum anderen Sondervorschriften im OR für Börsengesellschaften. Darüber hinaus sind Tendenzen in der Schweiz erkennbar, dass einer Selbstregulierung, nicht zuletzt unter dem Stichwort „Corporate Governance" entsprechend dem Swiss Code of Best Practice[480] eine wachsende Bedeutung zukommt.

3. Kapitalmarktrechtliche Regelungen

a) Das Börsengesetz und weitere kapitalmarktrechtliche Regelungselemente

Nachdem in der Vergangenheit das Kapitalmarktrecht lediglich kantonal geregelt war, wurde am 24.03.1995 das eidgenössische Börsengesetz als Bundesgesetz verabschiedet.[481] Dieses Gesetz wurde gestaffelt in Kraft gesetzt und ist in vollem Umfang seit dem 01.01.1998 geltendes Recht. Flankiert wird das Börsengesetz als zentrales kapitalmarktrechtliches Regelungsinstrument durch verschiedene Verordnungen.[482]

Obwohl das Börsengesetz noch relativ jungen Datums ist, handelt es sich hierbei nicht um eine grundsätzliche Neuordnung des Kapitalmarktrechts, wie es vielleicht den Anschein haben könnte.[483]

aa) Die Zielsetzung

Im Vordergrund des Gesetzes steht die Gewährleistung der Funktionsfähigkeit der Effekten- bzw. Kapitalmärkte.[484]

Der Sache nach sind das Börsengesetz sowie die Entwicklung des schweizerischen Kapitalmarktrechts ein klares Bekenntnis zur Transparenz und Gleichbehandlung der Aktionäre.

---

[480] Es handelt sich um ein unter Federführung des Spitzenverbandes der Wirtschaft, economiesuisse, erarbeitetes Dokument.

[481] Bundesgesetz über die Börsen und den Effektenhandel, Börsengesetze; BEHG; SR 954.1; BBL 1995 II 419 ff.

[482] Vgl. hierzu Auflistung bei *Nobel*, Schweizerisches Finanzmarktrecht, § 8 C, S. 363f.;

[483] Vgl. hierzu: *Nobel*, Schweizerisches Finanzmarktrecht, § 8, N 31.

[484] Vgl. Begründungen zum Entwurf des Bundesrates vom 24.09.1993, BBL 1993 I, 1369.

bb) Die Kotierung

Besondere Beachtung soll in diesem Zusammenhang die Zulassung von Aktien an der schweizerischen Börse (Kotierung) finden, da jedenfalls dann ein hinreichendes Maß an Anlegerschutz gewährleistet sein muss und sich in diesem Zusammenhang wertvolle Hinweise für die Ausgangsfrage, wie Anlegerschutz in der Schweiz verwirklicht wird, ergeben können.

Kotierung bedeutet die Zulassung von Effekten - insbesondere Aktien - zum Handel an den Haupt- und Nebenbörsen.[485] Zentrale Erstinstanz in Zulassungsfragen ist die sogenannte Zulassungsstelle. Diese entscheidet, gestützt auf Artikel 8 BEHG sowie Artikel 19 Ziff. 1 der Statuten der Schweizer Börse, über die Zulassung von Wertpapieren[486] und überwacht die Einhaltung der Pflichten der Emittenten während der Kotierung. Sie entscheidet ferner über Aufhebung, Sistierung[487] und Streichung der Kotierung.[488]

Artikel 8 BEHG enthält verschiedene Rahmenvorschriften, zu dem für die Zulassung von Effekten zu erlassenden Kotierungsreglement (KR).

Hiernach soll die Börse ein Reglement über die Zulassung von Effekten zum Handel erlassen. Dieses Reglement enthält Vorschriften über die Handelbarkeit der Effekten und legt fest, welche Informationen für die Beurteilung der Eigenschaften der Effekten und der Qualität des Emittenten durch die Anleger nötig sind. Es soll weiterhin international anerkannten Standards Rechnung tragen. Die Börse wiederum soll die Zulassung erteilen, wenn die Bedingungen des Reglements erfüllt sind. Das Kotierungsreglement und dessen Änderungen bedürfen der Zustimmung der Aufsichtsbehörden.[489]

Der Gesetzgeber hat somit nur wenige Vorgaben für die konkrete Ausgestaltung des Kotierungsreglements gemacht, sondern vielmehr der Börse den Regelungsauftrag erteilt, ein bestimmtes Reglement zu erlassen, in welchem die Zulassungsvoraussetzungen festgelegt sind. Die Ausgestaltung selbst hat der Gesetzgeber der Selbstregulierung durch die Börse überlassen. Die Tätigkeit der Aufsichtsbehörde beschränkt sich auf die Überprüfung der Gesetzmäßigkeit.

---

[485] So die Legaldefinition in Artikel 2 lit. c BEHG. Unter „Börsen" versteht Art. 2 lit. b BEHG Einrichtungen des Effektenhandels, die den gleichzeitigen Austausch von Angeboten unter mehreren Effektenhändlern sowie den Vertragsschluss bezwecken.

[486] Bzw. „Valoren" in der schweizerischen Terminologie.

[487] Im Sinne einer vorläufigen Einstellung des Handels der Wertpapiere.

[488] Vgl. *Nobel*, § 9, N 50 ff.

[489] Vgl. zum Umfang der Überprüfung der Börsenreglements im Rahmen des Genehmigungsverfahrens: *Nobel*, § 3, N 206.

Das Kotierungsreglement, das Anfang 1996 von der Zulassungsstelle der Schweizer Börse SWX erlassen und seither mehrfach revidiert wurde, bezweckt, den Emittenten einen möglichst freien und gleichen Zugang zur Schweizer Börse zu verschaffen und für die Anleger Transparenz hinsichtlich der Emittenten und Effekten sicherzustellen.[490]

Mittel der Transparenz sind der Kotierungsprospekt einerseits und die Ad-Hoc-Publizität andererseits.

(1) Kotierungsprospekt

Artikel 32 KR hält den Grundsatz des Kotierungsprospektes fest:

„Im Hinblick auf die Kotierung haben Emittenten einen Kotierungsprospekt zu veröffentlichen, welcher die Angaben enthält, die nötig sind, um den sachkundigen Anlegern ein begründetes Urteil über die Vermögens-, Finanz- und Ertragslage und die Entwicklungsaussichten des Emittenten sowie über die mit dem Valor verbundenen Rechte zu gestalten. Auf besondere Risiken ist ausdrücklich hinzuweisen."

Sinn und Zweck des Kotierungsprospektes ist es, den sachkundigen Anleger zu informieren.

Im Rahmen dieser Informationspflichten wäre auch das Organisationsreglement bzw. die Satzung der Gesellschaft zu erläutern, sofern dieses erwähnenswerte Züge aufweist, weil von der durch das schweizerische Aktienrecht eröffneten Gestaltungsfreiheit Gebrauch gemacht wurde und diese Angaben notwendig sind, um den Anlegern ein Urteil über den Emittenten zu ermöglichen.

(2) Ad hoc-Publizität

Neben der Veröffentlichung des Kotierungsprospektes bei Erstkotierung der Aktien sieht das Kotierungsreglement in Artikel 72 KR eine Verpflichtung zu kontinuierlicher Bekanntgabe konkursrelevanter Informationen vor:

Der Emittent ist nach dieser Vorschrift verpflichtet, den Markt über konkursrelevante Tatsachen, welche in seinem Tätigkeitsbereich eingetreten und nicht öffentlich bekannt sind, zu informieren. Als konkursrelevant gelten neue Tatsachen, die wegen ihrer beträchtlichen Auswirkungen auf die Vermögens- und Finanzlage oder auf den allgemeinen Geschäftsgang des Emittenten geeignet sind, zu einer erheblichen Änderung der Kurse zu führen.

---

[490] Artikel 1 KR.

Bekannt zu geben sind die Tatsachen aus dem eigenen Tätigkeitsbereich, die beträchtliche Auswirkungen auf die Finanzierung oder den Geschäftsgang haben und geeignet sind, den Kurs erheblich zu beeinflussen. Es kommen somit in Frage: Strukturveränderungen, Kapitalveränderungen, wesentliche Änderungen in der Gewinnsituation, wesentliche Änderungen im Geschäftsverlauf sowie überraschende personelle Veränderungen.[491]

(3) Börsenrechtliche Meldepflichten

Das Börsengesetz, dessen Ziel es ist, Transparenz für die Anleger zu gewährleisten, legt in Artikel 20 BEHG Pflichten zu Offenlegung von Beteiligungen fest.[492]

Meldepflichtig sind neben dem Erwerber bzw. Veräußerer auch etwa hiervon personenverschiedene wirtschaftlich Berechtigte aus direkt oder indirekt erworbenen oder veräußerten Beteiligungspapieren.[493] Damit hat dieser Begriff des „wirtschaftlich Berechtigten", der im Finanzmarktrecht an anderer Stelle erstmals bei der Verpflichtung der Banken zur Identifizierung des Vertragspartners bei Aufnahme von Geschäftsbeziehungen verwendet wurde,[494] auch Eingang in das börsenrechtliche Meldewesen gefunden und führt letztlich dazu, dass eine Umgehung der Meldepflichten durch die Einschaltung von Strohmännern oder durch Gestaltungen, die den „wirklichen Gesellschafter" verschleiern, verhindert werden soll.

Die Verletzung der Meldepflicht ist mit Bußgeldern bedroht.

b) Gesellschaftsrechtliche Regelungen

Die Regelungen im Obligationenrecht (OR) über die Aktiengesellschaft treffen an mehreren Stellen eine Differenzierung nach dem Kriterium der Kotierung. Zu nennen sind in erster Linie folgende Sondervorschriften für Börsengesellschaften:

---

[491] Vgl. *Nobel*, Schweizerisches Finanzmarktrecht, § 10, Rdnr. 148.

[492] Wer Aktien von Gesellschaften mit Sitz in der Schweiz, deren Beteiligungspapiere mindestens teilweise in der Schweiz kotiert sind, direkt, indirekt oder in Absprache mit Dritten erwirbt oder veräußert und dadurch den Grenzwert von 5, 10, 20, 33 1/3 oder 66 2/3 % der Stimmrechte erreicht, unter- oder überschreitet, muss dies der Gesellschaft und den Börsen an denen die Beteiligungspapiere kotiert sind, melden (vgl. Artikel 20 Abs. 1 BEHG). Haben die Börsen Grund zu der Annahme, dass ein Aktionär seiner Pflicht nicht nachgekommen ist, so ist dies der Aufsichtsbehörde mitzuteilen.

[493] Vgl. Artikel 9 BEHV-EBK.

[494] Entsprechend der Vereinbarung über die Standesregeln zur Sorgfaltspflicht der Banken (VSB), hierzu: *Nobel*, Schweizerisches Finanzmarktrecht, § 4 N 230 ff.

OR 663 c regelt die Verpflichtung der Gesellschaft zur Bekanntgabe von Beteiligungsverhältnissen.[495]

Nach OR 663 Abs. 3 Ziff. 2 sind Gesellschaften, deren Aktien an der Börse kotiert sind, verpflichtet, einen Konzernabschluss zu erstellen. OR 697 h verpflichtet diese Gesellschaften weiterhin, Jahresabschluss und Konzernabschluss entweder im Schweizerischen Handelsamtsblatt zu veröffentlichen oder jeder Person, die es innerhalb eines Jahres verlangt, eine Ausfertigung zuzustellen.[496]

Revisoren müssen bei kotierten Gesellschaften besondere fachliche Voraussetzungen erfüllen (OR 727 b I, Ziff. 2).[497]

Bei börsenkotierten Gesellschaften sind die Vinkulierungsmöglichkeiten begrenzt (OR 685 d), die Rechte an den Aktien solcher Gesellschaften gehen trotz Vinkulierung mit der Übertragung auf den Erwerber über (OR 685 f).

aa) Das Gleichbehandlungsprinzip

Der Grundsatz der Gleichbehandlung durchzieht das Schweizerische Aktienrecht wie ein roter Faden. Die primären Aktionärsrechte, wie das Recht auf Beteiligung am Bilanzgewinn, am Liquidationsergebnis, das Stimmrecht und das Bezugsrecht im Fall von Kapitalerhöhungen basieren – so die Schlussfolgerung von *Hofstetter* – auf dem Konzept der Gleichbehandlung.[498]

Jedem Aktionär stehen im Verhältnis zu seinem Kapitalanteil dieselben Rechte zu. Ausfluss dieses Gleichheitsgrundsatzes sind weitere Informationsrechte und Klage bzw. Anfechtungsrechte.

Eine ausdrückliche Verankerung des Gleichbehandlungsgrundsatzes findet sich in Art. 706 Abs. 1 Ziff. 3 OR, nach dem Beschlüsse der Generalversammlung anfechtbar sind, sofern sie „eine durch den Gesellschaftszweck nicht gerechtfertigte Ungleichbehandlung oder Benachteiligung der Aktionäre bewirken." In OR 717 Abs. 2 wird die allgemeine Sorgfaltspflicht der Mitglieder des Verwaltungs-

---

[495] Artikel 663 c OR regelt, dass Gesellschaften, deren Aktien an einer Börse kotiert sind, im Anhang zur Bilanz bedeutender Aktionäre und deren Beteiligungen anzugeben haben, sofern diese bekannt sind oder bekannt sein müssten. Bedeutende Aktionäre (oder gleichgestellte stimmrechtsverbundene Aktionärsgruppen) sind solche, deren Beteiligung 5 % aller Stimmrechte übersteigt; eine Meldepflicht seitens der Aktionäre besteht nicht.

[496] Bei Aktiengesellschaften, deren Aktien nicht an der Börse kotiert sind und bei denen die Gesellschaft auch keine Anleiheobligationen ausstehen hat, haben Gläubiger nur dann das Recht, Einsicht in die Jahres- und Konzernabschlüsse und die Revisionsberichte zu nehmen, wenn sie ein schutzwürdiges Interesse nachweisen (OR 697 h Abs. 2).

[497] Die fachlichen Anforderungen an die besonders befähigten Revisoren umschreibt der Bundesrat (OR 727b Abs. 2).

[498] *Hofstetter*, SZW/RSDA 1996, 222, 223.

rates und der Geschäftsleitung ergänzt durch folgende Auflage: „Sie [d.h. die Mitglieder des Verwaltungsrates und die mit der Geschäftsleitung befassten Personen] haben die Aktionäre unter gleichen Bedingungen gleich zu behandeln.“

Im Hinblick auf den Gleichbehandlungsgrundsatz als aktienrechtliches Mittel des Anlegerschutzes ergeben sich als Funktionen des Gleichbehandlungsprinzips zum einen die Gewährleistung der Funktionstüchtigkeit der Aktiengesellschaft, zum anderen die Gewährleistung der Funktionstüchtigkeit der Kapitalmärkte.

Im Einzelnen:

(1) Gewährleistung der Funktionstüchtigkeit der Aktiengesellschaft

Die bei der Schweizerischen Aktiengesellschaft vorherrschende Dispositionsfreiheit findet dort ihre Grenze, wo die Gleichbehandlung der Aktionäre berührt wird.[499] Gleichbehandlung bedeutet im Aktienrecht in der Regel relative Gleichbehandlung. Differenzierungen sind möglich, wenn sie nach einem gleichen Maßstab erfolgen. Dieser Maßstab ist angesichts der kapitalbezogenen Struktur der Aktiengesellschaft derjenige der Kapitalbeteiligung.[500]

Nach der Kapitalbeteiligung bemisst sich das Stimmrecht des Aktionärs.[501]

Ebenfalls allen Aktionären stehen zwingend die gesetzlichen Informations- und Klagerechte zu.[502]

Weiterhin geschützt ist das Recht des Aktionärs auf einen Anteil am Bilanzgewinn und am Liquidationsergebnis.

Der Gleichbehandlungsgrundsatz, der eine einheitliche Berechtigung aller Aktionäre – teils jedoch abgestuft nach dem Kapitalanteil – begründet, kann einen Schutz in verschiedene Richtungen begründen.

Positiv gibt er Einzelnen einen Anspruch auf Gleichbehandlung. Negativ gibt er Abwehrrechte gegen die Bevorzugung anderer, insbesondere gegen die Durchsetzung von Sonderrechten und gegen die ungleiche Beschneidung von Rechtspositionen, insbesondere gegen die Belastung mit Nachteilen, die nicht alle Mitglieder treffen.

---

499 *Forstmoser / Meier-Hayoz / Nobel*, Schweizerisches Aktienrecht, § 39 N 51ff.
500 *Meier-Hayoz/Forstmoser*, Schweizerisches Gesellschaftsrecht, 2004, § 16 Rdnr. 115.
501 Art. 692 Abs. 2 OR.
502 Art. 696 Abs. 1, 697, 706, 752 ff. OR.

Jeder Eingriff in Aktionärsrechte (und damit auch jede Beeinträchtigung des Gleichbehandlungsprinzips) muss schonend erfolgen. Stehen mehrere Wege offen, um ein bestimmtes legitimes Ziel zu erreichen, dann muss die Gesellschaft denjenigen wählen, der die Aktionärsrechte am wenigsten beeinträchtigt.[503]

Der Gleichbehandlungsgrundsatz garantiert somit ein Mindestmaß an Gesellschafterrechten, die aus Gründen der Funktionstüchtigkeit der Aktiengesellschaft als Rechtsform nicht abdingbar sein können.[504]

(2) Gewährleistung der Funktionstüchtigkeit der Kapitalmärkte

Weil das Gleichbehandlungsprinzip jeden einzelnen Aktionär vor einer Ungleichbehandlung schützt und ihm bestimmte Mindestrechte zwingend zustehen, wird (mittelbar) das Vertrauen aller Aktionäre in die Aktienmärkte gestärkt.

Gesetzliche Normen, welche auf dieser Funktion des Gleichbehandlungsprinzips beruhen, sind etwa die Publizitätspflichten für börsenkotierte Gesellschaften im Aktien- oder Börsenrecht, das Insiderverbot,[505] das Verbot der Kursmanipulation oder die Angebotspflicht gemäß Art. 32 BEHG.[506]

c) Corporate Governance

Ende der Neunzigerjahre tauchte auch in der Schweiz ein Begriff auf, der im Ausland – vor allem im angelsächsischen Bereich – in aller Munde war: Corporate Governance. Entsprechend dem Anliegen der Corporate Governance – Bewegung standen die „richtige" Struktur von Unternehmen, die Zielsetzung unternehmerischer Tätigkeit, die effiziente Kontrolle ohne Einbusse an Effizienz und Transparenz zur Diskussion.[507] Der Dachverband der Wirtschaft, economiesuisse, hat seit Mitte 2002 einen Swiss Code of Best Practice for Corporate Governance[508] ausgearbeitet, der für Gesellschaften mit börsenkotierten Papieren Grundsätze aufstellt: Leitlinie ist das Aktionärsinteresse. Ziel ist ein ausgewogenes Verhältnis von Führung und Kontrolle. Sicherzustellen sind Entscheidungs-

---

[503] *Meier-Hayoz/Forstmoser*, Schweizerisches Gesellschaftsrecht, 2004, § 16 Rdnr. 119.
[504] *Hofstetter*, SZW/RSDA 1996, 222, 225 ff.
[505] Gem. Art. 161 StGB (Schweiz).
[506] Art. 32 BEHG normiert eine Pflicht zur Unterbreitung eines Angebotes für alle kotierten Beteiligungspapiere der Gesellschaft, wenn ein Aktionär durch Erwerb von neuen Aktien mehr als 33 1/3 % der Stimmrechte der Gesellschaft erhält.
[507] Zur Corporate Governance Debatte in der Schweiz: *Meier-Hayoz/Forstmoser*, Schweizerisches Gesellschaftsrecht, 2004, § 10 Rdnr. 116f ff..
[508] Vollständiger Text des Swiss Code of Best Practice for Corporate Governance unter: http://www.economiesuisse.ch.

fähigkeit und Effizienz der Unternehmensleitung. Zudem soll all dies transparent und nachprüfbar für Aktionäre – wie auch für künftige Investoren – sein.[509]

Nach eigenem Bekenntnis soll der „Swiss Code" Leitlinien setzen und Empfehlungen abgeben, nicht jedoch den Schweizer Unternehmen eine „Zwangsjacke" anziehen.[510]

Ebenfalls Mitte 2002 hat die Schweizer Börse SWX eine „SWX-Richtlinie betreffend Informationen zur Corporate Governance" erlassen.[511] Diese Richtlinie soll dafür sorgen, dass den Investoren – also nicht nur den bestehenden Aktionären, sondern auch Personen, die in Erwägung ziehen, in eine Gesellschaft zu investieren -, bestimmte Schlüsselinformationen zur Corporate Governance in geeigneter Form zugänglich gemacht werden. Doch gilt der Grundsatz „comply or explain": eine Gesellschaft kann von der Offenlegung bestimmter Informationen absehen, doch muss sie dies im Geschäftsbericht einzeln und substantiell begründen.[512] Zu dieser flexiblen Ordnung gibt es eine Ausnahme: zwingend zu veröffentlichen sind die Angaben zu den Entschädigungen, Beteiligungen und Darlehen von Mitgliedern des Verwaltungsrates und der Geschäftsleitung.[513]

Ob und inwieweit die Regelungen zur Corporate Governance auch im Gesetz ihren Niederschlag finden werden, ist derzeit noch offen.[514]

d) Wachsende Bedeutung der Selbstregulierung

Wie die vorstehenden Ausführungen gezeigt haben, wird das Schweizer Aktienrecht – insbesondere soweit börsenkotierte Gesellschaften betroffen sind – mehr und mehr durch Selbstregulierungen der direkt interessierten Kreise weiterentwickelt. In diesem Zusammenhang sind nochmals das Kotierungsreglement, der Swiss Code of Best Practice for Corporate Governance und die SWX-Richtlinie betreffend Informationen zur Corporate Governance zu nennen.

Derart selbst geschaffenes Recht der Wirtschaft zeichnet sich nicht selten durch besondere Qualität und hohe Flexibilität aus. Die Qualität ist durch die Fach-

[509] Vgl. dazu: *Meier-Hayoz/Forstmoser*, Schweizerisches Gesellschaftsrecht, 2004, § 10 Rdnr. 116f ff.

[510] Vgl. dazu: Swiss Code of Best Practice for Corporate Governance, S. 6, http://www.economiesuisse.ch.

[511] SWX-Richtlinie betreffend Informationen zur Corporate Governance, beschlossen am 17. April 2002 und in Kraft getreten am 1. Juli 2002. Die Richtlinie ist erstmals im Bericht für dasjenige Geschäftsjahr umzusetzen, das am oder nach dem 1. Januar 2002 beginnt.

[512] *Meier-Hayoz/Forstmoser*, Schweizerisches Gesellschaftsrecht, 2004, § 10 Rdnr. 116i.

[513] Hierzu: *Meier-Hayoz/Forstmoser*, Schweizerisches Gesellschaftsrecht, 2004, § 10 Rdnr. 116i ff.

[514] Zum Stand der parlamentarischen Vorstöße: *Duc*: Die Volkswirtschaft 2003, 18, 19.

kompetenz der am Normbildungsverfahren Beteiligten[515] und durch das Fehlen von parteipolitischen Einflüssen gewährleistet. Die Flexibilität zeigt sich darin, dass Anpassungen an veränderte wirtschaftliche Verhältnisse und an internationale Rechtsentwicklungen weit rascher vorgenommen werden können, als beim Gesetzesrecht. Kritisch ist in diesem Zusammenhang jedoch zu berücksichtigen, dass eine durch die Betroffenen selbst aufgestellte Ordnung einseitig zu deren Gunsten sein könnte. Der Einwand ist allerdings nur beschränkt richtig, da in der Regel ein besonderes Interesse an einer ausgewogenen Regelung besteht, da nur so eine Akzeptanz geschaffen und ein Einschreiten des Gesetzgebers verhindert werden kann.

Die Zukunft im Schweizer Aktienrecht wird wohl mehr und mehr eine Kombination staatlicher und privater Normsetzung bringen: minimale Standards und die Grundordnung werden in Rahmengesetzen verankert, die Konkretisierung erfolgt im Wege der Selbstregulierung durch Normen, die sich die betroffenen Kreise selbst geben und eine Kontrolle wird durch eine staatliche oder richterliche Überprüfung sichergestellt. Eine Kombination staatlicher und privater Regeln kann aber auch in der Weise erfolgen, dass die privat gesetzten Regelungen Vorgänger der staatlichen Ordnung sind und dem Sammeln erster Erfahrungen dienen.[516]

D. Rechtsvergleichende Überlegungen

Bei einem Vergleich der Rechtslage in der Schweiz und in Deutschland fällt auf, dass unterschiedliche Instrumente ein Mindestmaß an Anlegerschutz garantieren:

In Deutschland ist es in erster Linie die Standardisierung der mit einer Aktie verbundenen Rechte und Pflichten. Demgegenüber können in der Schweiz aufgrund der dort bestehenden Dispositionsfreiheit und der Flexibilität des Schweizerischen Rechts die Aktionärsrechte sowie die Organisationsstruktur in jeder Aktiengesellschaft unterschiedlich ausgestaltet sein. Dennoch kann der einzelne Aktionär aufgrund des Gleichbehandlungsgrundsatzes auf bestimmte Mindestrechte vertrauen. Darüber hinaus schaffen kapitalmarktrechtliche und gesellschaftsrechtliche Sonderregelungen für börsennotierte Gesellschaften ebenso wie im Wege der Selbstregulierung geschaffene Regelungen in erster Linie Transparenz für den Aktionär oder den interessierten Anleger, der Aktien erwerben möchte. Während sich die Situation in der deutschen AG vereinfacht mit den Schlagwörtern „Satzungsstrenge und Standardisierung der Organisations-

---

[515] Hierzu: *Meier-Hayoz/Forstmoser*, Schweizerisches Gesellschaftsrecht, 2004, § 10 N. 132.

[516] Hierzu: *Meier-Hayoz/Forstmoser*, Schweizerisches Gesellschaftsrecht, 2004, § 10 Rdnr. 133.

struktur und der Aktionärsrechte für alle Akteingesellschaften“ beschreiben lässt, sind in der Schweiz die Schlagwörter „Flexibilität für alle Aktiengesellschaften und Transparenz bei börsennotierten Gesellschaften“ zu nennen.

Wie bereits dargelegt, besteht sowohl in der Schweiz, als auch in Deutschland ein vergleichbares Verständnis von Anlegerschutz.

Dieser wird letztlich als Mittel zum Zwecke des Funktionsschutzes und der Funktionsfähigkeit der Kapitalmärkte gesehen.

Demgegenüber darf nicht übersehen werden, dass die Aktiengesellschaft in der Schweiz eine ganz andere Funktion als in Deutschland hat. Während die Aktiengesellschaft – jedenfalls nach ihrer Häufigkeit in der deutschen Unternehmenslandschaft – gegenüber ihrer „kleinen Schwester“ – der GmbH – eine eher untergeordnete Rolle spielt, gibt es in der Schweiz, jedenfalls derzeit, (noch) keine vergleichbare Zweispurigkeit der Kapitalgesellschaften. Zwar kennt das schweizerische Gesellschaftsrecht auch eine GmbH – aber diese Rechtsform hat erst in den letzten Jahren vermehrt an Bedeutung gewonnen. Ob sich hieraus eine dem deutschen Recht vergleichbare Zweispurigkeit der Kapitalgesellschaften entwickelt, muss erst abgewartet werden.

Das Schweizerische Aktienrecht ist in zwei wichtigen Punkten in einer Aufbauphase: Zum einen hat es durch die Reform im Jahr 1991 den Weg für eine Zweispurigkeit der Kapitalgesellschaften geebnet. Zum anderen sind die staatlichen und privaten Normen zum Anlegerschutz bei börsennotierten Gesellschaften, wie die Aktienrechtsreform des Jahres 1991 mit Sonderregelungen für börsennotierte Gesellschaften, das Börsengesetz, das Kotierungsreglement, der Swiss Code of Best Practices for Corporate Governance sowie die SWX-Richtlinie betreffend Informationen zur Corporate Governance, noch relativ jungen Datums, und die Gesetzgebung in diesem Bereich ist offensichtlich noch nicht abgeschlossen.

Darüber hinaus weicht das Schweizerische Aktienrecht im Hinblick auf die Ausgestaltung der Führungsstruktur stark vom deutschen System ab; eine Etablierung des zweistufigen Aufsichtsrats – Vorstands Modells ist, wie dargestellt, nicht möglich.[517]

Dennoch ist der Ansatz, den der Blick in die Schweiz bietet, bestechend: das für alle Aktiengesellschaften geltende Recht ist im Grundsatz flexibel und der erforderliche Anlegerschutz wird entweder durch Sonderregelungen für börsennotierte Gesellschaften, besondere kapitalmarktrechtliche Regelungen oder private Regelungen der Selbstregulierung verwirklicht. Bei den Reformen des Aktien-

---

[517] Hierzu s.o. unter § 5 B I. 1. b).

rechts sind drei Leitlinien erkennbar: Die Flexibilität des geltenden Rechts soll - soweit wie möglich - erhalten bleiben. Für börsennotierte Gesellschaften einerseits und für andere Gesellschaften andererseits werden unterschiedliche Vorgaben geschaffen. Gesetzgebung und Selbstregulierung schließen sich nicht aus, sondern ergänzen sich, ebenso wie Kapitalmarktrecht und Gesellschaftsrecht.

Nach alledem ist die Richtung einer auch in Deutschland de lege ferenda umzusetzenden Reform in wesentlichen Eckpunkten vorgegeben. In den weiteren Ausführungen und insbesondere in der Darstellung des Lösungsansatzes sollen daher – wenn dies fruchtbar erscheint – Rückschlüsse aus der rechtsvergleichenden Betrachtung gezogen werden.

3. Teil: Der Lösungsansatz und seine Konsequenzen

§ 6 Die Satzungsstrenge als notwendiges gesellschaftsrechtliches Instrument?

A. Erforderlichkeit von Anlegerschutz bei nicht börsennotierten Gesellschaften?

Wie die vorstehenden Ausführungen gezeigt haben, wird die Satzungsstrenge im deutschen Aktienrecht mit der im Hinblick auf den Kapitalmarkt erforderlichen Standardisierung gerechtfertigt.

Hintergrund ist, dass jeder Anleger auch ohne Blick in die Satzung oder sonstige Unterlagen – gleich bei welcher Aktiengesellschaft er sich beteiligt – mit einem vergleichbaren Niveau an Rechten und Pflichten rechnen dürfen soll. Der Gesetzgeber nimmt dem Anleger gewissermaßen die Prüfung ab, welche Rechte und Pflichten mit seiner Beteiligung an der jeweiligen Aktiengesellschaft verbunden sind. Der Gesetzgeber unterstellt hierbei, dass der Zweck seiner Beteiligung in erster Linie in einer gewinnbringenden und leicht wieder veräußerbaren Geldanlage besteht, während ein unternehmerischer Einfluss nicht beabsichtigt ist. Der Aktieninteressent wird von der Notwendigkeit entbunden, vor seinem Erwerb aufwendig und teuer die Satzung der einzelnen Gesellschaften zu prüfen oder prüfen zu lassen – vielmehr könne er sich auf rechtsklare und rechtssichere Regeln auch zu seinem Schutz verlassen.[518]

Dieser Befund veranlasst zu der Frage, ob ein vergleichbarer Anlegerschutz im Sinne einer Standardisierung, der bei börsennotierten Gesellschaften durchaus seine Berechtigung haben mag,[519] bei nicht börsennotierten Gesellschaften ebenso erforderlich ist.

Die Gesellschafterstruktur ist in nicht-börsennotierten Gesellschaften eine ganz andere als in Börsengesellschaften. Der Gesellschafterkreis ist in der Regel klein und überschaubar. Derjenige, der sich auf anderem Wege als über die Börse an einer Gesellschaft beteiligt, trifft diese Anlageentscheidung bewusst für diese Gesellschaft und erst nachdem er sich mit den Besonderheiten dieser Gesellschaft auseinandergesetzt hat.

Dem Gesellschafter, der sich an einer nicht.-börsennotierten Gesellschaft beteiligt, muss klar sein, dass der kapitalmarktrechtliche Schutz ihm nicht zur Seite stehen kann.

---

[518] So zusammenfassend zur rechtspolitischen Rechtfertigung der Satzungsstrenge: *Hommelhoff*, FS Ulmer 2003, 267, 270.
[519] Hierzu s.u. § 6 D.

Dem Gesellschafter, der sich unternehmerisch an einer Gesellschaft beteiligt, kann es zugemutet werden, sich durch einen Blick in die Satzung über die ihm als Aktionär in der konkreten Gesellschaft zustehenden Rechte und Pflichten sowie das Kompetenzgefüge der Organe der Gesellschaft zu informieren. Insoweit ist die Sachlage nicht anders als bei einer Entscheidung, sich an einer GmbH zu beteiligen.

In einem solchen Fall schützen allgemeine gesellschaftsrechtliche Instrumente wie der Minderheitenschutz, der Gleichbehandlungsgrundsatz sowie die Treuepflichten den Gesellschafter in ausreichendem Maße, ohne dass eine Standardisierung erforderlich wäre.

Umgekehrt ist die Standardisierung und der mit ihr einhergehende zwingende Charakter des Aktienrechts vielfach ein Hindernis, die mit der Anlageentscheidung verbundenen Ziele zu verwirklichen.

Es hat daher eine Interessenabwägung stattzufinden zwischen der mit der Standardisierung einhergehenden Rechtssicherheit und den mit der Gestaltungsfreiheit eröffneten Möglichkeiten

Diese Interessenabwägung muss - jedenfalls unterhalb der Kapitalmarktschwelle – zugunsten der Gestaltungsfreiheit ausgehen.

B. Entbehrlichkeit der Satzungsstrenge bei nicht börsennotierten Gesellschaften

Aus der zuvor aufgestellten These, dass die Standardisierung für nicht börsennotierte Gesellschaften nicht erforderlich ist, kann nicht ohne weiteres geschlossen werden, dass unterhalb der Kapitalmarktschwelle die Satzungsstrenge bzw. die Statuierung zwingender Regelungen grundsätzlich entbehrlich wäre.

In diesem Zusammenhang muss insbesondere darauf hingewiesen werden, dass die Satzungsstrenge insgesamt mit ihrem weitgehend zwingenden Charakter neben der Standardisierung weitere Schutzzwecke verfolgt.[520]

Ruft man sich ins Gedächtnis, dass die Satzungsstrenge zu einem weitgehend zwingenden Charakter des gesamten Aktienrechts führt und es die zwingenden Regelungen sind, die das Leitbild einer Rechtsform beeinflussen, muss der Beantwortung der Frage der Entbehrlichkeit der Satzungsstrenge bei nicht börsennotierten Gesellschaften eine Beurteilung vorausgehen, welches Anforderungsprofil aus rechtspolitischer Sicht an die Aktiengesellschaft zu stellen ist.

---

[520] Hierzu unter § 2 C.

C. Rechtspolitische Anforderungen an eine nicht börsennotierte Aktiengesellschaft

Die rechtspolitischen Anforderungen an eine Aktiengesellschaft lassen sich schlagwortartig wie folgt zusammenfassen:

- Professionelle Führungsstruktur

- Keine Rechtsform für Kleinstunternehmen

- Keine Einheitskapitalgesellschaft

- Wahlrecht zwischen dualistischem und monistischem System

- Kapitalmarktzugang

- Fungibilität der Aktie

I. Professionelle Führungsstruktur

Bei Personengesellschaften sind nach dem Prinzip der Selbstorganschaft Gesellschafter gleichzeitig Geschäftsführer. Bei der GmbH ist zwar eine Trennung zwischen Management (Geschäftsführung) und Kapital (Gesellschafterversammlung) möglich und vom Gesetz so angelegt. Gleichwohl haben die Gesellschafter einer GmbH über ihr Weisungsrecht aus § 37 GmbHG jederzeit die Möglichkeit, auf die Geschäftsführung unmittelbaren Einfluss zu nehmen.

Demgegenüber sind in der Aktiengesellschaft Management und Kapital strikt getrennt. Der Vorstand hat die Leitungsfunktion in der AG (§ 76 Abs. 1 AktG), in die nicht durch Weisungsmöglichkeiten der Hauptversammlung oder des Aufsichtsrates eingegriffen werden kann.[521] Der Vorstand leitet die Aktiengesellschaft unter eigener Verantwortung. Dies bedeutet indes nicht, dass der Vorstand keinerlei Beschränkungen unterliegt. Die Grenzen seiner Leitungstätigkeit werden vor allem durch die (Kontroll-) Kompetenzen anderer Gesellschaftsorgane markiert, die sich sowohl aus dem Gesetz – etwa § 111 Abs. 4 AktG -, als auch aufgrund richterlicher Rechtsfortbildung ergeben können. Allerdings erkennt der Bundesgerichtshof in Abkehr von seiner *Holzmüller*-Doktrin[522] in seinen *Gelatine*-Entscheidungen ungeschriebene Mitwirkungsbefugnisse der Hauptversammlung nur ausnahmsweise und nur in engen Grenzen an.[523] Darüber hinaus ist auch die Überwachung der Geschäftsführung der unmittelbaren Wahrnehmung durch die Gesellschafter entzogen und dem Aufsichtsrat als ei-

---

521 vgl.: *Geßler/Hefermehl*, AktG § 76, Rdnr. 12.
522 BGHZ 83, 122.
523 BGH ZIP 2004, 993; BGH ZIP 2004, 1001; dazu oben unter § 3 D I. 4.

genständigem Organ zugewiesen.[524] Insbesondere durch das Gesetz zur Kontrolle und Transparenz im Unternehmensbereich (KonTraG)[525] wurden die Überwachungspflichten des Aufsichtsrates gestärkt. Die Hauptversammlung schließlich hat keine den Gesellschafterversammlungen bei Personengesellschaften oder GmbHs vergleichbare Stellung als „oberstes Organ" mit Allzuständigkeiten. Die Hauptversammlung einer Aktiengesellschaft ist nicht das allzuständige Organ, sondern hat ausschließlich die ihr durch das Gesetz zugewiesenen Kompetenzen.[526]

Aufgrund der aktienrechtlichen Satzungsstrenge ist kein nennenswerter Spielraum für weitere Kompetenzzuweisungen durch die Satzung gegeben.

Die – an dieser Stelle nur verkürzt skizzierte – dreigliedrige Organisationsstruktur bei der AG führt zu einer professionellen Führungsstruktur, die geeignet ist, den mit einer Unternehmensnachfolge oder mit einem Unternehmenswachstum einhergehenden Problemen zu begegnen.[527]

Die eigenverantwortliche Leitung durch den Vorstand verhindert zum einen, dass der Vorstand zur Marionette der Hauptversammlung werden kann und ermöglicht zum anderen, dass qualifiziertes Fremdmanagement für das Unternehmen akquiriert werden kann.

Die Etablierung des Aufsichtsrates als Überwachungsorgan ist ebenfalls für solche Unternehmen interessant, bei denen sich die Gesellschafter dieser Aufgabe entweder nicht widmen können oder nicht widmen wollen.

II. Wahlrecht zwischen dualistischem und monistischen Modell

Bei der Untersuchung der Frage, ob mehr Gestaltungsfreiheit auch im Hinblick auf die Organisationsstruktur wünschenswert wäre, muss auch die Berechtigung der typisch deutschen dualistischen Struktur auf dem Prüfstand stehen. Dies gilt insbesondere vor dem Hintergrund, dass in einer Europäischen Aktiengesellschaft, die erstmals ab dem 8. Oktober 2004 gegründet werden kann, die Unternehmen zwischen dem in Deutschland bestehenden dualistischen Modell mit seiner Trennung von Vorstand und Aufsichtsrat oder dem monistischen Modell,

---

[524] § 111 Abs. 1 AktG.

[525] Gesetz zur Kontrolle und Transparenz im Unternehmensbereich, BGBl. I 1998, 786ff.

[526] vgl. Zusammenstellung bei: *K.Schmidt*, Gesellschaftsrecht, § 28 IV.1; *May*, Die Sicherung des Familieneinflusses auf die Führung der börsennotierten Aktiengesellschaft, S. 58ff.

[527] Hierzu oben unter § 3 C I. 2.

wie es in der Schweiz aber auch in England oder Frankreich üblich ist, entscheiden können.[528]

Mertens [529] befürchtet in diesem Zusammenhang, künftige Generationen könnten der AG Kundenfeindlichkeit vorwerfen, wenn sie interessierten Gesellschaften das Board- System nicht zur Verfügung stelle, weil sie nur das Vorstands- /Aufsichtsrats-Modell im Angebot hat. Weiterhin könnte man der AG unnötige Kostentreiberei vorwerfen, wenn sie darauf besteht, dass jede Aktiengesellschaft – auch etwa die eingegliederte, als bloße Betriebsabteilung geführte – einen Aufsichtsrat haben muss.[530]

Die Grundstruktur einer schweizerischen Aktiengesellschaft ist durch die Generalversammlung[531] der Aktionäre und den Verwaltungsrat[532] gekennzeichnet. Gleiches gilt für das Board-System nach angloamerikanischem Vorbild, welches von der Aktionärsversammlung (Shareholdermeeting) und dem Board of Directors geprägt ist. Im Gegensatz zum deutschen System sind die Geschäftsführungs- und Überwachungsaufgaben nicht auf zwei voneinander unabhängige Organe übertragen, sondern obliegen dem Verwaltungsrat bzw. dem Board of Directors.[533] Nicht alle Mitglieder des Verwaltungsrats / Board of Directors müssen selbst aktiv in die Geschäftsführung des Unternehmens eingreifen, sondern die Ausführung der laufenden Geschäfte kann auf einzelne Mitglieder oder Dritte delegiert werden. Gleichwohl ist es möglich – und bei kleineren Gesellschaften die Regel -, dass der Verwaltungsrat lediglich aus geschäftsführenden Mitgliedern besteht.

Für die Ausgestaltung einer Aktiengesellschaft kommen im Wesentlichen drei Alternativen in Betracht, die es nachfolgend abzuwägen gilt: zum einen eine Beibehaltung des dualistischen Systems mit einer Trennung von Vorstand und Aufsichtsrat, zum anderen die Einführung des monistischen Systems nach Schweizer Vorbild oder drittens die Etablierung eines Wahlrechts zwischen dem dualistischen oder monistischen Modell vergleichbar dem entsprechenden Wahlrecht bei der Europäischen Aktiengesellschaft (SE).

---

[528] Am 8. Oktober 2001 verabschiedete der Rat der Europäischen Union die Verordnung EG Nr. 2157/2001, ABl EG vom 10.11.2001 L 294 über das Statut der Europäischen Aktiengesellschaft (SE). Seit dem 29.12.2004 ist das Gesetz zur Einführung der Europäischen Gesellschaft (SEEG) in Kraft, BGBl. I. S. 3678.

[529] In: ZGR 1994, 426, 428.

[530] *Mertens*, in ZGR 1994, 426.

[531] Art. 698 ff. OR.

[532] Art. 707ff. OR.

[533] Vgl. zum schweizerischen Aktienrecht: *Schneider*, Die Aktiengesellschaft im schweizerischen Recht, 1996, S. 28ff.;

1. Das Vorbild der SE

Mit Einführung der Europäischen Aktiengesellschaft (SE) wird es im deutschen Recht erstmals Aktiengesellschaften mit monistischer Unternehmensverfassung geben. Die Aufgaben der Leitung und Kontrolle der Unternehmensverfassung werden nicht – wie in dem hierzulande vertrauten dualistischen Modell – von zwei unterschiedlichen Organen, sondern von einem einzigen Organ, dem Verwaltungsrat wahrgenommen.[534] In der Etablierung dieses monistischen Systems neben dem traditionell dualistischen System in Deutschland wird die „größte Innovation" bzw. das „eigentlich Revolutionäre" am gesamten SE-Projekt gesehen.[535] Konsequenterweise stellt sich sodann die Frage, ob es nicht wünschenswert wäre, de lege ferenda, dieses Wahlrecht nicht nur für die Europäische Aktiengesellschaft, sondern auch für die deutsche Aktiengesellschaft einzuführen, um so den Unternehmen in der Rechtsform der AG eine weitere Alternative zur Verfügung zu stellen.

Neuralgischer Punkt im Zusammenhang mit der Etablierung eines monistischen Systems in Deutschland ist die Mitbestimmung. Aufbau und Funktion des deutschen Aufsichtsrates werden vom deutschen Mitbestimmungsrecht beeinflusst. Eine unternehmerische Mitbestimmung könnte bei einem monistischen System nur durch die Entsendung von Verwaltungsratsmitgliedern umgesetzt werden, was – wie nachfolgend noch näher erläutert werden wird – zu einem noch größeren Einfluss der Arbeitnehmervertreter führen würde, da der Verwaltungsrat im Vergleich zum Aufsichtsrat weitreichendere Kompetenzen hat. Dass der Normsetzungsprozess bei der SE mehr als dreißig Jahre dauerte, ist nicht zuletzt auf das Ringen um die Mitbestimmung zurückzuführen.[536] Der erste Verordnungsentwurf, den die Kommission dem Ministerrat am 13. Juni 1970 vorlegte,[537] ging weitgehend vom damaligen deutschen Mitbestimmungsrecht aus.[538]

Nachdem sich dieser Vorschlag und in der Folgezeit auch weitere modifizierte Vorschläge nicht durchsetzen konnten, hat die in dem im Mai 1997 vorgelegten Abschlussbericht der Sachverständigengruppe unter dem Vorsitz des ehemaligen Vizepräsidenten der Kommission *Davignon* vorgeschlagene Verhandlungs-

---

[534] Zur monistischen Unternehmensverfassung für die Europäische Aktiengesellschaft aus deutscher Sicht: *Merkt*, ZGR 2003, 650.

[535] *Merkt*, ZGR 2003, 650 m.w.N.

[536] Hierzu: *Reichert/Brandes*, ZGR 2003, 767, 769ff.

[537] Amtsblatt EG Nr. C 124 vom 10. Oktober 1970 (BT-Drucks. 6/11109).

[538] Nach dem Vorbild des § 76 BetrVG 1952 sah Art. 137 des Vorschlags von 1970 eine Drittelbeteiligung der Arbeitnehmer im Aufsichtsrat vor.

lösung endlich die Voraussetzungen geschaffen, um den jahrelangen Bemühungen um eine europäische Rechtsform zum Durchbruch zu verhelfen.[539]

Die Richtlinie[540] greift die von der *Davignon* – Kommission vorgeschlagene Verhandlungslösung auf. Danach wird die Mitbestimmung in der SE primär im Wege freier Verhandlungen zwischen der Unternehmensführung und einem eigens zu konstituierenden besonderen Verhandlungsgremium der Arbeitnehmerseite festgelegt. Beschließen die Organe einer Gesellschaft die Gründung einer SE,[541] so haben sie im Anschluss an die Offenlegung des Verschmelzungs-, Gründungs- oder Umwandlungsplanes so rasch wie möglich die erforderlichen Schritte für die Aufnahme von Verhandlungen mit den Arbeitnehmervertretern der beteiligten Gesellschaften über die künftige Ausgestaltung der Mitbestimmung herbeizuführen.[542] Wird hierbei innerhalb eines Zeitraums von sechs Monaten bzw. innerhalb einer bis zu einem Jahr verlängerten Frist kein Konsens erzielt oder werden die erforderlichen Mehrheiten im Verhandlungsgremium nicht erreicht,[543] so richtet sich die Mitbestimmung der Arbeitnehmer im Aufsichts- oder Verwaltungsrat der SE nach der Auffangregelung grundsätzlich nach dem höchsten Anteil der Arbeitnehmervertreter in den beteiligten Gesellschaften, oder das Vorhaben zur SE muss aufgegeben werden.

Ob sich in diesem Fall bei einem monistischen System die Zahl der Arbeitnehmervertreter nur auf die nichtgeschäftsführungsbefugten Mitglieder[544] oder sämtliche Mitglieder[545] bezieht, ist unklar.[546]

---

[539] Hierzu: *Reichert/Brandes*, ZGR 2003, 767, 771f.

[540] Richtlinie 2001/86/EG des Rates vom 8. Oktober 2001 zur Ergänzung des Statuts der Europäischen Aktiengesellschaft hinsichtlich der Beteiligung der Arbeitnehmer, Amtsblatt EG L 294/22 vom 10. November 2001.

[541] Für die Gründung einer SE stehen vier verschiedene Formen zur Verfügung: die Verschmelzung zweier Akteingesellschaften aus unterschiedlichen Mitgliedsstaaten (Art. 2 Abs. 1 SE-Verordnung), die Errichtung einer Holding-SE durch AG's oder GmbH's aus unterschiedlichen Mitgliedsstaaten (Art. 2 Abs. 2 SE-Verordnung), die Gründung einer gemeinsamen Tochter-SE (Art. 2 Abs. 2 SE-Verordnung) sowie die Umwandlung einer bestehenden AG, wenn sie seit zwei Jahren eine Tochtergesellschaft in einem anderen Mitgliedsstaat hat (Art. 2 Abs. 4 SE-Verordnung).

[542] *Reichert/Brandes*, ZGR 2003, 767, 772 f.

[543] Die Richtlinie macht die Beschlussfassung im besonderen Verhandlungsgremium von einer qualifizierten Mehrheit abhängig, wenn es darum geht, einer Verhandlungslösung zuzustimmen, die zumindest bei einem Teil der beteiligten Arbeitnehmer zu einer Minderung der Mitbestimmungsrechte führt. Eine Beschlussfassung bedarf in diesem Fall einer Mehrheit von zwei Dritteln der Stimmen der Mitglieder des besonderen Verhandlungsgremiums, die mindestens zwei Drittel der Arbeitnehmer vertreten. Ferner müssen diese Arbeitnehmer in zwei Mitgliedsstaaten vertreten sein. Vgl. hierzu: *Reichert/Brandes*, ZGR 2003, 767, 777 f.

[544] *Reichert/Brandes*, ZGR 2003, 767, 788 f.

Für die erste Auffassung spricht vor allem der Umstand, dass Verwaltungsrat und Aufsichtsrat funktional nicht miteinander vergleichbar sind. Während der Aufsichtsrat ein reines Überwachungsorgan ist, nimmt der Verwaltungsrat Geschäftsführung und Überwachung gleichermaßen wahr.[547] Demgegenüber spricht gegen eine solche Auslegung insbesondere der Wortlaut des Gesetzes, der gerade nicht nach der Funktion der Verwaltungsratsmitglieder unterscheidet.[548]

Die Zukunft wird zeigen, inwieweit das grundsätzlich eingeräumte Wahlrecht bei der Gründung einer SE mit Bezug zu Deutschland zugunsten des monistischen Systems ausfallen wird. Die zuvor geschilderte Unsicherheit, ob sich die geforderte Parität im Verwaltungsrat auf sämtliche oder nur die nicht geschäftsführenden Mitglieder bezieht und die damit einhergehende Gefahr einer noch stärkeren unternehmerischen Beteiligung der Arbeitnehmer wird sich als Nachteil des monistischen Systems herausstellen. Die Möglichkeit, eine passende Verhandlungslösung zu finden, ist faktisch bereits durch den Umstand stark eingeschränkt, dass bei einem Scheitern der Verhandlungen die größtmögliche gesetzliche Mitbestimmungsregel eingreift, und hierdurch ein echtes Interesse an einer Verhandlungslösung auf Arbeitnehmerseite gerade nicht vorausgesetzt werden kann.

2. Wahlrecht zwischen dualistischem und monistischem System auch in der nationalen Aktiengesellschaft

Nachdem das monistische System – über den Umweg der SE – im Oktober 2004 in Deutschland Einzug halten wird, ist kein Grund ersichtlich, warum ein vergleichbares Wahlrecht nicht auch für die nationale Aktiengesellschaft etabliert werden sollte. Das Fehlen eines institutionalisierten Aufsichtsorgans – wie dem Aufsichtsrat beim dualistischen System – spricht nicht gegen ein solches Wahlrecht. Bei der großen AG ist der Verwaltungsrat faktisch Aufsichtsorgan, während die Geschäftsführung – etwa in der Schweiz -weitestgehend einem Ausschuss bzw. den Delegierten obliegt. Bei kleineren Aktiengesellschaften mit en-

---

[545] So: *Köstler*, ZGR 2003, 800, 904.

[546] In § 35 Abs 2 des Gesetzes über die Beteiligung der Arbeitnehmer in einer Europäischen Aktiengesellschaft heißt es hierzu lediglich, dass sich die Zahl der Arbeitnehmervertreter im Aufsichts- oder Verwaltungsorgan der SE nach dem höchsten Anteil an Arbeitnehmervertretern, der in den Organen der beteiligten Gesellschaften vor der Eintragung der SE bestanden hat, richtet.

[547] *Reichert/Brandes*, ZGR 2003, 767, 788 f

[548] So insbesondere: *Köstler*, ZGR 2003, 800, 804 f., der darauf hinweist, dass der nationale Gesetzgeber aus dem Gedanken der „Parität lediglich in der Kontrolle der Leitung“ angesichts des Wortlauts der Auffangregelung in der Richtlinie keine Einschränkung für das Verwaltungsratsmodell ableiten kann.

gen Bindungen unter den Mitgliedern übt die Hauptversammlung jedenfalls faktisch die Aufsichtsrechte aus.

Ähnlich wie die Frage der richtigen Rechtsform, wird sich für die Unternehmen in der Rechtsform der AG die Frage stellen, ob sie das monistische oder das traditionelle dualistische System wählen, wobei jedes dieser Modelle Vor- und Nachteile bietet.

Insbesondere für mittelständische Unternehmen mit weniger als 500 Arbeitnehmern, bei denen sich mitbestimmungsrechtliche Probleme nicht ergeben, könnte das monistische System eine interessante Variante sein.

III. Keine Rechtsform für Kleinstunternehmen – keine Einheitskapitalgesellschaft

Anders als in der Schweiz, wo die Aktiengesellschaft auch von Kleinstunternehmen als Rechtsform gewählt werden kann[549] und für diese auch handhabbar ist, gilt es in Deutschland, nicht der GmbH ihren Rang streitig zu machen und die Aktiengesellschaft nicht als Universalinstrument auszugestalten.

Vielmehr sollte die Aktiengesellschaft als Rechtsform für solche Unternehmen zur Verfügung stehen, die zwar nicht notwendigerweise Großunternehmen sein müssen, aber doch eine gewisse Größe haben sollten.

Die Aktiengesellschaft soll diesen Unternehmen zunächst eine professionelle Führungsstruktur mit einer Trennung von Management und Kapital bieten, um es dann eben diesen Unternehmen zu ermöglichen, gegebenenfalls den Kapitalmarkt in Anspruch zu nehmen.

Bei einer Suche nach Eckpunkten einer möglichen Reform sollten die speziellen Bedürfnisse der Kleinstunternehmen außer Betracht bleiben, da für diese Unternehmen andere Rechtsformen – etwa die GmbH – zur Wahl stehen.

Wie bereits an anderer Stelle ausgeführt, soll die Aktiengesellschaft nicht die GmbH ersetzen oder als Universalinstrument den Dualismus der Kapitalgesellschaften in Deutschland – gemeint sind GmbH und AG – in Frage stellen.[550]

Die Rechtfertigung hierfür liegt in erster Linie in der GmbH-typischen Gestaltungsfreiheit. Zwar ist es das Ziel der vorliegenden Arbeit, Eckpunkte für die

[549] Zur Eignung der AG für kleine Gesellschaften: *Meier-Hayoz/Forstmoser*, Schweizerisches Gesellschaftsrecht, S. 474.

[550] Vgl.: *Hommelhoff*, in *Roth* (Hrsg.), Das System der Kapitalgesellschaften im Umbruch – ein internationaler Vergleich, S. 26 ff.

Möglichkeit einer AG-Reform mit mehr Gestaltungsfreiheit für die Satzungsgeber herauszuarbeiten. Ein solcher Reformansatz muss jedoch, um die spezifischen Vorteile der AG nicht zu verlieren, behutsam formuliert sein. Es geht in erster Linie um ein Mehr an Gestaltungsfreiheit und nicht um völlige Gestaltungsfreiheit. Es werden - und insoweit kann dem Ergebnis ein wenig vorgegriffen werden – weiterhin zwingende Normen verbleiben (müssen), die den Satzungsgebern der AG ein geringeres Maß an Gestaltungsfreiheit gegenüber der GmbH einräumen werden. Weiterhin wird die AG einen höheren Verwaltungsaufwand nach sich ziehen. Schließlich darf nicht übersehen werden, dass die AG – wie dargestellt – keine Rechtsform für Kleinstunternehmen sein soll.

Die Einheitskapitalgesellschaft kann daher nicht das Ziel sein und wird daher nicht ins Auge gefasst. Auch in der Schweiz entwickelt sich, wie unter § 5 dargestellt, seit der letzten Aktienrechtsreform 1991 eine stärkere Zweispurigkeit der Kapitalgesellschaften.

D. Erforderlichkeit der Satzungsstrenge als gesellschaftsrechtliches Instrument bei börsennotierten Gesellschaften

Bisher wurde lediglich auf die Entbehrlichkeit der Satzungsstrenge bei nicht börsennotierten Gesellschaften eingegangen. Darüber hinaus stellt sich jedoch die Frage der Erforderlichkeit der Satzungsstrenge bei börsennotierten Gesellschaften.

Die Satzungsstrenge des § 23 Abs. 5 AktG führt mit Mitteln des Gesellschaftsrechts zu der Standardisierung, die – wie dargelegt – im Hinblick auf den kapitalmarktrechtlichen Funktionenschutz für erforderlich gehalten wird.

Unterstellt man die Notwendigkeit der Aktie als standardisiertes Serienprodukt, so bedeutet dies nicht zwingend, dass diese Standardisierung mit Mitteln des Gesellschaftsrechts herbeigeführt werden muss.

Die rechtlichen Rahmenbedingungen börsennotierter Gesellschaften werden immer stärker von kapitalmarktrechtlichen Regelungen beeinflusst. Der Handel an der Börse bedarf der Zulassung. Es ist daher nahe liegend, den Einfluss des Kapitalmarktrechts auf das Aktienrecht in der Weise zu nutzen, dass mit Mitteln des Kapitalmarktrechts die Zulassung oder Aufrechterhaltung der Zulassung von bestimmten Satzungsgestaltungen abhängig gemacht wird. Demgegenüber könnte das Aktienrecht dort, wo der Kapitalmarkt nicht in Anspruch genommen wird, den Satzungsgebern ein Mehr an Flexibilität einräumen.

Wenn eine gewisse Standardisierung der Aktie nur dann erforderlich ist, wenn der Kapitalmarkt in Anspruch genommen wird, ist ein Umdenken erforderlich.

Das einheitliche, für alle Aktiengesellschaften geltende Aktienrecht sollte flexibel nach dem Vorbild des Schweizer Rechts ausgestaltet sein. Die Standardisierung sollte nicht mehr länger mit Mitteln des Aktienrechts, sondern des Kapitalmarktrechts gewährleistet werden, um sicherzustellen, dass sie nur dort ihre Wirkung entfaltet, wo sie erforderlich ist.

Eine weiterhin durch das für alle Gesellschaften maßgebliche Aktienrecht gewährleistete Standardisierung kann angesichts der Entwicklung des Kapitalmarktrechtes nur als überholt und veraltet angesehen werden. Das Aktienrecht ist vom Anlegerschutz zu entlasten und folgerichtig ist die aktienrechtliche Satzungsstrenge zu reduzieren.

E. Zwischenergebnis

Fasst man die vorstehenden Ausführungen zusammen, so zeigt sich folgender Lösungsansatz: die mit der Satzungsstrenge einhergehende Standardisierung, die im Hinblick auf den Kapitalmarkt für notwendig erachtet wird, ist bei börsennotierten Gesellschaften nicht erforderlich.

Die Standardisierung ist nicht notwendig ein gesellschaftsrechtliches Element, sondern kann mit kapitalmarktrechtlichen Mitteln herbeigeführt werden. In diesem Zusammenhang darf jedoch nicht übersehen werden, dass der zwingende Charakter des Aktienrechts nicht allein der Standardisierung dient, sondern ganz entscheidend das Leitbild der AG prägt. Bei einer Flexibilisierung der AG ist daher behutsam vorzugehen, wenn es nicht das Ziel sein soll, eine Einheitskapitatungsfreiheit sollten im Interesse der Beibehaltung der Seriositätsgewähr und des „Standings“ der Rechtsform als Eckpunkte im Auge behalten werden, dass eine professionelle Führungsstruktur beibehalten wird, wobei das bisherige dualistische Modell durch ein Wahlrecht zugunsten des monistischen Modells ergänzt werden könnte. Darüber hinaus sollte die AG weder als Rechtsformen für Kleinstunternehmen, noch als Einheitskapitalgesellschaft angestrebt werden.

§ 7 Die gesetzestechnische Verwirklichung

A. Der erste Schritt: die Gewährleistung der Standardisierung mit Mitteln des Kapitalmarktrechts

I. Standardisierung als Zulassungsvoraussetzung

Die deutschen Wertpapierbörsen stellen potentiellen Emittenten für den Handel von Aktien ein abgestuftes System von Marktsegmenten zur Verfügung. Dieses System ist durch unterschiedliche rechtliche Zulassungsvoraussetzungen zu den einzelnen Marktsegmenten charakterisiert.[551]

Das Börsengesetz selbst sieht zwei Marktsegmente vor. Zum einen den für große und etablierte Unternehmen konzipierten Börsenhandel mit amtlicher Notierung (Amtlicher Handel, § 36 BörsG), zum anderen den Börsenhandel mit nicht amtlicher Notierung (Geregelter Markt, § 71 BörsG). Nicht im Börsengesetz geregelt ist der Freiverkehr.

Die Zulassungsvoraussetzungen sind für die einzelnen Segmente unterschiedlich.[552] Das Zulassungsverfahren ist im Börsengesetz (BörsG), der Börsenzulassungsverordnung (BörsZulVO) und den Börsenordnungen der einzelnen Regionalbörsen geregelt. Der Handel an der Börse – gleich in welchem Marktsegment – bedarf der Zulassung.

Im Rahmen dieses Zulassungsverfahrens wäre es möglich, eine Satzungskontrolle zu etablieren, die sich daran zu orientieren hat, ob die jeweilige Satzung Besonderheiten aufweist, die mit der für die Funktionsfähigkeit des Kapitalmarktes geforderten Standardisierung unvereinbar sind. Diese Anforderungen könnten als echte Zulassungsvoraussetzungen im Börsengesetz und in den Börsenzulassungsverordnungen für den Amtlichen Handel, den Geregelten Markt oder den Freiverkehr ausgestaltet sein. Daneben bestünde die Möglichkeit, die wachsende Bedeutung der Selbstregulierung und insbesondere den auf dem Gebiet der Corporate Governance in Deutschland erreichten Stand zu nutzen und statt einer gesetzlichen Ausgestaltung auf die Wirkungsweise dieser Selbstregulierung, verbunden mit dem Grundsatz „comply or explain“ zu vertrauen.

---

[551] Hiervon zu unterscheiden sind die betriebswirtschaftlichen Grundvoraussetzungen, an denen sich die sog. Emissionsfähigkeit oder Börsenfähigkeit eines Unternehmens manifestiert – diese Aspekte bleiben jedoch im Rahmen der vorliegenden Untersuchung außer Betracht.

[552] *Koch/Wegemann*, Praktiker-Handbuch Börseneinführung, S. 56 ff.

II. Die Umsetzung

Die Gewährleistung einer im Hinblick auf die Funktionstüchtigkeit des Kapitalmarktes erforderlichen Standardisierung als Voraussetzung einer Börsenzulassung kann auf verschiedene Weise erfolgen:

1. Mustersatzungen / Corporate Governance - Kodex

Es wäre denkbar, das Aktienrecht selbst sehr stark zu deregulieren und nach Schweizer Vorbild flexibel auszugestalten. Die Zulassung zum Kapitalmarkt könnte sodann davon abhängig gemacht werden, dass die Satzung der AG bestimmte Mindestvoraussetzungen erfüllt, die zum einen ein hinreichendes Maß an Anlegerschutz, zum anderen eine gewisse Standardisierung der Aktie als Kapitalmarkttitel gewährleisten. Die jeweilige Zulassungsnorm könnte so ausgestaltet sein, dass die Satzung der AG im Rahmen des Zulassungsverfahrens durch die Zulassungsbehörde überprüft wird und diese auch berechtigt ist, die Zulassung von der Änderung bestimmter Satzungsgestaltungen abhängig zu machen.

Eine solche Ausgestaltung räumt den Satzungsgebern zwar einen großen Spielraum für privatautonome Gestaltungen ein, zum anderen jedoch wäre hiermit – da zwingende gesetzliche Vorgaben gerade nicht mehr bestehen – eine erhebliche Rechtsunsicherheit verbunden, ob die jeweilige Gestaltung geeignet ist oder möglicherweise einer Börsenzulassung entgegensteht.

Gerade in diesem Zusammenhang kann der Deutsche Corporate Governance Kodex vom 7. November 2002 der Regierungskommission „Deutscher Corporate Governance-Kodex“ mit Empfehlungen zur Verbesserung der Unternehmensleitung, -überwachung und -transparenz in zweifacher Hinsicht eine wesentliche Rolle spielen. Zum einen sollte dieser Kodex – der bei einer Änderung des Aktienrechts gegebenenfalls zu modifizieren wäre – die Vorgabe für eine Satzungsgestaltung liefern, die geeignet ist, ein hinreichendes Maß an Standardisierung im Hinblick auf die Funktionsfähigkeit des Kapitalmarktes zu gewährleisten. Zum anderen könnte die Zulassung und Aufrechterhaltung der Zulassung einer Aktiengesellschaft an der Börse von der Einhaltung bzw. Anerkennung des Kodex abhängig gemacht werden. Wird der Kodex nicht eingehalten, kann eine Zulassung nur erfolgen, wenn auf anderem Wege – insbesondere durch Offenlegung entsprechend dem Grundsatz „comply or explain“ sichergestellt ist, dass Anlegerschutzgesichtspunkte in hinreichendem Maß berücksichtigt werden.

Ein deutscher Corporate Governance Kodex könnte künftig flankiert werden durch Mustersatzungen, die einerseits den Vorgaben des Corporate Governance Kodex gerecht werden und damit andererseits die Vermutung in sich tragen, dass den Aktionären einer an der Börse zugelassenen AG vergleichbare Rechte und ein hinreichendes Maß an Anlegerschutz gewährleistet wird.

2. Verweis auf das Aktienrecht

Neben der Möglichkeit, Anlegerschutz und Standardisierung als Zulassungsvoraussetzungen in der Weise zu gestalten, dass – ohne konkrete gesetzliche Vorgaben – diese Gesichtspunkte in der Satzung Berücksichtigung finden müssen, besteht die weitere Möglichkeit, im Kapitalmarktrecht auf aktienrechtliche Regelungen zu verweisen, die für die Zulasssung – und nur für diese – zwingend erfüllt sein müssen.

3. Stellungnahme

Während die erste Variante zweifellos den Vorteil hat, ein Höchstmaß an Gestaltungsfreiheit zu gewährleisten und durch die Bezugnahme auf den Corporate Governance Kodex flexibel veränderten Bedingungen angepasst werden kann, bestehen folgende Bedenken:

Der Gesetzgeber entzieht sich bei dieser Variante seiner Verantwortung für die Etablierung von Anlegerschutz in einer Aktiengesellschaft. Diese wird den jeweiligen für die Börsenzulassung verantwortlichen Organen übertragen.

Der mit einer solchen Gestaltung einhergehenden Rechtsunsicherheit kann nur bedingt mit der Bezugnahme auf einen Corporate Governance Kodex oder mit der Offerierung von Mustersatzungen begegnet werden, da diese gerade kein zwingendes Recht darstellen, sondern lediglich eine Empfehlung.

Zwar zeigt ein Blick in die Schweiz, dass dort – wie ausgeführt - die Selbstregulierung insbesondere durch den Swiss Code of Best Practice for Corporate Governance eine wachsende Bedeutung erfährt. Dies geschieht jedoch von einem anderen Ausgangspunkt aus: ein vergleichbares Schutzniveau oder ein vergleichbares Gerüst zwingender Regelungen wie in Deutschland gibt es in der Schweiz nicht. Die Bezugnahme auf Instrumente der Selbstregulierung dienen nicht zuletzt dazu, die Wirkungsweise der dort ausgesprochenen Empfehlungen für künftige Gesetzgebungsvorhaben gewissermaßen zu testen. Würde man diesen Weg auch in Deutschland beschreiten, so würde – jedenfalls kurz- bis mittelfristig - bisher Erreichtes obsolet werden. Vorhandene gesetzliche Vorschriften würden Empfehlungen weichen, um dann nach einer (erneuten) Probephase wieder gesetzlich geregelt zu werden.

Der zweiten vorgestellten Variante ist daher im Grundsatz der Vorzug zu geben. Zur Gewährleistung von Anlegerschutz und einer Standardisierung bedarf es – wie nach geltendem Aktienrecht – organisationsrechtlicher und damit gesellschaftsrechtlicher Regelungen, will der Gesetzgeber diese Verantwortung nicht den jeweiligen Zulassungsstellen überlassen.

Anlegerschutz und Standardisierung sollten daher weiterhin systemgerecht im Aktienrecht verbleiben bzw. dort geregelt werden.

Das Zusammenspiel von Aktien- und Kapitalmarktrecht sollte jedoch so ausgestaltet sein, dass diejenigen Vorschriften des Aktienrechts, die lediglich diesen kapitalmarktrechtlichen Zielen dienen, auch erst dann Beachtung finden müssen, wenn der Kapitalmarkt in Anspruch genommen wird. Es soll sich hierbei – so der Vorschlag – um zwingendes Kapitalmarktrecht in der Weise handeln, dass ihre zwingende Ausgestaltung eine Börsennotierung voraussetzt.

B. Der zweite Schritt: Deregulierung des Aktienrechts

Wie die vorstehenden Ausführungen gezeigt haben, bedarf es zur Gewährleistung von Anlegerschutz in Form einer Standardisierung der Aktie als Kapitalmarkttitel weiterhin gesellschaftsrechtlicher Regelungen.

I. Die gesetzestechnische Verwirklichung: Rechtsformnovation contra Ergänzung des Aktienrechts

Für die gesetzestechnische Verwirklichung der vorgeschlagenen Lösung gibt es zwei Möglichkeiten. Zum einen könnte man den Weg gehen, den auch die bisherigen Reformen gegangen sind, und fügt in das bestehende Aktienrecht weitere Ausnahmen, Vorschriften, Absätze oder Sätze ein.

Dies würde allerdings statt der angestrebten Vereinfachung vermutlich eher dazu führen, dass das Aktienrecht noch komplizierter und unüberschaubarer würde. Um gleichwohl eine Anpassung des Aktienrechts an das jeweilige Unternehmen vorzunehmen, wäre eine hochqualifizierte Beratung erforderlich, die jedoch in der Regel für ein mittelständisches Unternehmen zu teuer wäre.

Eine wünschenswerte Alternative zu einer weiteren Regulierung des Aktienrechts wäre es, das Aktienrecht insgesamt zu überarbeiten und in zwei Teile zu gliedern: in einen allgemeinen Teil, der die für alle Aktiengesellschaften gültigen Vorschriften enthält und der – in dem nachfolgend dargestellten Rahmen – Raum für privatautonome Gestaltungen lässt. Hieran anschließen sollte sich ein besonderer Teil für Börsengesellschaften, in den all′ diejenigen Vorschriften Eingang finden, die bei einer börsenfernen Gesellschaft entbehrlich sind. Im Ergebnis wäre für die börsennotierte Gesellschaft, mit der Ausnahme, dass nunmehr auch ein monistisches System zur Wahl steht, das Aktienrecht dem heutigen vergleichbar, das sich - bei aller Kritik – doch auch bewährt hat.

Für börsenferne Gesellschaften würde das Akteinrecht wesentlich überschaubarer und leichter handhabbar. Die Zahl der zu beachtenden Vorschriften wäre begrenzt.

II. Eckpunkte für eine Reform – die Ausgestaltung der AG unterhalb der Kapitalmarktschwelle

Im Rahmen dieser Untersuchung soll kein vollständiger Reformvorschlag für ein dereguliertes Aktienrecht, sondern lediglich die Eckpunkte für eine Reform aufgezeigt werden.

1. Wahlrecht zwischen dualistischem und monistischem Modell

Wie bereits dargelegt, soll bei einer „schlanken" Aktiengesellschaft das zweistufige System - mit dem Vorstand als Leitungsorgan und dem Aufsichtrat als Überwachungsorgan - um ein Wahlrecht zugunsten des monistischen Systems mit dem Verwaltungsrat als zentralem Organ, das gleichzeitig Leitung und Kontrolle ausübt, ergänzt werden. Als Vorbild für die Einbeziehung des monistischen Systems in das deutsche Aktienrecht können die Regelungen im Gesetz zur Einführung der Europäischen Aktiengesellschaft herangezogen werden.[553]

2. Flexible Gestaltung

Auch darüber hinaus sollte den Satzungsgebern nach Schweizer Vorbild eine weitgehende Gestaltungsfreiheit eingeräumt werden. Einige Punkte bedürfen in diesem Zusammenhang jedoch kritischer Überprüfung:

a) Die Leitungsmacht des Vorstands gemäß § 76 Abs. 1 AktG – insbesondere die Weisungsfreiheit

Anders als bei Gesellschaften mit beschränkter Haftung, bei denen die Gesellschafterversammlung die Entscheidungsbefugnisse des Geschäftsführers durch Erteilung von Weisungen – die vom Geschäftsführer zu befolgen sind – aushöhlen kann, leitet der Vorstand einer Aktiengesellschaft nach § 76 Abs. 1 AktG die Gesellschaft unter eigener Verantwortung und ist nicht an die Weisungen anderer Gesellschaftsorgane gebunden. Die Tätigkeit unter eigener Verantwortung bedeutet positiv, dass der Vorstand seine Leitungsentscheidungen nach eigenem Ermessen trifft. Der Aufsichtsrat kann lediglich mittelbar – etwa über Zustimmungsvorbehalte – Einfluss auf den Vorstand nehmen. Eine Entscheidungskompetenz der Hauptversammlung ist nach § 119 Abs. 2 AktG erst gegeben, wenn der Vorstand es verlangt. Die Leitungsmacht des Vorstands im dualistischen Modell ist ein wesentliches Element der professionellen Führungsstruktur

---

553 Hierzu s.o. unter § 6 C. II.

der AG und sollte daher nicht zur Disposition des Satzungsgebers gestellt werden.

Denkbar wäre allenfalls, in der Satzung oder im Gesetz bestimmte Gegenstände der Geschäftsführung der Zustimmung durch die Hauptversammlung zu unterwerfen.

b) Bestellung des Vorstands

Der Vorstand wird nach geltendem Recht gemäß § 84 AktG ausschließlich vom Aufsichtsrat bestellt. Um den Führungseinfluss der Aktionäre zu verstärken, sollte es möglich sein, qua Satzung die Bestellbefugnis oder Entsenderechte der Hauptversammlung oder einzelnen Aktionären zuzuweisen.

Im monistischen Modell ist die Wahl des Verwaltungsrates Aufgabe der Hauptversammlung. So gehört im Schweizer Aktienrecht die Wahl (und Abberufung) des Verwaltungsrates zu den unabdingbaren Kompetenzen der Generalversammlung (OR 698 Abs. 2 Ziff. 2).

3. Kapitalschutz

Um die aktienrechtliche Seriositätsgewähr und das mit dieser Rechtsform einhergehende „Standing“ nicht zu gefährden, sollte sich an den aktienrechtlichen Vorschriften über Kapitalaufbringung und Kapitalerhaltung nichts ändern.

Dennoch sollte – nicht zuletzt durch die gesetzliche Festlegung des Mindestkapitals – zum Ausdruck gebracht werden, dass die Aktiengesellschaft nur für Gesellschaften, die bereits eine gewisse Größe aufweisen, die geeignete Rechtsform ist. Es empfiehlt sich daher, das gesetzliche Mindestkapital von derzeit € 50.000,-- zu erhöhen.

C. Die Lösung

Bei einer Zusammenfassung der vorstehend näher erläuterten Ergebnisse zeigen sich folgende Eckpunkte einer Reform:

Das Aktienrecht bedarf einer vollständig neuen Fassung. Bei einer Neufassung sollte das Aktienrecht in zwei Teile gegliedert werden. Ein erster Teil, der für alle Aktiengesellschaften Gültigkeit hat und ein zweiter Teil mit (strengeren und zwingenden) Sondervorschriften für die börsennotierte Gesellschaft. Dieser zweite Teil, der an die Inanspruchnahme des Kapitalmarktes anknüpft, ist zwar im Aktienrecht geregelt, gleichwohl aber materielles Kapitalmarktrecht in dem Sinne, dass dieses nur dann Anwendung finden muss, wenn der Kapitalmarkt in Anspruch genommen wird. Der Übergang von der börsenfernen zur börsennotierten Gesellschaft ist durch bloße Satzungsänderung und ohne Formwechsel möglich.

Der erste Teil sollte wesentlich regelungsärmer als das bisherige Aktienrecht sein und – nach dem Vorbild der Schweiz - geöffnet werden für privatautonome Gestaltungen. Für die Führungsstruktur sollte nach dem Vorbild der SE ein Wahlrecht zwischen monistischem und dualistischem System etabliert werden.

Demgegenüber sollten all' diejenigen Vorschriften, die bislang unter Hinweis auf Anlegerschutzgesichtspunkte und die geforderte Standardisierung des Aktienrechts zwingend ausgestaltet sind, erst in einem zweiten Teil für Börsengesellschaften Eingang finden. Diese Regelungen werden erst mit der Überschreitung der Schwelle zum Kapitalmarkt zwingendes Recht, ihre Einhaltung ist Voraussetzung für die Zulassung zum Kapitalmarkt.

Im Ergebnis führt die vorgestellte Lösung dazu, dass den Gesellschaften nicht im Hinblick auf eine kapitalmarktrechtliche Standardisierung Beschränkungen auferlegt werden, wenn der Gang an die Börse nicht oder noch nicht geplant ist, gleichwohl aber andere AG-typische Vorteile, beispielsweise im Zusammenhang mit einer Unternehmensnachfolge,[554] genutzt werden können.

Die strikte Trennung zwischen Börsengesellschaften und börsenfernen Gesellschaften unter vollständiger Überarbeitung des Aktienrechts ist eine Möglichkeit, das Aktienrecht einerseits übersichtlicher und flexibler zu gestalten, ohne andererseits wichtige und bewährte Schutzmechanismen aufgeben zu müssen.

Nunmehr ist es an der Zeit, den umgekehrten Weg zu gehen und eine „echte" kleine AG zu normieren. Ist zu einem späteren Zeitpunkt ein Gang an die Börse geplant, ist eine Satzungsänderung eine weitere Voraussetzung für die Inanspruchnahme des Kapitalmarktes.

---

[554] Hierzu s.o. unter § 3 C. I. 2.

§ 8 Konsequenzen der vorgeschlagenen Lösung

A. Konsequenzen für das Leitbild der AG

Das bisherige Leitbild der AG als Großunternehmensträger und Publikumsgesellschaft wird eine Änderung dadurch erfahren, dass das Aktienrecht erst in einem besonderen Teil auf Publikumsgesellschaften zugeschnitten ist, während das Aktienrecht ansonsten in erster Linie an mittelständischen Unternehmen von gewisser Größe orientiert ist und bei kleinerem Gesellschafterkreis eine personalistische Ausgestaltung in verschiedenen Teilbereichen zulässt.

Mit dieser Entwicklung wird eine Annäherung des Leitbildes der AG an ihre rechtstatsächliche Entwicklung vorgenommen, die – wie bereits an anderer Stelle ausgeführt – von nicht-börsennotierten Gesellschaften geprägt ist.

B. Konsequenzen für das System der Kapitalgesellschaften

Das System der Kapitalgesellschaften in Deutschland ist gekennzeichnet durch eine Zweiteilung in AG einerseits und GmbH andererseits. Diese Zweiteilung bleibt erhalten.

Insbesondere wird trotz größerer Gestaltungsfreiheit und der Ausrichtung der AG (auch) auf einen geschlossenen Aktionärskreis, nicht die Existenzberechtigung der GmbH in Frage gestellt, die nach wie vor als in der Handhabung einfache und unkomplizierte Rechtsform für kleinere und mittlere Unternehmen von Bedeutung sein wird.

Adressat der neuen kleinen AG im Sinne dieser Untersuchung ist demgegenüber ein Unternehmen, das entweder aufgrund seiner Größe, seiner Gesellschafterstruktur oder aus sonstigen Gründen – etwa im Hinblick auf eine Unternehmensnachfolge – auf die professionelle Führungsstruktur der AG angewiesen ist oder sich hiervon Vorteile für den Fortbestand oder die Entwicklung des Unternehmens verspricht.

Während das Verhältnis von AG zu GmbH nur insoweit berührt wird, als die neue kleine AG eine echte Rechtsformalternative für einige – nicht alle – GmbHs sein könnte, verläuft eine weitere Trennlinie zwischen der kleinen und der börsennotierten AG. Bei einer Umsetzung des Vorschlags wird es neben einem einheitlichen für alle Aktiengesellschaften geltendem Aktienrecht, welches im ersten Teil des AktG geregelt wird, ein Börsenaktienrecht geben, welches im zweiten Teil des AktG geregelt wird.

C. Konsequenzen für die Verantwortung des Staates für das Funktionieren der Rechtsform

Soweit zwingende Regelungen zugunsten von mehr Gestaltungsfreiheit weichen, gibt der Staat ein Stück seiner Verantwortung auf und weist diese den Satzungsgebern, den Gesellschaftern zu.

Diese Verlagerung der Verantwortung erfolgt jedoch nur bei Gesellschaften, die nicht börsennotierte Publikumsgesellschaften sind, sondern in der Regel aus einem überschaubaren Gesellschafterkreis bestehen.

Der Verlust der zwingenden Regelungen bedeutet in erster Linie den Verlust der mit den zwingenden Regelungen einhergehenden Standardisierung. Damit bedeutet der Verlust der zwingenden Regelungen vor allem, dass in jeder AG eine gleiche Organisationsstruktur nicht erwartet werden kann, sondern diese durch die jeweilige Satzung gestaltet wird.

Der Verlust zwingender Regelungen bedeutet weiterhin, dass einer Beteiligung an einer (kapitalmarktfernen) AG die Beschaffung von Informationen über diese AG, ihre Organisationsstruktur sowie deren rechtliche Bewertung vorausgehen muss.

D. Konsequenzen für die Akzeptanz der AG

Durch die vorgeschlagene Änderung des Aktienrechts werden wesentliche Nachteile der AG – fehlende Gestaltungsfreiheit, hohe Regelungsdichte, komplizierte Handhabung – beseitigt, während AG-typische Vorteile, wie die professionelle Führungsstruktur, die Fungibilität der Anteile und die Möglichkeit eines Kapitalmarktzugangs (gegebenenfalls nach einer Satzungsänderung) beibehalten werden. Gerade durch die höhere Gestaltungsfreiheit sind Einzelanpassungen an die Realstruktur der jeweiligen Gesellschaft möglich.

Eine solche Entwicklung des Aktienrechts, die eine echte kleine AG hervorbringen würde, könnte einer Vielzahl von bisher in der Rechtsform der GmbH organisierten Unternehmen – insbesondere aus dem in Deutschland so bedeutenden Mittelstand – eine echte Rechtsformalternative bieten.

E. Konsequenzen für den Wettbewerb der Rechtsformen

Mit den vorgeschlagenen Änderungen könnte sich auch die deutsche Aktiengesellschaft dem Wettbewerb der Rechtsformen, wie er vom Europäischen Gerichtshof mit den Entscheidungen *Centros, Überseering und Inspire Art* eröffnet wurde, stellen. Zu Unrecht hat der Gesetzgeber bislang nur für den Bereich der GmbH einen Handlungsbedarf erkannt und dort versucht, die Attraktivität der Rechtsform zu stärken. Mit einem flexibleren und attraktiveren Aktienrecht könnte zugleich ein Wechsel deutscher Unternehmen in ausländische Rechtsformen verhindert werden.

F. Konsequenzen für die Europäische Aktiengesellschaft

Auch die konkrete Ausgestaltung der Europäischen Aktiengesellschaft in Deutschland bleibt durch die vorgeschlagene Lösung nicht ohne Konsequenzen. Das gemeinschaftsrechtliche Aktienrecht der SE wird durch das nationale Aktienrecht des Sitzstaates ergänzt.[555] Soweit das SE-Statut auf das nationale Recht verweist, spielt es daher eine Rolle, ob dieses nationale Recht satzungsstreng – wie in Deutschland – oder gestaltungsoffen – wie etwa in Frankreich – ausgestaltet ist. Mehr Gestaltungsfreiheit im deutschen Aktienrecht würde daher auch zu mehr Gestaltungsfreiheit in der SE führen und eine Annäherung an andere Rechtssysteme vorantreiben. Hierdurch würde nicht zuletzt die Wettbewerbsfähigkeit des Standortes Deutschland gestärkt.

---

[555] *Hommelhoff*, FS Ulmer 2003, 267, 276; *Thümmel*, Die Europäische Aktiengesellschaft (SE), S. 23 f..

§ 9 Zusammenfassende Betrachtung

Der Grundsatz der Gestaltungsfreiheit ist ein allgemeines gesellschaftsrechtliches Prinzip, das sich einerseits aus der Erklärung der Gesellschaft aus dem Vertrag, andererseits unmittelbar aus dem Grundgesetz ergibt.

Gleichwohl trägt der Gesetzgeber eine Verantwortung für das Funktionieren einer Rechtsform und zur Vermeidung von Gestaltungen zu Lasten der Minderheit, von Gläubigern, Anlegern und Arbeitnehmern sowie aus rechtspolitischen Erwägungen. Im Hinblick auf die grundsätzlich bestehende Privatautonomie haben zwingende Normen jedoch nur dann ihre Berechtigung, wenn sie ein legitimes Schutzinteresse verwirklichen und ein solcher Schutz tatsächlich erforderlich ist. Es ist darauf zu achten, dass nur so wenige zwingende Vorschriften wie möglich und so viele wie nötig gesetzlich geregelt werden, um eine Überregulierung zu Lasten der Gestaltungsfreiheit zu vermeiden.

Während die den Gesellschaften eröffnete Satzungsautonomie im Recht der Personengesellschaften und im GmbH-Recht weitgehend unangetastet bleibt und nur durch wenige zwingende Regelungen beschränkt wird, gilt im Aktienrecht das Prinzip der Satzungsstrenge. Diese bedeutet eine Einschränkung des Gestaltungsspielraums der Satzung in der Weise, dass diese vom Gesetz nicht abweichen darf und auch keine Regelungen für Fragen enthalten darf, die das Gesetz abschließend regelt. Im Ergebnis führt die Satzungsstrenge dazu, dass die meisten Vorschriften des Aktiengesetzes zwingend sind und keinen Gestaltungsspielraum lassen.

§ 23 Abs. 5 AktG ist die programmatische Absage an das Prinzip der Vertragsfreiheit. Um die Bedeutung dieser Vorschrift zu erfassen, muss man immer berücksichtigen, dass es gar nicht so sehr um diese Einzelvorschrift geht, sondern um fast das gesamte Aktienrecht, das durch diese Vorschrift zwingend festgeschrieben wird.

Das zwingende Aktienrecht ist zugeschnitten auf die AG als Großunternehmensträger und Kapitalsammelbecken. Die Realstruktur sieht jedoch anders aus: Nur ca. 13 % sind – entsprechend ihrem Umsatz – als Großunternehmen zu bezeichnen, und im Jahr 2002 waren nur 6 % der in der Rechtsform der AG geführten Unternehmen an der Börse notiert. Der weit überwiegende Teil der Aktiengesellschaften sind mittelständische Unternehmen

Aufgabe des Gesellschaftsvertrages bzw. der Satzung ist es, eine Diskrepanz zwischen Gesetz und Wirklichkeit bzw. Leitbild und Realstruktur zu überbrücken. Durch die Satzungsstrenge des § 23 Abs. 5 AktG besteht dies Möglichkeit der Anpassung nur sehr eingeschränkt.

Wie die historische Entwicklung im Aktienrecht gezeigt hat, ist das Aktienrecht durch zwei Leitlinien geprägt, nämlich Staatsnähe einerseits und Anlegerschutz andererseits, die zu den heutigen starren Regelungen des Aktienrechts als Endpunkt einer fortlaufenden Entwicklung geführt haben. In den Reformen des Aktienrechts fanden veränderte wirtschaftliche oder politische Verhältnisse ihren Ausdruck. Gleichfalls reagierte der Gesetzgeber auf Missstände. Der heutige § 23 Abs. 5 fand in der Aktienrechtsreform 1965 Eingang in das Aktienrecht. Die knappe Regierungsbegründung lässt den Schluß zu, dass man sich seinerzeit mit der Bedeutung und Reichweite der Vorschrift nicht sachgerecht auseinander gesetzt hat.

Die AG wird in Deutschland nur sehr selten als Rechtsform gewählt. Demgegenüber ist die Aktiengesellschaft in der Schweiz – in krassem Gegensatz zu Deutschland - die bei weitem häufigste Rechtsform. Die schweizerische AG dient als „Mädchen für alles". Das Aktienrecht ist flexibel und der erforderliche Anlegerschutz wird entweder durch Sonderregelungen für börsennotierte Gesellschaften, besondere kapitalmarktrechtliche Regelungen oder private Regelungen der Selbstregulierung verwirklicht.

Die geringe Akzeptanz der AG in Deutschland ist darauf zurückzuführen, dass die aktienrechtliche Satzungsstrenge die Gesellschaft in ein Organisationskleid zwingt, das zwar dem Leitbild, oft aber nicht den Bedürfnisses des einzelnen Unternehmens entspricht. Hierdurch wird insbesondere die Eigentümerposition geschwächt, die Sicherung eines Führungseinflusses ist kaum möglich. Ebenso wenig bestehen Weisungsrechte der Hauptversammlung in Geschäftsführungsangelegenheiten. Zudem ist die AG unflexibel im Hinblick auf die Ausgestaltung der Organstruktur und angesichts ihrer hohen Regelungsdichte kompliziert zu handhaben. Die im Mittelstand typische Konstellation der Einheit von Eigentum, Leitung, Haftung und Risiko sowie die verantwortliche Mitwirkung an allen unternehmenspolitisch relevanten Entscheidungen lässt sich kaum umsetzten und führt dazu, dass die Aktiengesellschaft als geeignete Rechtsform ausscheidet.

Dennoch stehen der AG gerade für den Mittelstand ganz entscheidende Vorteile zur Seite. Zu nennen sind hier der Kapitalmarktzugang, die Sicherung der Unternehmenskontinuität bei einer Unternehmensnachfolge, die mittel- oder langfristige Verbesserung der Eigenkapitalstruktur durch die Möglichkeit der Kapitalmarktinanspruchnahme. Die genannten Vorteile für den Mittelstand gewinnen zusätzlich an Gewicht, wenn man sich die nicht zu unterschätzende Bedeutung des Mittelstands ins Gedächtnis ruft. 99,7 % der umsatzsteuerpflichtigen Unternehmen sind mittelständisch. Sie erbringen 42,2 % der steuerpflichtigen Umsätze und beschäftigen 68,7 % aller Arbeitnehmer.

Im Rahmen dieser Untersuchung wurden die Ansätze oder Entwicklungen im Gesellschaftsrecht dargestellt, die unmittelbar oder mittelbar einen Bezug zur Satzungsstrenge haben. Zu nennen sind hier neben Vorschlägen zur Deregulierung des Aktienrechts und insbesondere zur Öffnung der AG für den Mittelstand, das Gesetzgebungsvorhaben zur kleinen AG, Entwicklungen, die andere Rechtsformen mit den genannten Vorteilen der AG ausstatten würden. Gleichermaßen wurden neuere Entwicklungen im Bereich der Europäischen Aktiengesellschaft ins Visier genommen. Das Ergebnis ist jedoch eher ernüchternd. Insbesondere scheiterten aktienrechtliche Lösungen daran, dass der Mut zu einer vollständigen Überarbeitung des Aktienrechts fehlte. Die Satzungsstrenge wird im deutschen Aktienrecht in erster Linie mit der im Hinblick auf den Kapitalmarkt erforderlichen Standardisierung gerechtfertigt. Die Standardisierung ist zugleich ein Mittel des Anlegerschutzes, der Gesetzgeber nimmt dem Anleger gewissermaßen die Prüfung der jeweiligen Ausgestaltung einer Gesellschaft ab.

Dieser Befund veranlasste zu der Fragestellung, ob ein vergleichbarer Anlegerschutz im Sinne einer Standardisierung, der bei börsennotierten Gesellschaften durchaus seine Berechtigung haben mag, bei nicht-börsennotierten Gesellschaften ebenso erforderlich ist. Im Rahmen der vorliegenden Untersuchung wurde diese Frage verneint.

Die Konsequenz dieser Feststellung ist indes nicht, dass unterhalb der Kapitalmarktschwelle jedwede Flexibilisierung möglich wäre. Bei einer Verstärkung der Gestaltungsfreiheit müssen im Hinblick auf das Standing der Rechtsform insbesondere folgende Aspekte berücksichtigt werden:

Das zweistufige Vorstand-/Aufsichtsratmodell sollte als professionelle Führungsstruktur beibehalten und um ein Wahlrecht zugunsten des monistischen Systems ergänzt werden; die AG soll weiterhin keine Rechtsform für Kleinstunternehmen sein und auch nicht – als Einheitskapitalgesellschaft – der GmbH ihren Rang streitig machen oder deren Existenzberechtigung in Frage stellen.

Es wird der Lösungsansatz entwickelt, dass innerhalb der AG eine Trennlinie zu ziehen ist, die von der Inanspruchnahme des Kapitalmarktes bestimmt wird. Unterhalb der Kapitalmarktschwelle wäre eine dem GmbH-Recht vergleichbare Gestaltungsfreiheit wünschenswert. Lediglich in einigen Teilbereichen – wie der Beibehaltung des zweistufigen Systems, der Weisungsfreiheit des Vorstands und den Kapitalschutzvorschriften – sollten zwingende Vorgaben des Gesetzgebers bestehen.

Für die gesetzestechnische Verwirklichung dieses Lösungsansatzes bestehen zwei grundsätzliche Alternativen. Zum einen könnte man den Weg gehen, den auch die bisherigen Reformen gegangen sind und dem – ohnehin schon komplexen Aktienrecht – weitere Vorschriften hinzuzufügen und Besonderheiten für die nicht börsennotierte Gesellschaft als Ausnahme zu statuieren.

Eine wünschenswerte Alternative zu einer solchen weiteren Regulierung des Aktienrechts ist es jedoch, das Aktienrecht insgesamt zu überarbeiten und in zwei Teile zu gliedern: in einen allgemeinen Teil, der die für alle Aktiengesellschaften gültigen Vorschriften enthält und der in den dargestellten Grenzen Raum für privatautonome Gestaltungen lässt. Hieran anschließen sollte sich ein besonderer Teil für Börsengesellschaften, in den all diejenigen Vorschriften Eingang finden, die bei der börsenfernen Gesellschaft entbehrlich sind.

Für börsenferne Gesellschaften würde das Aktienrecht wesentlich überschaubarer und leichter handhabbar, während für börsennotierte Gesellschaften der bisherige bewährte Standard beibehalten bliebe.

Demgegenüber ist es nicht sinnvoll, die im Hinblick auf die Inanspruchnahme des Kapitalmarktes erforderlichen Regelungen zum Schutz der Kapitalanleger allein dem Kapitalmarktrecht – ohne gesellschaftsrechtliche Regelungen – zu überlassen. Dies könnte allenfalls durch generalklauselartige Zulassungsnormen in den jeweiligen Vorschriften über die Zulassungsvoraussetzungen in den einzelnen Marktsegmenten geschehen, gegebenenfalls in Verbindung mit Mustersatzungen oder Bezugnahme auf den jeweils geltenden Corporate Governance Kodex. Eine solche Vorgehensweise ist jedoch mit einer erheblichen Rechtsunsicherheit verbunden und würde die Verantwortung des Staates in zu großem Maße auf die Zulassungsstellen übertragen. Darüber hinaus würde bisher im Aktienrecht Erreichtes obsolet werden.

Die vorgeschlagene Lösung zur Deregulierung des Aktienrechts erfordert ein Umdenken und eine Überarbeitung des bisherigen Aktienrechts. Neben der Deregulierung wird jedoch auf der einen Seite eine wünschenswerte Flexibilisierung erreicht, ohne auf der anderen Seite bewährte Anlegerschutzmechanismen – jedenfalls im Ergebnis – aufgeben zu müssen.

Sicherlich wäre es einfacher und ohne größeren Aufwand zu realisieren, wenn das vorhandene Aktienrecht lediglich in einzelnen Punkten überarbeitet würde und nach dem Vorbild der Aktienrechtsnovelle von 1994 Ausnahmevorschriften hier und da für nicht börsennotierte Gesellschaften eingefügt würden. Um jedoch Deregulierung, Flexibilisierung und eine Beibehaltung des hohen Anlegerschutzniveaus – alles Aspekte, die geeignet sind, die Akzeptanz der AG zu steigern – zu verbinden, darf diese Mühe nicht gescheut werden. Dies gilt umso mehr vor dem Hintergrund, dass eine Steigerung der Akzeptanz der AG bei mittelständischen Unternehmen dem Motor der deutschen Wirtschaft - langfristig die Eigenkapitalstruktur eben dieser Unternehmen verbessert. Darüber hinaus würde eine Steigerung der Attraktivität der AG dazu führen, dass sich auch die AG dem Wettbewerb mit konkurrierenden Rechtsformen der EU-Mitgliedsstaaten stellen kann. Mittelbar würde zudem durch die zahlreichen Verweise im Recht der SE auf das nationale Akteinrecht mit eine wünschenswerten Flexibilisierung des Aktienrechts eine ebenso wünschenswerte Flexibilisierung des Rechts der SE mit Sitz in Deutschland einhergehen.

Nach alledem kann eine Lösung des Problems der Satzungsstrenge nur durch eine Überarbeitung des Aktienrechts erfolgen, bei der die Inanspruchnahme des Kapitalmarktes eine Trennlinie bildet.

Abkürzungsverzeichnis

a. A.	Andere Ansicht
aaO	am angegebenen Ort
abl.	ablehnend
ABl	Amtsblatt
Abs.	Absatz
Abschn.	Abschnitt
abw.	abweichend
AcP	Archiv für die civilistische Praxis (Band und Seite)
aE	am Ende
aF	alte Fassung
AG	Aktiengesellschaft (Rechtsformbezeichnung) Die Aktiengesellschaft (Zeitschrift)
AktG	Aktiengesetz
allgA	allgemeine Ansicht
allgM	allgemeine Meinung
Alt.	Alternative
aM	anderer Meinung
Amtl. Begr.	Amtliche Begründung
Anh.	Anhang
Anm.	Anmerkung
AO	Abgabenordnung
Art	Artikel

AT	Allgemeiner Teil
Aufl.	Auflage
BAnz	Bundesanzeiger
BA Wü	Baden-Württemberg
BB	Der Betriebs-Berater
BBl	Bundesblatt (Schweiz)
Bd., Bde.	Band, Bände
Begr.	Begründung
BEHG	(Schweizerisches) Bundesgesetz über die Börsen und den Effektenhandel
Bek	Bekanntmachung
ber.	berichtigt
bestr.	bestritten
betr.	betreffend
BFH	Bundesfinanzhof
BFHE	Sammlung der Entscheidungen und Gutachten des BFH (Band und Seite)
BFuP	Betriebswirtschaftliche Forschung und Praxis (Zeitschrift)
BG	Bundesgesetz
BGB	Bürgerliches Gesetzbuch
BGBl I, II III	Bundesgesetzblatt, mit I oder ohne Ziffer = Teil I, mit II = Teil II, mit III = Teil III
BGE	Entscheidungen des schweizerischen Bundesgerichts
BGH	Bundesgerichtshof

BGHZ	Entscheidungen des Bundesgerichtshofs in Zivilsachen (Band und Seite)
BMF	Bundesminister(ium) der Finanzen
BMJ	Bundesminister(ium) der Justiz
BMWF	Bundesminister(ium) für Wirtschaft und Finanzen
BMWi	Bundesminister(ium) für Wirtschaft
BörsG	Börsengesetz
BörsZulV	Börsenzulassungs-Verordnung
BR-Drs	Drucksache des Bundesrats (Jahr und Nummer)
BT-Drs	Drucksache des Deutschen Bundestags (Wahlperiode und Nummer)
BuW	Betrieb und Wirtschaft (Zeitschrift)
BVerfG	Bundesverfassungsgericht
BVerfGE	Entscheidungen des Bundesverfassungsgerichts (Band und Seite)
bzw.	beziehungsweise
DB	Der Betrieb
DBW	Die Betriebswirtschaft (Zeitschrift)
ders.	derselbe
DIHT	Deutscher Industrie- und Handelstag
Diss.	Dissertation
DJT	Deutscher Juristentag
DJZ	Deutsche Juristen-Zeitung
DStR	Deutsches Steuerrecht (Jahr und Seite)

DStZ	Deutsche Steuer-Zeitung
DVO	Durchführungsverordnung
DZWiR	Deutsche Zeitschrift für Wirtschaftsrecht
e.G.	eingetragene Genossenschaft
EG	Einführungsgesetz Europäische Gemeinschaften
EGV	Vertrag zur Gründung der Europäischen Gemeinschaft
Einl.	Einleitung
ES	Entscheidungssammlung
EStG	Einkommensteuergesetz
EU	Europäische Union
EuGH (GHEuG)	Gerichtshof der Europäischen Gemeinschaften
EuR	Europarecht (Zeitschrift)
EuZW	Europäische Zeitschrift für Wirtschaftsrecht
e.V.	eingetragener Verein
EWiR	Entscheidungen zum Wirtschaftsrecht
f.	Und folgende Seite (Randnummer, Paragraph, Artikel)
ff.	Und folgende Seiten (Randnummern, Paragraphen, Artikel)
FS	Festschrift
FuSt	Finanzen und Steuern (Zeitschrift)
GBl	Gesetzblatt
GbR	Gesellschaft bürgerlichen Rechts

gem.	Gemäß
Ges	Gesetz
GG	Grundgesetz für die Bundesrepublik Deutschland
ggf	gegebenenfalls
GmbH	Gesellschaft mit beschränkter Haftung
GmbHG	Gesetz betreffend die Gesellschaften mit beschränkter Haftung
GmbHR	GmbH-Rundschau (Zeitschrift)
GVBl	Gesetz- und Verordnungsblatt
HGB	Handelsgesetzbuch
hL	herrschende Lehre
hM	herrschende Meinung
Hrsg.	Herausgeber
hrsg.	herausgegeben
hRspr	herrschende Rechtsprechung
Hs	Halbsatz
idF	in der Fassung
idR	in der Regel
Ie	im einzelnen
iErg	im Ergebnis
ieS	im engeren Sinne
iS	im Sinne
iSv	im Sinne von
iVm	in Verbindung mit

iwS	im weiteren Sinne
JW	Juristische Wochenschrift
KG	Kommanditgesellschaft
KGaA	Kommanditgesellschaft auf Aktien
KonTraG	Gesetz zur Kontrolle und Transparenz im Unternehmensbereich
KR	Kotierungsreglement der Schweizer Börse
KSt	Körperschaftsteuer
LG	Landgericht
lit.	Buchstabe
Lit.	Literatur
LS	Leitsatz
lt.	Laut
MontanMitbestErgG	Montan-Mitbestimmungsergänzungsgesetz
MitBestG	Gesetz über die Mitbestimmung der Arbeitnehmer
MontanMitbestG	Montan-Mitbestimmungsgesetz
mwN	mit weiteren Nachweisen
N	Note (Randnote)
nF	neue Fassung
NJW	Neue Juristische Wochenschrift
NJW-RR	NJW-Rechtsprechungs-Report Zivilrecht
Nr.	Nummer
NWB	Neue Wirtschafts-Briefe
NZG	Neue Zeitschrift für Gesellschaftsrecht

OHG	Offene Handelsgesellschaft
OLG	Oberlandesgericht
OR	Schweizerisches Obligationenrecht (Bundesgesetz betreffend die Ergänzung des Schweizerischen Zivilgesetzbuches (Fünfter Teil: Obligationenrecht))
PublG	Publizitätsgesetz
Rdnr.	Randnummer
RdSchGmbH	Rundschau für GmbH
RG	Reichsgericht
RGBl	Reichsgesetzblatt ohne Ziffer Teil 1; mit II = Teil II
RGZ	Sammlung der Reichsgerichtsrechtsprechung in Zivilsachen (Band und Seite)
RIW	Recht der internationalen Wirtschaft
RSDA	Revue suisse de droit des affairs et du marché financier
Rz	Randziffer
S.	Seite
s.	Siehe
SE	Europäische Aktiengesellschaft
SE-VO	Verordnung zur Europäischen Aktiengesellschaft
Sen	Senat
SR	Systematische Sammlung des Bundesrechts (Schweiz)
StB	Der Steuerberater (Zeitschrift)

Str.	Strittig
stRspr	ständige Rechtsprechung
SWX	Swiss Exchange (Schweizer Börse)
SZW	Schweizerische Zeitschrift für Wirtschafts-recht
u.a.	unter anderem, und andere
UmwG	Umwandlungsgesetz
UmwStG	Umwandlungsteuergesetz
UnterhÜbk	Haager Unterhaltsübereinkommen
uU	unter Umständen
Vfg.	Verfügung
vgl.	Vergleiche
v.H.	Vom Hundert (-> Prozent)
VO	Verordnung
WiB	Wirtschaftsrechtliche Beratung (Zeitschrift)
wistra	Zeitschrift für Wirtschaft, Steuer, Strafrecht
WM	Zeitschrift für Wirtschafts- und Bankrecht, Wertpapiermitteilungen
WuB	Wirtschafts- u Bankrecht
z.B.	zum Beispiel
ZfgG	Zeitschrift für das gesamte Genossenschafts-recht
ZfRV	Zeitschrift für Rechtsvergleichung
ZGR	Zeitschrift für Unternehmens- und Gesell-schaftsrecht

ZHR	Zeitschrift für das gesamte Handels- und Wirtschaftsrecht (Band, Jahr, Seite)
Ziff.	Ziffer
zit.	zitiert
ZIP	Zeitschrift für Wirtschaftsrecht, bis 1982 Zeitschrift für Wirtschaftsrecht und Insolvenzpraxis
ZRP	Zeitschrift für Rechtspolitik

Literaturverzeichnis

Albach, Horst / Corte, Christiane / Friedewald, Rolf / Lutter, Marcus / Richter, Wolf, Deregulierung des Aktienrechts: Das Drei-Stufen-Modell, Gütersloh 1988

Albach, Horst / Corte, Christiane / Richter, Wolf, Die Private Aktiengesellschaft – Materialien zur Deregulierung des Aktienrechts, Gütersloh 1988

Baudenbacher, Carl / Banke, Klaus, Die GmbH gestern, heute und morgen, SZW / RSDA 1996, 49

Baumann, Horst / Kusch, Carsten, Die Kapitalgesellschaft & Co KG auf Aktien – Faktizität und Recht, Verantwortung und Gestaltung, in: Festschrift für Karlheinz Boujoung, hrsg. von Ebenroth u.a., München 1996, S. 3

Baumbach, Adolf / Hueck, Alfred, GmbH-Gesetz, 18. Aufl., München 2006

Becker, Michael, Der Ausschluß aus der Aktiengesellschaft, ZGR 1986, 383

Bezzenberger, Tilman, Der Vorstandsvorsitzende der Aktiengesellschaft, ZGR 1996, 661

Binz, Mark K. / Sorg, Martin H., Die GmbH & Co Kommanditgesellschaft auf Aktien – Ausweg oder Irrweg für börsenwillige Familienunternehmen?, BB 1988, 2041

- Die KGaA mit beschränkter Haftung – quo vadis?, DB 1997, 313

Blanke, Gernot, Praktische Erleichterungen für die Tätigkeit des Vorstands nicht börsennotierter Aktiengesellschaften, BB 1995, 681

- Private Aktiengesellschaft und Deregulierung des Aktienrechts, BB 1994, 1505

Buxbaum, Richard M., Die Leitung von Gesellschaften – Strukturelle Reformen im amerikanischen und deutschen Gesellschaftsrecht, in: Feddersen u.a. (Hrsg.), Corporate Governance – Optimierung der Unternehmensführung im deutschen und amerikanischen Aktienrecht, Köln 1996, S. 65

Chmielewicz, Klaus, Diskussionsbericht zum AG-Forum 1980, AG 1981, 25

Claussen, Carsten P., Börsenzugang für mittelständische Unternehmen, GmbHR 1988, 417

- Die Mittelstands-Aktiengesellschaft, DBW 1991, 183

- 25 Jahre deutsches Aktiengesetz von 1965 (Teil II), AG 1991, 10

- Kleine Kapitalgesellschaften und der Zugang zum Kapitalmarkt, in ZHR 153 (1989), 216

- Noch einmal: Die börsengehandelten GmbH-Anteile, GmbHR 1989, 495

- Perspektiven für die Kommanditgesellschaft auf Aktien, Kübler u.a. (Hrsg.), Festschrift für Theodor Heinsius, Berlin / New York 1991, S. 49

- Überlegungen zur Rechtsform der GmbH – Ist die KGaA eine Alternative?, GmbHR 1996, 73

Dehmer, Hans, Die Kleine Aktiengesellschaft, WiB 1994, 753

Deutscher Bundestag (Hrsg.), Fragen an die Deutsche Geschichte, Bonn / Berlin 1984

Deutsches Aktieninstitut (Hrsg.), DAI-Factbook 2003: Statistiken, Analysen und Graphiken zu Aktionären, Aktiengesellschaften und Börsen, Frankfurt 2003

Dietz, Rolf, Anmerkungen zum Urteil des Reichsgerichts vom 25.09.1901, Zentralblatt f. Handelsrecht, 1927, 176

Druey, Jean Nicolas, Der Dualismus von GmbH und AG in der Schweiz, in: Roth, Günther H. (Hrsg.), Das System der Kapitalgesellschaften im Umbruch – ein internationaler Vergleich, Köln 1990, S. 107

Duc, Nicolas, Corporate Governance – Blick auf die laufenden Arbeiten in der Gesetzgebung, Die Volkswirtschaft 2003, 18

Escher-Weingart, Christina, Reform durch Deregulierung im Kapitalgesellschaftsrecht, Tübingen 2001

Fischer, Michael, Die Besteuerung der KGaA und ihrer Gesellschafter, DStR 1997, 1519

Fischer, Tobias, Basel II – Das unbekannte Wesen, DZWIR 2002, 237

Fleischer, Holger, Das Aktiengesetz von 1965 und das neue Kapitalmarktrecht, ZIP 2006, 451

Flume, Werner, Allgemeiner Teil des Bürgerlichen Rechts I/2, Die juristische Person, Berlin / Heidelberg / New York 1983

- Die Rechtsprechung des II. Zivilsenats des BGH zur Treuepflicht des GmbH-Gesellschafters und des Aktionärs, ZIP 1995, 161

Forstmoser, Peter / Meier-Hayoz, Arthur / Nobel, Peter, Schweizerisches Aktienrecht, Bern 1996

Forstmoser, Peter, Gestaltungsfreiheit im schweizerischen Gesellschaftsrecht, in Lutter / Wiedemann (Hrsg.), Gestaltungsfreiheit im Gesellschaftsrecht – Deutschland, Europa und USA, ZGR Sonderheft 13, Berlin / New York 1997, 254

- Monistische oder dualistische Unternehmensverfassung? Das Schweizer Konzept, ZGR 2003, 688

Friedewald, Rolf, Die personalistische Aktiengesellschaft, Bonn 1990

Gail, Winfried / Düll, Alexander / Heß-Emmerich, Ulrike / Fuhrmann, Gerd, Steuerliche Überlegungen für die GmbH zum Jahresende 1997, GmbHR 1997, 1040

Gemeinsame Denkschrift zum Referentenentwurf eines Aktiengesetzes der Deutschen Industrie, des Bundesverbandes des privaten Bankengewerbes, der Bundesvereinigung der Deutschen Arbeitgeberverbände, des Deutschen Industrie- und Handelstages, des Gesamtverbandes der Versicherungswirtschaft, 1959

Gessler, Ernst / Hefermehl, Wolfgang / Eckardt, Ulrich / Kropff, Bruno (Hrsg.), Aktiengesetz Kommentar, München, Band I: (§§ 1-22), 1973; (§§ 23-53), 1984; (§§ 53a-75), 1983; Band II: (§§ 76-147) 1974

Gessler, Ernst, Bedeutung und Auslegung des § 23 Abs. 5 AktG, Glossner, Ottoarndt / Reimers, Walter (Hrsg.), in: Festschrift für Martin Luther zum 70. Geburtstag, München 1976, S. 69

- Nichtigkeit von Hauptversammlungsbeschlüssen und Satzungsbestimmungen, ZGR 1980, 427

Gierke, Otto von, Deutsches Privatrecht, Erster Band, Leipzig 1895

- Die Genossenschaftstheorie und die deutsche Rechtsprechung, Berlin 1887

Godin, Reinhard von / Wilhelmi, Hans, Aktiengesetz, Band I, §§ 1-178, 4. Aufl., Berlin / New York 1971

- Aktiengesetz, Band II, §§ 179-410, 4. Aufl., Berlin / New York 1971

Goldschmit II, Friedrich, Anmerkungen zum Urteil vom 17. Februar 1928, JW 1928, 2618

Graf, Helmut Andreas, Die Kapitalgesellschaft & Co KG auf Aktien, Gesichtspunkte der Unternehmensformwahl und Zulässigkeit der Gesellschaftsrechtsform, Heidelberg 1993

Grunewald, Barbara, Der Ausschluss aus Gesellschaft und Verein, Köln / Berlin / Bonn / München 1987

Gunterberg, Brigitte / Wolter, Hans-Jürgen, Unternehmensgrößenstatistik 2001/2002 – Daten und Fakten -, Bonn 2002

Guski, Hans Günther/ Schneider, Hans-J., Betriebliche Vermögensbeteiligung in der Bundesrepublik Deutschland, Köln 1977

Haase, Karsten, Die Vorteile der GmbH oder der GmbH & Co KGaA in gesellschaftsrechtlicher Hinsicht, GmbHR 1997, 917

Habersack, Mathias, Das Aktiengesetz und das Europäische Recht, ZIP 2006, 445

Hachenburg, Max / Ulmer, Peter, Gesetz betreffend die Gesellschaft mit beschränkter Haftung (GmbHG), Großkommentar, 8. Aufl., Berlin / New York, 1992

Hadding, Walter, Kooperationsrechtliche oder vertragsrechtliche Grundlagen des Vereinsrechts, in: Festschrift für Robert Fischer, Berlin / New York 1979, 165

Hahn, Jürgen, „Kleine Aktiengesellschaft", GmbHR 1994, R17

- „Kleine AG", eine rechtspolitische Idee zum unternehmerischen Erfolg, DB 1994, 1659

Hansen, Herbert, Die GmbH als weiterhin umsatzstärkste Unternehmensgruppe, GmbHR 1999, 24

- Die Renaissance der Aktie, AG 2000, R 123

Hartel, Ulrich M., Umwandlung einer GmbH & Co KG in eine KG auf Aktien – GmbH & Co KG auf Aktien – Idealform für börsenwillige Familienunternehmen? DB 1992, 2329

Heckschen, Heribert, Die „kleine AG" und Deregulierung des Aktienrechts – eine kritische Bestandsaufnahme –, DNotZ 1995, 275

Hennerkes, Brun-Hagen (Hrsg.), Unternehmenshandbuch Familiengesellschaften – Sicherung von Unternehmen, Vermögen und Familie, 2. Aufl. Köln, Berlin, Bonn, München 2001

Hennerkes, Brun-Hagen / Lorz, Rainer, Roma locuta causa finita: Die GmbH & Co KGaA ist zulässig – zugleich Besprechung des BGH-Beschlusses vom 24.02.1997, DB 1997, 1388

Hennerkes, Brun-Hagen / May, Peter, Als GmbH und KG an die Börse, DB 1989, 1709

- Noch einmal, Die GmbH & Co KG auf Aktien als Rechtsform für börsenwillige Familienunternehmen, BB 1988, 2393

- Überlegungen zur Rechtsformwahl im Familienunternehmen, DB 1988, 483 und 537

Hennrichs, Joachim, „Basel II" und das Gesellschaftsrecht, ZGR 2006, 563

- Treuepflichten im Aktienrecht, AcP 195 (1995), 221

Henze, Hartwig, Die Treuepflicht im Aktienrecht – Gedanken zur Rechtsprechung des Bundesgerichtshofes von „Kali und Salz" über „Linotype" und „Kochs Adler" bis „Girmes", BB 1996, 489

Hey, Felix, Freie Gestaltung in Gesellschaftsverträgen und ihre Schranken, München 2004

Hesselmann, Malte, GmbH & Co. Kommanditgesellschaft auf Aktien, GmbHR 1988, 472

Hirte, Heribert, Die aktienrechtliche Satzungsstrenge, Kapitalmarkt und sonstige Legitimation versus Gestaltungsfreiheit, in: Lutter / Wiedemann (Hrsg.), Gestaltungsfreiheit im Gesellschaftsrecht – Deutschland, Europa und USA, ZGR Sonderheft 13, Berlin / New York 1997

Hoffmann-Becking, Michael (Hrsg.), Münchener Handbuch des Gesellschaftsrechts, Band 4: Aktiengesellschaft, 2. Aufl., München 1999

Hoffmann, Dietrich, Der Aufsichtsrat – Ein Handbuch für die Praxis, 3. Aufl. München 1994

Hofstetter, Karl, Die Gleichbehandlung der Aktionäre in börsennotierten Gesellschaften, SZW / RSDA 1996, 222

Hommelhoff, Peter, Anlegerschutz in der GmbH & Co KGaA, in: Ulmer (Hrsg.), Die GmbH & Co KG nach dem Beschluss BGHZ 134, 393 – die Tragweite des Beschlusses und seine Bedeutung für die Kautelarpraxis, Heidelberg 1998, S. 9

- Auszahlungsanspruch und Ergebnisverwendungsbeschluss in der GmbH, in: Pfeiffer u.a. (Hrsg.), Festschrift für Heinz Rowedder, München 1994

- 100 Bände BGHZ, Aktienrecht, ZHR 151 (1987), 493

- Börsenhandel von GmbH- und KG-Anteilen, ZHR 1989, 181

- Die deutsche GmbH im System der Kapitalgesellschaften, in: Roth (Hrsg.), Das System der Kapitalgesellschaften im Umbruch – ein internationaler Vergleich, Köln 1990, S. 26

- Die „Société fermée européenne“ – eine supranationale Gesellschaftsform für kleine und mittlere Unternehmen im Europäischen Binnenmarkt –, WM 1997, 2101

- Einige Bemerkungen zur Organisationsverfassung der Europäischen Aktiengesellschaft, AG 2001, 279

- Gestaltungsfreiheit im GmbH-Recht, in: Lutter / Wiedemann (Hrsg.), Gestaltungsfreiheit im Gesellschaftsrecht – Deutschland, Europa und USA, ZGR Sonderheft 13, Berlin / New York 1997, S. 36

- Jetzt die „kleine" und dann noch eine „Anleger-AG", in: Semler (Hrsg.), Reformbedarf im Aktienrecht, ZGR Sonderheft 12, Berlin / New York 1994, S. 65

- „Kleine Aktiengesellschaften" im System des deutschen Rechts, AG 1995, 529

- Satzungsstrenge und Gestaltungsfreiheit in der Europäischen Aktiengesellschaft, in: Habersack u.a. (Hrsg.), Festschrift für Ulmer, Berlin 2003

Hommelhoff, Peter / Mattheus, Daniela, Corporate Governance nach dem KonTraG, AG 1998, 249

Hopt, Klaus J., Inwieweit empfiehlt sich eine allgemeine gesetzliche Regelung des Anlegerschutzes? Gutachten G zum 51. Deutschen Juristentag, Verhandlungen des 51. Deutschen Juristentages, hrsg. von der ständigen Deputation des Deutschen Juristentages, Band I, München 1976

- Risikokapital, Nebenbörsen und Anlegerschutz, WM 1985, 793

- Vom Aktien- und Börsenrecht zum Kapitalmarktrecht? Teil 2: Die deutsche Entwicklung im internationalem Vergleich, ZHR 137 (1977), 389

Hopt, Klaus J. / Wiedemann, Herbert (Hrsg.), Großkommentar Aktiengesetz, 4. Aufl., Berlin, New York 1997

Hüffer, Uwe, Aktiengesetz, 2. Aufl., München 1995, 5. Aufl. München 2002, 6. Aufl. München 2004, 7. Aufl. 2006

Hüppi, David, Die Methode zur Auslegung von Statuten, Zürich 1971

Icks, Annette / Kaufmann, Friedrich / Menke, Andreas (Hrsg.), Unternehmen Mittelstand, Chancen im globalen Strukturwandel, München 1997

Ihrig, Hans-Joachim / Schlitt, Michael, Die KGaA nach dem Beschluss des BGH vom 24.02.1997, in: Ulmer (Hrsg.), Die GmbH & Co KG nach dem Beschluss BGHZ 134, 393 – die Tragweite des Beschlusses und seine Bedeutung für die Kautelarpraxis, Heidelberg 1998, S. 33

Immenga, Ulrich, Die personalistische Kapitalgesellschaft, Bad Homburg 1970

- Aktiengesellschaft, Aktionärsinteressen und institutionelle Anleger, Walter Eucken Institut (Hrsg.), Vorträge Band 28, 1971

Jhering, Rudolph von, Der Zweck im Recht, band I, 2. Aufl. Berlin 1884

Kallmeyer, Harald, Die Kommanditgesellschaft auf Aktien – eine interessante Rechtsformalternative für den Mittelstand? DStR 1994, 977

Karsten, Frederik, Die GmbH im internationalen Wettbewerb um die beste Gesellschaftsform für den Mittelstand, GewArch 2006, 234

Kindler, Peter, Die Aktiengesellschaft für den Mittelstand – Das Gesetz für kleine Aktiengesellschaften und zur Deregulierung des Aktienrechts, NJW 1994, 3041

Kleindiek, Detlef, Diskussionsbericht zu den Vorträgen von Hommelhoff und Lutter, in: Lutter u.a. (Hrsg.), Gestaltungsfreiheit im Gesellschaftsrecht – Deutschland, Europa und USA, ZGR Sonderheft 13, Berlin /New York 1997

- Diskussionsbericht [zum Referat von Mertens in ZGR 1994, 426], ZGR 1994, 465

Koch, Wolfgang / Wegemann, Jürgen, Praktiker – Handbuch Börseneinführung; Ablauf des Börsengangs mittelständischer Unternehmen mit Erfahrungsberichten vom Neuen Markt, Stuttgart 1998

Kölner Kommentar zum Aktiengesetz, 2. Aufl., Köln 1987 ff.

Köstler, Roland, Die Mitbestimmung in der SE, ZGR 2003, 800

Kraakman, Reinier, Die Professionalisierung des Board, in: Feddersen u.a.. (Hrsg.), Corporate Governance – Optimierung der Unternehmensführung im deutschen und amerikanischen Aktienrecht, Köln 1996, S. 129

Kratsch, Dietrich, Das „faktische Organ" im Gesellschaftsrecht – Grund und Grenzen einer strafrechtlichen Garantenstellung, ZGR 1985, 506

Krieger, Albrecht, Gesetzgeberische Perspektiven auf dem Gebiet des Gesellschaftsrechts, in ZHR 150 (1986), 182

Kropff, Bruno (Hrsg.), Aktiengesetz, Textausgabe des Aktiengesetzes vom 6.9.1965 mit Begründung des Regierungsentwurfes, Bericht des Rechtsausschusses des Deutschen Bundestages, Verweisungen und Sachverzeichnis, Düsseldorf 1965

Kübler, Friedrich, Gesellschaftsrecht, 6. Aufl. Heidelberg 2006

- Gesellschaftsrecht versus Kapitalmarktrecht, SZW 1995, 223

- Unternehmensstruktur und Kapitalmarktfunktion – Überlegungen zur Krise der Aktiengesellschaft, AG 1981, 5

Ladwig, Peter / Motte, Frank, Die GmbH & Co KGaA nach der Zulassung durch den BGH – die neue Rechtsform für den Mittelstand?, DStR 1997, 1539

Liebscher, Thomas, Ungeschriebene Hauptversammlungszuständigkeiten im Lichte von Holzmüller, Macroton und Gelatine, ZGR 2005, 1

Luther, Martin, § 23 Abs. 5 AktG im Spannungsfeld von Gesetz, Satzung und Einzelentscheidungen der Organe der Aktiengesellschaft, in: Freundesgabe für Hans Hengeler, Berlin / Heidelberg / New York 1972, S. 167

Lutter, Marcus, Das System der Kapitalgesellschaften, in GmbHR 1990, 377

- Europäische Aktiengesellschaft – Rechtsfigur mit Zukunft?, BB 2001, 1

- Sonderegeln für die kleine AG, Das Wertpapier 1987, S. 1016

- Theorie der Mitgliedschaft, in AcP 180 (1980), S. 84

Lutter, Marcus / Hommelhoff, Peter, GmbH-Gesetz Kommentar, 16. Aufl., Köln 2004

Lutter, Marcus / Krieger, Gerd, Rechte und Pflichten des Aufsichtsrats, 4. Aufl. Köln 2002

Maunz, Theodor / Dürig, Günter / Herzog, Roman / Scholz, Rupert, Kommentar zum Grundgesetz, Loseblattsammlung, München Stand Oktober 2002

May, Peter, Die Sicherung des Familieneinflusses auf die Führung der börsennotierten Aktiengesellschaft – zugleich ein Beitrag zur Gestaltungsfreiheit im Gesellschaftsrecht –, Köln 1992

Meier-Hayoz, Arthur / Forstmoser, Peter, Schweizerisches Gesellschaftsrecht, 10. Aufl, Bern 2006

Mellert, Christofer Rudolf, Ausländische Kapitalgesellschaften als Alternative zu AG und GmbH – eine Synopse, BB 2006, 8

Menjucq, Michel, Das „monistische“ System der Unternehmensleitung in der SE, ZGR 2002, 679

Merkt, Hanno, Die monistische Unternehmensverfassung für die Europäische Aktiengesellschaft aus deutscher Sicht – Mit vergleichendem Blick auf die Schweiz, das Vereinigte Königreich und Frankreich -, ZGR 2003, 650

Mertens, Hans Joachim, Der Aktionär als Wahrer des Rechts, AG 1990, 52

- Die Handelsgesellschaft KGaA als Gegenstand gesellschaftsrechtlicher Diskussion und die Wissenschaft vom Gesellschaftsrecht, in: Kley u.a. (Hrsg.), Festschrift für Wolfgang Rittner, Köln 1997

- Satzungs- und Organisationsautonomie im Aktien- und Konzernrecht, ZGR 1994, 426

- Zur Existenzberechtigung der Kommanditgesellschaft auf Aktien, in: Fischer u.a. (Hrsg.), Festschrift für Carl Hans Barz, Berlin, New York 1974

Ministerium für Wirtschaft, Mittelstand und Technologie Baden-Württemberg (Hrsg.), Arbeitsgruppe „Zweiter Börsenmarkt“ Börsenzugang für kleine und mittlere Unternehmen – konkrete Gestaltungsvorschläge, Stuttgart 1989

- Kommission „Zweiter Börsenmarkt“ – Börsenzugang für kleine und mittlere Unternehmen, Stuttgart 1987

Möhring, Philipp / Tank A, Handbuch der AG, Band I, Köln 1967

Möllers, Thomas, Anlegerschutz durch Aktien- und Kapitalmarktrecht - Harmonisiserungsmöglichkeiten nach geltendem und künftigen Recht -, ZGR 1997, 334

Mülbert, Peter, Aktiengesellschaft, Unternehmensgruppe und Kapitalmarkt, 2. Aufl., München 1996

Müller-Erzbach, Rudolf, Das private Recht der Mitgliedschaft als Prüfstein eines kausalen Rechtsdenkens, Weimar 1948

Müller, Welf / Rödder, Thomas u.a. (Hrsg.), Beck'sches Handbuch der AG mit KGaA – Gesellschaftsrecht, Steuerrecht, Börsengang -, München 2003

Netter, (Vorname unbekannt), Anmerkungen zum Urteil des Rechsgerichts vom 17. Februar 1928, JW 1930, 3621

Niedner, Joachim / Kusterer, Stefan, Die atypisch ausgestaltete Familien KGaA aus der Sicht des Kommanditaktionärs, DB 1997, 1451

- Die atypisch ausgestaltete Familien-KGaA als Instrument zur Gestaltung des Generationswechsels in mittelständischen Unternehmen, DB 1997, 2010

Nitschle, Manfred, Die körperschaftlich strukturierte Personengesellschaft, Bielfeld 1970

Noack, Ulrich, Gesellschaftervereinbarungen bei Kapitalgesellschaften, Tübingen 1994

Nobel, Peter, Schweizerisches Finanzmarktrecht – Einführung und Überblick -, 2. Aufl., Bern 2004

Nord, Walther, Anmerkungen zum Urteil des Reichsgerichts vom 17. Februar 1928, JW 1928, 2617

Pinner, Heinz, Anmerkungen zum Urteil des Reichsgerichts vom 17. Februar 1928, in JW 1928, 1556

Priester, Hans-Joachim, Die kleine AG – ein neuer Star unter den Rechtsformen, in BB 1996, 333

- Die Kommanditgesellschaft auf Aktien ohne natürlichen Komplementär, ZHR 160 (1996), 250

- Nichtkorporative Satzungsbestimmungen bei Kapitalgesellschaften, in DB 1979, 681

Raiser, Thomas, 100 Bände BGHZ: GmbH-Recht, ZHR 151 (1987), 422

Raiser, Thomas / Veil, Rüdiger, Recht der Kapitalgesellschaften, 4. Aufl. München 2005

Rebmann, Kurt / Säcker, Franz-Jürgen (Hrsg.), Münchener Kommentar zum Bürgerlichen Gesetzbuch, Band 1, Allgemeiner Teil (§§ 1-240), 3. Aufl., München 1993

Rehkugler, Heinz / Kaminki, Ralf / Kairies, Klaus, Neue Wege zu mehr Eigenkapital, Bremen 1987

Reichert, Jochem / Brandes, Stephan M., Mitbestimmung der Arbeitnehmer in der SE: Gestaltungsfreiheit und Bestandsschutz, ZGR 2003, 767

Reichert, Jochem / Harbarth, Stephan, Der GmbH-Vertrag, 3. Aufl. München 2001

Reuter, Dieter, Möglichkeiten und Grenzen gesellschaftsrechtlicher und kapitalmarktrechtlicher Maßnahmen mit dem Ziel einer verbesserten Eigenkapitalversorgung der deutschen Wirtschaft, in: Lutter u.a. (Hrsg.), Festschrift für Walter Stimpel, Berlin / New York 1985

- Privatrechtliche Schranken der Perpetuierung von Unternehmen, Frankfurt 1973

- Welche Maßnahmen empfehlen sich, insbesondere im Gesellschafts- und Kapitalmarktrecht, um die Eigenkapitalausstattung der Unternehmen langfristig zu verbessern? Gutachten B für den 55. Deutschen Juristentag, Verhandlungen des 55. Deutschen Juristentages, hrsg. von der ständigen Deputation des Deutschen Juristentages, München 1984

Ritter, Carl, Aktiengesetz Kommentar, 2. Aufl., Berlin / München 1939

Rödl, Bernd / Zinser, Thomas, Going Public – Der Gang mittelständischer Unternehmen an die Börse, 2. Aufl. Frankfurt 2000

Römermann, Volker, Der Entwurf des „MoMiG“ – die deutsche Antwort auf die Limited, GmbHR 2006, 673

Roth, Günter H. (Hrsg.), Das System der Kapitalgesellschaften im Umbruch – ein internationaler Vergleich, Köln 1990

Rust, Walter L. / Ulbert, Udo, Die Kleine Aktiengesellschaft, 2. Aufl., Freiburg 1996

Schaber, Denis, „Kleine AG“ – Etikettenschwindel oder neue Rechtsformalternative für den gewerblichen Mittelstand?, GmbHR 1994, R1

Schlegelberger, Franz / Quassowski, Leo, Aktiengesetz vom 30. Januar 1937 Kommentar, 3. Aufl. Berlin 1937

Schmidt, Claudia / Müller-Eising, Karsten / Gayk, Thorsten, Die Übertragung mittelständischer Unternehmen: ein neues Feld für rechtpolitische Alternativen in der Europäischen Gemeinschaft?, ZIP 1993, 1830

Schmidt, Karsten, Deregulierung des Aktienrechts durch Denaturierung der Kommanditgesellschaft auf Aktien? ZHR 160 (1996), 265

- Die Eigenkapitalausstattung der Unternehmen als rechtspolitisches Problem, JZ 1984, 771

- § 32 a GmbHG, eine Allheilmittel gegen unerwünschten Eigenkapitalersatz?, ZIP 1990, 69

- Gesellschaftsrecht, 4. Aufl., Köln / Berlin / Bonn / München 2002

Schmidt-Rimpler, Walter, Grundlagen einer Erneuerung des Vertragsrechts, AcP 147 (1941), 130

Schneider, Jürgen, Die Aktiengesellschaft im schweizerischen Recht – Ein Überblick unter Berücksichtigung der steuerrechtlichen Grundlagen – Frankfurt a. Main / Berlin / Bern / New York / Paris / Wien 1996

Schubert, Werner, Die Abschaffung des Konzessionssystems durch die Aktienrechtsnovelle 1870, ZGR 1981, 285

Schubert, Werner / Hommelhoff, Peter, Hundert Jahre modernes Aktienrecht, Berlin / New York 1985

Schürmann, Walter / Groh, Elmar, KGaA und GmbH & Co KGaA – Neue Aspekte einer interessanten Gesellschaftsform, BB 1995, 684

Schultze- v. Lasaulx, Hermann, Zur Frage der Gestaltungsfreiheit für Gesellschaftsverträge. Eine Bestandsaufnahme. Abschied von Illusionen, ZGenW XXI (1971), 325

Schwark, Eberhard, Gesellschaftsrecht und Kapitalmarktrecht, in: Lutter u.a. (Hrsg.), Festschrift für Walter Stimpel, Berlin / New York 1985

Seibert, Ulrich, Gesetzentwurf: kleine AG und Aktienrechtsderegulierung – Einführung, ZIP 1994, 247

- „Kleine AG" im Rechtsausschuss verabschiedet, ZIP 1994, 914

Seibert, Ulrich / Köster, Beate- Katrin / Kiem, Roger, Die Kleine AG, 3. Aufl. Köln 1996

Semler, Johannes, Leitung und Überwachung der Aktiengesellschaft, 2. Aufl., Köln / Berlin / Bonn / München 1996

Sethe, Rolf, Bewegung im Recht der Kommanditgesellschaft auf Aktien?, ZIP 1996, 2053

- Die personalistische Kapitalgesellschaft mit Börsenzugang: die reformierte KGaA als Mittel zur Verbesserung der Eigenkapitalausstattung deutscher Unternehmen, Köln 1996,

Soergel, Hans Theodor, Bürgerliches Gesetzbuch mit Einführungsgesetz und Nebengesetzen, 12. Aufl. Band 1: Allgemeiner Teil (§§1-240), Stuttgart / Berlin / Köln / Mainz 1987

Spindler, Gerald, Deregulierung des Aktienrechts?, AG 1998, 53

Staudinger, J. von, Kommentar zum Bürgerlichen Gesetzbuch, 11. Aufl., Berlin 1980

Strieder, Thomas / Habel, Michael, Anmerkungen zu BGH, Beschluss vom 24.02.1997, -II ZB 11/96-, BB 1997, 1375

- Die Kommanditgesellschaft auf Aktien als Lösungsansatz zur Eigenkapitalproblematik bei Genossenschaften, BB 1995, 1857

- Zur Problematik einer Genossenschaft bzw. einer Kapitalgesellschaft als einzigem persönlich haftenden Gesellschafter einer Kommanditgesellschaft auf Aktien, DB 1994, 1557

Teichmann, Arndt, Gestaltungsfreiheit in Gesellschaftsverträgen, München 1970

Thümmel, Roderich C., Die Europäische Aktiengesellschaft (SE), Frankfurt am Main 2005

Ulmer, Peter, Abfindungsklausel in Personengesellschafts- und GmbH – Verträge – ein Plädoyer für die Ertragswertklausel, in: Westermann u.a. (Hrsg.), Festschrift für Karlheinz Quack, Berlin / New York 1991

Vinken, Horst, Unternehmensnachfolge im Mittelstand – Steuerberater als Nachfolgeberater, DB 2004, Heft 30 vom 23.07.2004, S. I

Weber, Christoph, Privatautonomie und Außeneinfluss im Gesellschaftsrecht, Tübingen 2000

Werlen, Thomas, Schweizerisches Kapitalmarktrecht als Anlegerschutz?, SZW 1995, 272

Westermann, Harm Peter, Die geltungserhaltende Reduktion im System der Inhaltskontrolle im Gesellschaftsrecht, in: Lutter u.a. (Hrsg.), Festschrift für Walter Stimpel zum 68. Geburtstag, Berlin, New York 1985, S. 69

- Verletzung schuldrechtlicher Nebenabreden als Anfechtungsgrund im GmbH-Recht?, NJW 1987, 1849

- Vertragsfreiheit und Typengesetzlichkeit im Recht der Personengesellschaften, Berlin / Heidelberg / New York 1970

Wiedemann, Herbert, Erfahrungen mit der Gestaltungsfreiheit im Gesellschaftsrecht, in: Lutter / Wiedemann (Hrsg.), Gestaltungsfreiheit im Gesellschaftsrecht – Deutschland, Europa und USA -, ZGR Sonderheft 13, Berlin / New York, S. 5

- Gesellschaftsrecht, Band 1: Grundlagen, München 1980

- Rechtsethische Maßstäbe im Unternehmens- und Gesellschaftsrecht, ZGR 1980, 147

- Verbandssouveränität und Außeneinfluß. Gedanken zur Errichtung eines Beirats in einer Personengesellschaft, in: Gesellschaftsrecht und Unternehmensrecht, Festschrift für Wolfgang Schilling, Berlin / New York 1973, S. 105

Wiesner, Peter M., Zur Deregulierung des Aktienrechts, WM 1988, 1841

Wilhelmi, Rüdiger, Das Mindestkapital als Mindestschutz – eine Apologie im Hinblick auf die Diskussion um eine Reform der GmbH angesichts der englischen Limited, GmbHR 2006, 13

Wotschofsky, Stefan / Sauter, Markus, Die kapitalistische Kommanditgesellschaft auf Aktien als Rechtsform für den Zeitgeist, StB 2003, 329

Würdinger, Hans, Aktienrecht, 2. Aufl., Karlsruhe 1966

- Aktienrecht und das Recht der verbundenen Unternehmen, 4. Aufl., Heidelberg / Karlsruhe 1981

Zöllner, Wolfgang: Die sogenannte Gesellschafterklage im Kapitalgesellschaftsrecht, in ZGR 1988, 392 ff.

- Inhaltsfreiheit bei Gesellschaftsverträgen, Lutter u.a. (Hrsg.): Festschrift 100 Jahre GmbH-Gesetz, Köln 1992

- (Hrsg.), Kölner Kommentar zum Aktiengesetz, 2. Aufl., Köln / Berlin / Bonn / München 1988 (Band 1), 1996 (Band 2)

- Konkurrenz für inländische Kapitalgesellschaften durch ausländische Rechtsträger, insbesondere durch die englische Private Limited Company, GmbHR 2006, 1

FSC
www.fsc.org
MIX
Papier | Fördert gute Waldnutzung
FSC® C083411

Kolibri 360 GmbH
Ferdinand-Jühlke-Straße 7
99095 Erfurt, Deutschland
produktsicherheit@kolibri360.de

Druck:
CPI Druckdienstleistungen GmbH
im Auftrag der
Kolibri 360 GmbH
Ferdinand-Jühlke-Str. 7
99095 Erfurt